Sagt Gott, wie wunderbar er ist

W0070566

Kinder
  Gottesdienst
Gemeinde

Eine Buchreihe für die Praxis –
herausgegeben in Verbindung
mit dem Württ. Evang. Landesverband
für Kindergottesdienst

Inhalt

6

B. Seht die Blumen auf dem Felde   81

Sprechstücke nach biblischen Texten

C. So, wie ich bin, komme ich zu dir   93

Psalmen aus unseren Tagen

D. Ich glaube ...

Das Glaubensbekenntnis

8

Oft singen wir in der Kirche „Halleluja!"
Ich weiß auch, was dieses Wort bedeutet:
„Lobet den Herrn!"
Wenn ich Dich lobe, lieber Gott, dann sag 'ich Dir,
wie wunderbar Du bist.

Magst Du es, wenn die Leute nette Dinge über Dich
sagen?
Ich denke schon.
Schließlich habe ich es auch gern, wenn die Leute
nette Dinge über mich sagen.
Wie gestern, als ich mein Bild von der Sonne,
einem Baum und einem Känguruh heim zu
Mutti brachte.
Sie hängte das Bild an die Kühlschranktür und
sagte:
„Das ist eine wunderschöne Zeichnung."
Sie lobte mich.

Auch Dich kann ich loben, lieber Gott.
Sieh all die Geschöpfe an, die Du gemacht hast.
Die ganze Welt ist voll von ihnen...
Große und kleine Tiere. Tiere auf dem Land und
Fische im Meer.
So viele, daß ich sie gar nicht alle zählen kann.
Du bist wirklich außergewöhnlich, lieber Gott.
Du läßt es regnen und läßt die Sonne scheinen.
Die Pflanzen wachsen und wir haben etwas zu essen.

Ich kann Dich loben, lieber Gott, weil Du für uns
da bist.
Weil Du mich magst und Deine Liebe zu mir nicht
verlorengeht, sondern für immer bleibt.
Ich kann Dich loben, weil Du die ganze Welt
ausfüllst mit Deiner Güte und Treue. ♡
Niemals hört Deine Liebe auf.

Aber wie kann ich Dir zeigen, was ich fühle, lieber Gott?
Wenn ich so wie jetzt mit Dir spreche?
Durch Singen?
Durch Schreien?
Durch Klatschen?
Kann ich Dich loben, wenn ich Musik für Dich mache?
Ding, doing, bim, bam, klingelingeling!
Sagt das alles: „Ich liebe Dich, lieber Gott?"

Wenn ich an Dich denke, lieber Gott, werde ich so
glücklich.
Es ist, als wäre ein Luftballon in mir.
Er wird größer und größer, bis er platzen will.
Ich möchte laut schreien:
„Kommt her, alle Menschen der ganzen großen
weiten Welt!
Sagt Gott, wie wunderbar er ist!
Stimmt ein in mein Halleluja,
singt mit mir ein Lied für unseren Herrn.
Schreit mit mir laut, Halleluja!"

10 Sagt Gott, wie wunderbar er ist

Zur Einführung

Sagt Gott ...

Man kann Gott alles sagen. Man kann mit Gott reden, wie mit seinem besten Freund. Gott muß man keine schönen Worte machen. Gebete müssen sich nicht reimen. Gott versteht auch die Gedanken, für die wir noch gar keine Worte finden. Man kann Gott alles sagen – aber oft fehlen einem die Worte. Diese Sprachlosigkeit hat ihre Gründe:

— Wenn wir beten, reden wir mit einem unsichtbaren Gegenüber. Von außen gesehen ist ein Gebet wie ein Selbstgespräch. Wer aber mit sich selbst redet, macht sich leicht lächerlich.

— Wenn wir beten, reden wir mit Gott. Gott ist uns immer voraus, ist immer größer, als unser Verstand es fassen kann. Da kann es einem vor der Größe Gottes schon die Sprache verschlagen.

— Wenn wir im Kindergottesdienst beten, reden wir nicht allein mit Gott. Die Gruppe aus Kindern und Helferinnen und Helfern betet mit. Wir sind Vorbeter. Wie gelingt es, daß die anderen in unser Gebet mit hineinschlüpfen können? Was wir vorbeten, soll ihr Gebet werden.

Sagt Gott ...

Um unserer Sprachlosigkeit, die uns so leicht befällt, wenn wir mit Gott reden, abzuhelfen, haben Menschen seit altersher feste Gebete geprägt. Man kann sich, wenn einem die Worte fehlen, diese Worte leihen. Viele Menschen haben in schweren Lebenslagen, etwa am Sterbebett, die Worte gesprochen: »Der Herr ist mein Hirte, mir wird nichts mangeln.«
Wir finden solche Gebete in der Bibel, vor allem in den Psalmen. Diese Gebete sind im Buch der Psalmen gesammelt, damit andere sie zu ihren Gebeten machen können. Sie lesen ihre Not, ihre Freude, ihr Staunen und ihre Trauer in diese Worte hinein und drücken ihre Gedanken mit diesen fremden Worten aus.
Diese Psalmen wurden im Tempel in Jerusalem gebetet oder zu Hause, wie Maria es tat, als der Bote sie besuchte (Lukas 1,46–55). Sie wurden in den ersten christlichen Gemeinden gebetet. Sie wurden in den Klöstern in den Stundengebeten gesungen. Sie haben ihren festen Platz in den Gottesdiensten und Kindergottesdiensten bis auf den heutigen Tag.

Sagt Gott ...

11

Manche Gedanken, manche Forderungen in den Psalmen sind uns sehr
fremd. Oft braucht man eine Weile, bis man überhaupt versteht, was gemeint ist. Oft denken wir: Diese Worte kommen aus einer anderen Welt,
so kann ich das heute nicht sagen.

Da ist es wichtig, daß wir Worte in der Sprache von heute finden, mit
denen wir unsere Gedanken Gott anvertrauen können. Da darf dann auch
die Welt von heute mit Autos, Fernsehen, Umweltzerstörung, Schule
u.v.a. darin vorkommen. Wir meinen, solche Sprechstücke in heutiger
Sprache darf man auch Psalmen nennen. »Es geht nicht um das Nachspre-
chen alter Texte, sondern um das lebendige Gebet und den eigenen inneren
Menschen, der seine Sprache finden soll und sein Gegenüber: den dreieini-
gen Gott!« (Jörg Zink)

Viele Texte in diesem Buch sind angeregt von biblischen Psalmen. Einige
sind unverändert aus der Bibel übernommen. Einige sind in neuen Überset-
zungen dargeboten und mit einem Kehrvers versehen. Einige sind frei übertragen. Einige sind nur von Gedanken eines Psalmes angesteckt. Einige
sind ganz frei ausgedacht.

Die dargebotenen Texte sind nicht in Kindersprache verfaßt, aber in einer
Sprache, die Kinder verstehen können, vor allem dann, wenn der Text
ihnen mehrmals begegnet. Die dargebotenen Texte wollen ermöglichen,
daß nicht nur einer spricht, sondern Gelegenheit zum Mitsprechen und
Mitsingen bieten.

Sagt Gott, wie wunderbar er ist

Kinder können es nur schwer für sich behalten, wenn sie etwas sehr gefreut, überrascht, erschreckt, verwundert oder verängstigt hat. Kinder müssen ihrer Freude, ihrem Staunen, ihrem Kummer, ihrer Angst Luft machen.
Erwachsene tendieren dazu, vieles zu verschweigen.

Durch die Psalmen können wir mit und von den Kindern lernen, daß wir
Gott nichts verschweigen müssen. Das ist doch wirklich wunderbar.

12 Zum praktischen Gebrauch der Psalmen

1. Psalmen mit Kehrvers

Viele Kindergottesdienstkinder können noch nicht lesen, oder sie tun sich noch als Schulkinder der zweiten Grundschulklasse schwer, einen Text flüssig zu lesen. Deshalb haben wir besonders Psalmen mit Kehrvers aufgeschrieben und zusammengetragen.

Ein gemeinsam zu sprechender Kehrvers ist keine neue Erfindung. Die Idee ist alt und hat sich auch in letzter Zeit in vielen Kindergottesdiensten und Schulklassen wieder neu bewährt: Alle können mittun. Kein Buch in der Hand der Kinder ist hierfür nötig. Der Kehrvers als solcher wird »betend« oder singend gelernt. Er sollte deshalb auch so gut sein, daß er es wert ist, nicht nur aus-, sondern auch inwendig gekonnt zu werden.

2. Der gesprochene Kehrvers

Ein gesprochener Kehrvers muß nicht lange eingeübt werden. Normalerweise reicht ein einmaliges Vorsprechen. Dies sollte im Sprachrhythmus und recht pointiert geschehen.

Manche Kehrverse sind recht ausführlich und lang geraten. Sie merken selbst, wann Sie beim Ausprobieren ins Stocken geraten. Eine gut lesbar aufgehängte »Wandzeitung«, auf der der Text geschrieben steht, oder eine Projektion mit Hilfe eines Tageslichtschreibers, können helfen. Lange Kehrverse sind von uns allerdings in der Regel bereits so vorbereitet, daß sie auch auf zwei Sprechergruppen verteilt werden können. Sie erkennen die Aufteilungsmöglichkeit an der Leerzeile zwischen den beiden Abschnitten.

3. Der gesungene Kehrvers

Auch ein Kehrvers zum Singen sollte nicht so lange geübt werden, bis er absolut richtig sitzt. Ein einmaliges Vorsingen, eine Wiederholung mit allen, die es wagen, und eine weitere Wiederholung mit allen reicht fast immer. Die mehrfache Wiederkehr innerhalb des Psalms oder Sprechstücks bringt dann die nötige Sicherheit.

Übrigens: Ein Kanon muß ja nicht immer im Kanon gesungen werden! Vielleicht ist dies erst am nächsten oder übernächsten Sonntag möglich. Unter Umständen benützen Sie den Kanontext auch als gesprochenen Kehrvers!

Denken Sie auch daran, daß ein zu langes musikalisches Zwischenstück (z. B. eine ganze Liedstrophe) den Sinnzusammenhang des Psalms beeinträchtigen kann, auch und gerade, wenn die Kinder die Strophe gerne singen!

4. Woher weiß die Gruppe, wann der Kehrvers dran kommt?

Wenn Sie Kehrverspsalmen ausprobieren, merken Sie bald, welche Möglichkeiten Sie finden, die ganze Gruppe – eben unausgesprochen – daran zu erinnern, daß sie jetzt »dran« ist: sie können eine einladende Handbewegung machen, den Einsatz durch leichtes Heben der Stimme oder durch Blickkontakt markieren, ... Sie können aber auch einen Psalm zu zweit sprechen. Der Partner spielt dann den »Chorführer« und spricht mit der Gruppe den jeweiligen Kehrvers.

5. Die Sprechtexte dazwischen

Die Psalmen und Sprechtexte zwischen den Kehrversen können von einem oder mehreren Sprechern übernommen werden. Ob Sie die einzelnen »Psalmstrophen« auf unterschiedliche Sprecher aufteilen, oder innerhalb der Strophen bereits wechseln, das müssen Sie nicht nur nach der Zahl der zur Verfügung stehenden Mitarbeiter entscheiden. Bei manchen Psalmen legt der Inhalt und Sinnzusammenhang eine klare Sprecheraufteilung nahe. Entscheiden Sie also bitte auch nach inhaltlichen Kriterien und lesen Sie die Sprechstücke, die Sie verwenden wollen, zuerst sorgfältig durch.

6. Kinder als Sprecher

Die Rolle des Sprechers oder der Sprecherin kann durchaus auch von älteren Kindern übernommen werden. Wichtig ist dann, daß sie frühzeitig den entsprechenden Text erhalten. Wenn möglich, sollte das Sprechen mit ihnen vorher geübt werden, insbesondere das langsame und deutliche Sprechen ...

7. »Ehr sei dem Vater und dem Sohn und dem Heiligen Geist«

Manchem Psalm oder Sprechstück kann ein abschließendes und bestätigendes, gesprochenes oder gesungenes »Amen« folgen. Das »Ehr sei dem Vater und dem Sohn und dem Heiligen Geist ...«, oft im Wechsel zwischen Liturg (Sprecher) und Gesamtgemeinde gesprochen oder gesungen, beschließt traditionellerweise einen biblischen Psalm. Unterschiedliche Vorschläge für solche Psalm-Schlüsse finden sich hinten auf der Innenseite des Buchumschlags.

14 8. Ein »Arbeitsbuch«

Dieses Psalmenbuch will im wörtlichsten Sinne des Wortes ein Bet- und Arbeitsbuch sein. Bei der Drucklegung haben wir bewußt auf eindeutige »Regieanweisungen« zur Darbietung der Psalmen verzichtet (z. B. Sprecher 1, Sprecher 2 ...; oder Einer ... Alle ...). Die Psalmen und Sprechstücke enthalten so mehr Möglichkeiten zur Verwendung. Sie können und sollen selber ausprobieren, ob Sie z. B. mehr oder weniger Sprecher einsetzen. Sie sollen in vielfältiger Weise mit der Darbietung der Psalmen »spielen« können. Das Druckbild (und hier besonders die Zwischenräume) will Ihnen allerdings helfen, Sinnzusammenhänge und Kleinabschnitte für Sprecher zu erkennen ... In einigen Fällen verdeutlicht Ihnen auch eine Anmerkung, wie die Sprecheraufteilung sinnvollerweise vorgenommen werden kann. Wir wollen Sie allerdings herzlich einladen, dieses Büchlein als »Arbeits-« und »Ausprobierbuch« zu verstehen, das Sie vor allem nach Ihren Möglichkeiten oder Ideen nützen.

Zum Ausprobieren laden auch die Kehrversalternativen ein. Sie werden bald die Erfahrung machen, daß z. B. ein Kanon über die angegebene Stelle hinaus noch bei ganz anderen Psalmen als guter und sinnvoller Kehrvers eingesetzt werden kann.

Oft ist es hilfreich, das Buch mit einem Bleistift in der Hand durchzublättern, die eigenen Ergänzungen und Veränderungen zu notieren, oder sich auf der jeweiligen Seite aufzuschreiben, wann und in welchem Zusammenhang man das eine oder andere Sprechstück benutzt hat.

Das Stichwort-, Kirchenjahres- und Kanonverzeichnis möchte zum praktischen Gebrauch in Kindergottesdienst, Schule und Gemeinde helfen.

9. Ein »kleiner Freund«

Wir möchten noch darauf aufmerksam machen, daß zum vorliegenden Psalmenbuch ein kleines Psalmenbüchlein für die Hand der Kinder erschienen ist. Es ist eine kleine Psalmenauswahl aus diesem Buch, jedoch ohne Kehrvers-Alternativen. Beide Bücher ergänzen sich gegenseitig in idealer Weise und bieten zusammen noch mehr Möglichkeiten zum Sprechen und Beten der Psalmen mit und in der ganzen Gemeinde. Das kleine Psalmenbüchlein ist unter dem Titel »Durch Lachen und Weinen begleit' ich dich« zu beziehen bei:

Der Jugendfreund, Postfach 800467, 70504 Stuttgart

10. Danke!

Dank sagen wir besonders Pfarrer Ernst Richter und dem Rheinischen Verband für Kindergottesdienst, deren Psalmenheft »Alles, was atmen kann, lobe den Herrn« wir freundlicherweise ein- und umarbeiten durften.

Dank auch allen, die mit der Abdruckgenehmigung ihrer Texte oder Kanons dazu beigetragen haben, daß dieses Buch bunt und vielfältig wurde. Besonders zu erwähnen ist Pfarrer Albrecht Schmidt-Brücken, dessen Kanons viele Kindergottesdienstmitarbeiterinnen und -mitarbeiter aus der Zeitschrift »Evangelische Kinderkirche« kennen. Dank nicht zuletzt auch Irina Benz, die für uns das »Vorwort« geschrieben hat.

Martin Luther schrieb in seiner Auslegung zum 118. Psalm:

»Es gibt leider derer wenig ..., die zur Heiligen Schrift oder einem einzigen Psalm ihr Leben lang einmal von Herzen sprechen: ›Du bist mein liebes Buch, du sollst mein eigenes Psälmlein sein.‹«

Die Zahl derer, die ihr »eigenes Psälmlein« entdecken, zu vermehren, wäre unser Wunsch!

Jürgen Koerver, Gottfried Mohr, Andreas Weidle

Deine Güte reicht
so weit der Himmel ist

18 WER IST GUT DRAN? (nach Psalm 1)

Wer falsche Ratgeber durchschaut,
wer sich von schlechten Vorbildern nicht verleiten läßt,
der ist gut dran.

Wer sich nicht zu denen hält,
die gedankenlos über Gott reden
und spöttisch über Menschen, die glauben,
der ist gut dran.

Wer zu begreifen sucht, was er glaubt,
wer über Gottes Wort nachdenkt Tag für Tag,
der ist gut dran.

Der ist wie ein gesunder Baum,
gepflanzt an Wasserbächen.
Jahr für Jahr trägt er Frucht.
Sein Laub bleibt grün und frisch.

MACH IN MIR DEINEM GEISTE RAUM,
DASS ICH DIR WERD EIN GUTER BAUM,
UND LASS MICH WURZEL TREIBEN;
VERLEIHE, DASS ZU DEINEM RUHM
ICH DEINES GARTENS SCHÖNE BLUM
UND PFLANZE MÖGE BLEIBEN.

Der Schlußvers kann gesungen werden: Melodie EKG 371.
Statt des Schlußverses kann auch folgender Kanon gesungen werden:

Mach in mir dei - nem Gei - ste Raum,
daß ich dir werd ein gu - ter Baum,
und laß mich Wur - zel trei - ben.

Kanon: Albrecht Schmidt-Brücken. Rechte beim Autor

WUNDERBARE WELT (nach Psalm 8)

19

Herr, unser Herrscher,
wie herrlich ist dein Name in allen Landen.

Wir freuen uns, daß du da bist.
Wir loben dich von ganzem Herzen.

Ob groß oder klein,
alle staunen und sagen: Gott, du bist groß.

Herr, unser Herrscher,
wie herrlich ist dein Name in allen Landen.

Den Mond und die Sterne, den ganzen Himmel,
hast du mit eigener Hand gemacht.

Großartig ist der Mensch.
Er kann denken und sein Leben gestalten.
Du denkst an ihn und begleitest seinen Weg.

Herr, unser Herrscher,
wie herrlich ist dein Name in allen Landen.

Schaut euch die Welt an;
Vögel in den Bäumen, Schafe auf der Weide,
Fische im Wasser. Es ist schön, auf der Welt zu sein.

Staunt über die Natur:
Bäume bringen Frucht, Pflanzen bringen Nahrung,
der Boden ist voller Schätze.
Wir sind dankbar für diesen Reichtum.

Herr, unser Herrscher,
wie herrlich ist dein Name in allen Landen.

Der Kehrvers kann auch gesungen werden, die ersten drei Male einstimmig, bei der
4. Wiederholung im Kanon:

Kanon: Hans-Rudolf Siemoneit
Rechte: Strube Verlag GmbH, München–Berlin

20 WAS IST DER MENSCH? (nach Psalm 8)

Lobet und preiset ihr Völker den Herrn,
freuet euch seiner und dienet ihm gern.
All ihr Völker, lobet den Herrn!

Wie unendlich groß ist der Weltraum
und wie winzig klein ist darin die Erde!

Ein Stern unter Sternen.
Ein Lichtpunkt unter Millionen anderer
in der riesigen schwarzen Unendlichkeit.

Was ist der Mensch auf seiner winzigen Erde?
Wie ein Nichts lebt er im unendlichen All.

Und doch kümmert sich Gott um mich kleinen Menschen.
Ich kann es nicht begreifen, daß er mich hört.

Die ganze Erde in herrlicher Pracht
rühme des Ewigen Ehre und Macht;
rühme Gottes Güte und Macht!

Milliarden von Jahren ist es her,
seit die Welt entstanden ist.

Milliarden Jahre hat es gedauert,
bis Leben auf der Erde war.

In Millionen Jahren ist der Mensch geworden,
was er heute ist.

Es ist ein Wunder der Natur.
Es ist ein Wunder Gottes.

Wie wunderbar hast du, Gott, alles gemacht:
Das Weltall, die Erde und auch mich!

Ehre sei ewig dem Herrscher der Welt,
der sie geschaffen und machtvoll erhält.
Ihm sei die Ehre, – sein ist die Welt.

Kanon: mündlich überliefert

Lo - bet und prei-set, ihr Völ - ker, den Herrn, freu - et euch
sei - ner und die-net ihm gern; all ihr Völ-ker, lo-bet den Herrn!

MEIN GOTT, HAST DU MICH VERGESSEN? (nach Psalm 22)

Mein Gott, ich bin so ganz allein;
hast du mich denn vergessen?

Gott, kann ich zu dir beten?
hörst du mich? –
Ich rufe und schreie!
Keiner kommt und hilft.

Mein Gott, ich bin so ganz allein;
hast du mich denn vergessen?

Gott, ich ruf, wenn's hell ist.
Antwort hör ich nicht,
und auch in der Nacht
find ich keine Ruhe.

Mein Gott, ich bin so ganz allein;
hast du mich denn vergessen?

Ich wende mich zu dir.
Verlaß mich nicht, mein Gott!
Erhör doch mein Gebet!
So komm doch, Gott, und hilf!

Mein Gott, ich bin so ganz allein;
hast du mich denn vergessen?

Statt des gesprochenen Kehrverses könnte gesungen werden:

Aus der Tie - fe ru - fe ich, Herr, zu dir, zu dir!

Kanon: Albrecht Schmidt-Brücken. Rechte beim Autor

◄◄◄ Wer den Kanon/Kehrvers in
allen drei Textfassungen verwendet,
sollte diese auf Plakatkarton schreiben
und gut sichtbar aufhängen.
Natürlich kann aber auch nur
eine Kehrvers-Textfassung Verwendung
finden.

22 DER HERR IST MEIN HIRTE (Psalm 23 / Martin Luther)

Der Herr ist mein Hirte,
mir wird nichts mangeln.
Er weidet mich auf einer grünen Aue
und führet mich zum frischen Wasser.
Er erquicket meine Seele.
Er führet mich auf rechter Straße
um seines Namens willen.

Und ob ich schon wanderte im finstern Tal,
fürchte ich kein Unglück;
denn du bist bei mir,
dein Stecken und Stab trösten mich.

Du bereitest vor mir einen Tisch
im Angesicht meiner Feinde.
Du salbest mein Haupt mit Öl
und schenkest mir voll ein.

Gutes und Barmherzigkeit werden mir folgen
mein Leben lang,
und ich werde bleiben im Hause des Herrn
immerdar.

Der Psalm wird von allen gemeinsam gesprochen (ausgerückt/eingerückt oder von Abschnitt zu Abschnitt), oder von zwei Sprechern, die sich von Abschnitt zu Abschnitt abwechseln.

DU BIST ZU MIR WIE EIN GUTER HIRT (nach Psalm 23) **23**

Gott, du bist zu mir wie ein guter Hirt,
der seine Schafe auf eine grüne Wiese
und zum frischen Wasser führt.

Du paßt auf mich auf,
mir wird nichts fehlen.

Du erfreust mich;
du zeigst mir den rechten Weg,
weil du so freundlich bist.

Auch wenn ich einmal durchs Dunkle
gehen muß und Angst habe,
bin ich nicht allein.

Du, Gott, beschützt mich
und tröstest mich.

Du hast mir Menschen gegeben,
die mich liebhaben und für mich sorgen.

Sie decken mir täglich den Tisch
mit Essen und Trinken.

Ich besitze Kleider und Spielsachen
und noch viele schöne Dinge dazu.

Solange ich lebe schenkst du mir Gutes.
Du bist freundlich zu mir.
Allezeit darf ich zu dir gehören.

24 WARUM SOLL ICH MIR SORGEN MACHEN? (nach Psalm 23)

Der Herr sorgt für mich.
Warum soll ich mir Sorgen machen?

Was ein guter Hirte für seine Schafe ist,
das ist für mich Gott, mein Herr.

Der Herr sorgt für mich.
Warum soll ich mir Sorgen machen?

Täglich gibt er mir mein Essen
und läßt mich meinen Durst löschen.
Alles, was ich zum Leben brauche, schenkt er mir.

Der Herr sorgt für mich.
Warum soll ich mir Sorgen machen?

Mein Weg ist richtig:
er führt nicht in die Irre.
Denn es ist Gott, der mich führt.

Der Herr sorgt für mich.
Warum soll ich mir Sorgen machen?

Wenn ich ganz alleine bin
und Gefahren um mich sind,
fürchte ich doch kein Unheil.

Der Herr sorgt für mich.
Warum soll ich mir Sorgen machen?

Du bist bei mir, Herr.
Wie ein Hirte seine Schafe beschützt,
so behütest du mich.
Frieden und Glück gibst du mir.
Für immer will ich zu dir gehören.

Der Herr sorgt für mich.
Warum soll ich mir Sorgen machen?

WO BIST DU, GOTT? (zu Psalm 23)   **25**

Manchmal denk ich: Wo bist du, Gott?
Ich kann dich nicht sehen. Bist du weit fort?
Dann seh' ich mein Zimmer, den Saft und das Brot,
die Blumen zum Freuen, in Blau, Gelb und Rot,
die Mutter, den Bruder, die Freunde in Not,
so vieles zum Danken! Ich sehe Dich, Gott!

Der Herr ist mein Hirte,
mir wird nichts mangeln.
Er weidet mich auf einer grünen Aue
und führet mich zum frischen Wasser.
Er erquicket meine Seele.

Manchmal frag ich: Gott, muß das sein?
Warum sind so viele Menschen allein?
Warum werd ich krank, schlaf vor Schmerzen nicht ein?
Warum kann ich nicht auch mal der Erste sein?
Warum ist das Böse so hart wie Stein?
Gott, läßt du mich nicht allein?

Er führet mich auf rechter Straße
um seines Namens willen.
Und ob ich schon wanderte im finstern Tal
fürchte ich kein Unglück;
denn du bist bei mir,
dein Stecken und Stab trösten mich.

Manchmal denk ich: Dein Haus ist die Welt;
Der Himmel das Dach, das schützt, wie ein Zelt.
Die Erde ein Teppich, so bunt wie ein Feld,
auf dem alles wächst, was wirklich zählt:
Lachen und Weinen und Frohsein, – nichts fehlt!
Hier darf ich wohnen – in Deiner Welt!

Du bereitest vor mir einen Tisch
im Angesicht meiner Feinde.
Du salbest mein Haupt mit Öl
und schenkest mir voll ein.
Gutes und Barmherzigkeit
werden mir folgen
mein Leben lang,
und ich werde bleiben im Hause des Herrn
immerdar.

26 MACHET DIE TORE WEIT (Psalm 24)

Machet die Tore weit
und die Türen in der Welt hoch,
daß der König der Ehre einziehe.

Die Erde ist des Herrn und was darinnen ist,
der Erdkreis und die darauf wohnen.

Denn er hat ihn über den Meeren gegründet
und über den Wassern bereitet.

Machet die Tore weit
und die Türen in der Welt hoch,
daß der König der Ehre einziehe.

Wer ist der König der Ehre?

Es ist der Herr, stark und mächtig,
der Herr, mächtig im Streit.

Machet die Tore weit
und die Türen in der Welt hoch,
daß der König der Ehre einziehe.

Wer ist der König der Ehre?

Es ist der Herr Zebaoth;
er ist der König der Ehre.

Machet die Tore weit
und die Türen in der Welt hoch,
daß der König der Ehre einziehe.

Nach dem Kehrvers kann jeweils der folgende Kanon gesungen werden.
Wenn die Kinder den Kanon gut können, kann er nach dem ersten Kehrvers einstimmig, nach dem zweiten Kehrvers zweistimmig, nach dem dritten Kehrvers dreistimmig und nach dem vierten Kehrvers vierstimmig gesungen werden.

Kanon: Albrecht Schmidt-Brücken. Rechte beim Autor

DIE ERDE IST DES HERRN (nach Psalm 24, Vers 1)

27

Die Erde ist des Herrn und was darinnen ist.
Der Erdkreis und die darauf wohnen.

Die Erde gehört uns nicht:
Der Acker, den wir pflügen,
das Beet, das wir umgraben.
Du hast sie uns geliehen, Herr,
damit wir leben.

Die Erde gehört uns nicht:
Der Bauplatz, den wir umzäunen,
das Seeufer mit dem Schild: Betreten verboten!
Du hast sie uns geliehen, Herr,
damit wir leben.

Die Erde ist des Herrn und was darinnen ist.
Der Erdkreis und die darauf wohnen.

Die Erde gehört uns nicht:
Das Land, das wir unser Land nennen
und das Dorf, in dem wir uns daheim fühlen.
Du hast sie uns geliehen, Herr,
damit wir leben.

Die Erde gehört uns nicht:
Der Reichtum, den wir ihr abgewinnen
und der Wohlstand, den wir uns auf ihr gebaut haben.
Du hast sie uns geliehen, Herr,
damit wir leben.

Die Erde ist des Herrn und was darinnen ist.
Der Erdkreis und die darauf wohnen.

Als Abschluß kann der Kanon »Jeder Teil dieser Erde« gesungen werden. Zu finden im Liederbuch »Mal Gottes Regenbogen in das Grau-in-Grau der Welt«, Nr. 58 (Verlag Junge Gemeinde; beim Verlag vergriffen) oder in »Mein Kanonbuch«, Nr. 239 (tvd-Verlag, Düsseldorf).

28 ICH BRAUCHE MICH NICHT ZU FÜRCHTEN (nach Psalm 27)

Gott ist mein Licht,
wenn es finster ist.

Er ist mein Schutz,
wenn ich Angst habe.

Vor wem sollte ich mich fürchten?
Vor den Menschen? Vor dem Alleinsein?

Gott ist stärker.
Gott ist bei mir.

Verlaß mich nicht,
zeige mir meinen Weg, begleite mich.

Wenn du bei mir bist, habe ich Mut.
Wenn du mir hilfst, bin ich stark.

Du, Gott, bist mein Licht, wenn es finster ist,
und mein Schutz in der Nacht.

Ich danke dir,
daß du mir hilfst.

Nach dem Psalm kann folgender Kanon gesungen werden:

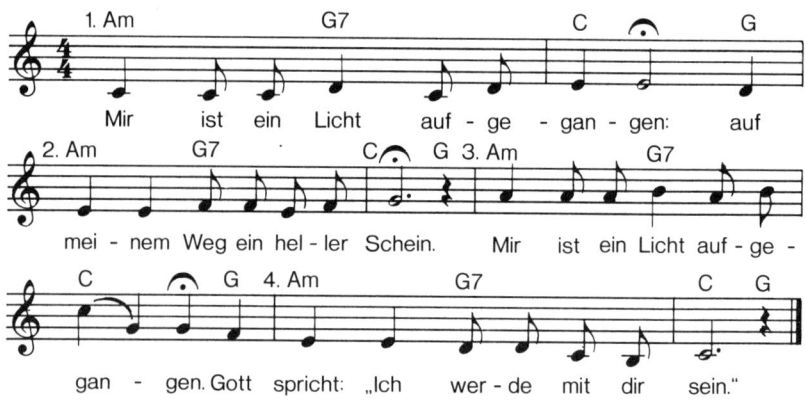

Text: Reinhard Bäcker; Melodie: Detlev Jöcker. Aus Liedspielheft und MC »Licht auf meinem Weg«.
Alle Rechte im Menschenkinder Verlag, 48157 Münster.

GOTT IST MEIN SCHUTZ (nach Psalm 27)

29

Gott ist mein Schutz am hellen Tag.
Gott ist mein Licht in dunkler Nacht.
Ich brauch mich nicht zu fürchten,
denn er ist ja bei mir.

Im Unglück ist mir Gott ganz nah.
Und wenn mir Menschen Böses tun,
ist er an meiner Seite
und gibt mir Kraft und Mut.

Gott ist mein Schutz am hellen Tag.
Gott ist mein Licht in dunkler Nacht.
Ich brauch mich nicht zu fürchten,
denn er ist ja bei mir.

Wenn ich nicht weiß, was werden soll,
und keiner mir mehr helfen kann,
zeigt Gott mir, was ich tun soll.
Er steht mir immer bei.

Gott ist mein Schutz am hellen Tag.
Gott ist mein Licht in dunkler Nacht.
Ich brauch mich nicht zu fürchten,
denn er ist ja bei mir.

Im Leid und in der Traurigkeit
hört Gott mein Weinen, mein Gebet.
Er hilft mir, durchzuhalten.
Er läßt mich nicht allein.

Aus dem Liederbuch
»Singen und spielen«
von Gertrud Lorenz,
Konrad Wittwer Verlag,
Stuttgart. Abdruck
mit freundlicher
Genehmigung.

Den Kehrvers kann man nach folgender Melodie singen:

30 GOTT VERLÄSST UNS NICHT (nach Psalm 27)

Gott behütet und hilft uns. Vor wem sollten wir uns fürchten?
Gott gibt uns Kraft und Mut. Wovor sollten wir Angst haben?

> Wenn etwas auf uns zukommt,
> drohend und gefährlich,
> dann brauchen wir nicht den Mut verlieren.
> Wenn wir meinen, wir schaffen es nicht,
> dann denken wir daran, daß Gott bei uns ist.

Gott behütet und hilft uns. Vor wem sollten wir uns fürchten?
Gott gibt uns Kraft und Mut. Wovor sollten wir Angst haben?

> Herr, verlaß uns nicht;
> dann sind wir nicht allein.
> Alle werden uns einmal verlassen,
> auch Mutter und Vater.
> Aber du bleibst bei uns.
> Bei dir sind wir immer zu Hause.

Gott behütet und hilft uns. Vor wem sollten wir uns fürchten?
Gott gibt uns Kraft und Mut. Wovor sollten wir Angst haben?

> Zeige uns den Weg, Herr,
> den wir gehen sollen;
> hilf uns erkennen, was gut ist
> für uns und andere.
> Dann können wir uns alle am Leben freuen.

Gott behütet und hilft uns. Vor wem sollten wir uns fürchten?
Gott gibt uns Kraft und Mut. Wovor sollten wir Angst haben?

Wegen der Länge des Kehrverses empfiehlt sich die Aufteilung auf zwei Kindergruppen.

ER MACHT UNSER HERZ LEICHT (nach Psalm 34)   **31**

Wir wollen Gott preisen   Tag für Tag.
Wir wollen ihm danken,
daß er sich um uns kümmert.

Wenn wir Gott suchen,
wenn wir zu ihm sprechen,
dann hört er uns
und nimmt uns unsere Angst ab.

Wenn wir zu Gott sprechen,
dann macht er uns fröhlich,
er macht unser Gesicht hell
und unser Herz leicht.

Wir wollen Gott preisen   Tag für Tag.
Wir wollen ihm danken,
daß er sich um uns kümmert.

Wenn wir ihn bitten,
dann hört er uns
und hilft uns.
Wir verlassen uns auf ihn.

Und wenn wir böse waren
zueinander und lieblos,
und es drückt uns
wie ein schweres Gepäck,
dann nimmt er es uns ab.

Wir wollen Gott preisen   Tag für Tag.
Wir wollen ihm danken,
daß er sich um uns kümmert.

Er nimmt uns in den Arm
und sagt: Du bist mein Kind.
Ich lasse dich nicht los.
Ich habe dich lieb.

Er sagt: Leg es alles weg
und geh wieder zu den anderen
und sei fröhlich und habe sie lieb.
Ich denke nicht mehr daran.

Wir wollen Gott preisen   Tag für Tag.

Wir wollen ihm danken,
daß er sich um uns kümmert.

Als Kehrvers-Alternative kann
der Kanon »Ich will dem Herrn
singen« (siehe Seite 53)
gesungen werden: zunächst
einstimmig, zum Abschluß
dreistimmig.

32 DEINE GÜTE REICHT (Psalm 36, 6–10)

Herr, deine Güte reicht, so weit der Himmel ist,
und deine Wahrheit, so weit die Wolken gehen.

Deine Gerechtigkeit steht wie die Berge Gottes
und dein Recht wie die große Tiefe.
Herr, du hilfst Menschen und Tieren.

Wie köstlich ist deine Güte, Gott,
daß Menschenkinder unter dem Schatten
deiner Flügel Zuflucht haben.

Sie werden satt von den reichen Gütern
deines Hauses,
und du tränkst sie mit Wonne
wie mit einem Strom.

Denn bei dir ist die Quelle des Lebens,
und in deinem Lichte sehen wir das Licht.

Der gesprochene Psalm kann mit dem folgenden Kanon »Herr, deine Güte ...«
eingerahmt werden: zuerst einstimmig, als Abschluß vierstimmig.

Kanon: Albrecht Schmidt-Brücken. Rechte beim Autor

VON GOTTES GÜTE (nach Psalm 36)   **33**

Herr, deine Güte reicht, so weit der Himmel ist,
und deine Wahrheit, so weit die Wolken gehen.

Deine Gerechtigkeit steht fest
wie die gewaltigen Berge.

Dein Sinn für das, was richtig ist,
ist so tief wie das Meer.

Herr, deine Güte reicht, so weit der Himmel ist,
und deine Wahrheit, so weit die Wolken gehen.

Du, Herr, hilfst Menschen und Tieren.
Keiner liebt uns so, wie du.

Du bist unser Gott, du beschützt uns.
Bei dir sind wir gut aufgehoben.

Herr, deine Güte reicht, so weit der Himmel ist,
und deine Wahrheit, so weit die Wolken gehen.

Bei dir ist die Quelle des Lebens.
Deine Liebe ist wie die Sonne, die uns leben läßt.

Du bist bei denen, die dich kennen.
Du bist gut zu denen, die nach deinem Willen leben.

Herr, deine Güte reicht, so weit der Himmel ist,
und deine Wahrheit, so weit die Wolken gehen.

Statt des gesprochenen Kehrverses kann auch der gleichlautende Kanon (auf der
linken Seite unten) gesungen werden.

34 DU KENNST UNSERE WEGE (nach Psalm 36)

Herr, deine Güte reicht, so weit der Himmel ist.
Du läßt deine Sonne scheinen über Böse und Gute.

Herr, du kennst unsere Wege.
Du kennst unsere Angst und unsere Zweifel.
Du bist da, wenn es bei uns Nacht wird.
Du läßt uns nicht allein.

Herr, deine Güte reicht, so weit der Himmel ist.
Du läßt deine Sonne scheinen über Böse und Gute.

Du zwingst keinen auf deinen Weg.
Du läßt uns unseren Weg suchen.
Du läßt uns eigene Schritte tun.
Du freust dich über jeden festen Schritt.

Herr, deine Güte reicht, so weit der Himmel ist.
Du läßt deine Sonne scheinen über Böse und Gute.

Du lädst uns ein zu deinem Fest.
Du wartest, bis wir zu dir kommen.
Wie ein Vater sich über Kinder erbarmt,
so nimmst du die an, die sich auf den Weg machen.

Herr, deine Güte reicht, so weit der Himmel ist.
Du läßt deine Sonne scheinen über Böse und Gute.

Du freust dich über jeden, der heimkehrt.
Du wartest auch auf die, die wir vergessen.
Du lädst auch die ein, die wir ablehnen.
Deine Güte ist größer als unser Herz.

Herr, deine Güte reicht, so weit der Himmel ist.
Du läßt deine Sonne scheinen über Böse und Gute.

Herr, wir leben von deiner Geduld.
Wir danken dir. Amen.

Statt des gesprochenen Kehrverses kann auch gesungen werden:

Herr, dei - ne Gü - te reicht, so weit der Him - mel ist,

und dei - ne Wahr - heit, so weit die Wol - ken gehn.

Kanon: Albrecht Schmidt-Brücken. Rechte beim Autor

36 HERR, ICH BRAUCHE DICH (nach Psalm 42 und 43)

Herr, ich brauche dich.
Wie ein Hirsch nach frischem Wasser schreit,
so schreit mein Herz nach dir;
und meine Seele dürstet nach dem lebendigen Gott.

Es gibt Tage, da könnte ich den ganzen Tag weinen.
So traurig bin ich.
Ich möchte mein Herz ausschütten, aber ich bin allein.
Ich kann doch nicht mir selbst zuhören!

Was betrübst du dich, meine Seele,
und bist so unruhig in mir?
Ich weiß, schon bald werde ich Gott danken können,
weil er mir hilft und zu mir hält.

Es gibt Tage, da weiß ich nicht ein noch aus.
Alles geht schief.
Ich fühle mich wie ein Ertrinkender.
Die Wellen schlagen mir über dem Kopf zusammen.

Herr, ich brauche dich.
Wie ein Hirsch nach frischem Wasser schreit,
so schreit mein Herz nach dir;
und meine Seele dürstet nach dem lebendigen Gott.

Es gibt Tage, da meine ich, alle sind gegen mich.
Meine Freunde haben mich wohl vergessen.
Jeder nörgelt an mir herum.
Ich kann es niemand recht machen.

Was betrübst du dich, meine Seele,
und bist so unruhig im mir.
Ich weiß, schon bald werde ich Gott danken können,
weil er mir hilft und zu mir hält.

Es gibt Tage, da könnte ich an allem zweifeln.
Gibt es keine Gerechtigkeit auf der Welt?
Was ist Wahrheit?
Jeder sagt etwas anderes und redet auf mich ein.
Manchmal denke ich: Alle lügen.

Herr, ich brauche dich.
Wie ein Hirsch nach frischem Wasser schreit,
so schreit mein Herz nach dir;
und meine Seele dürstet nach dem lebendigen Gott.

37

Die beiden Kehrverse können von zwei Gruppen gesprochen werden.
Der zweite Kehrvers: »Was betrübst du dich, meine Seele«, kann aber auch wegge-
lassen werden.
Eine weitere Möglichkeit ist, beide Kehrverse wegzulassen und nach jeder zweiten
Klage zu singen:
»Aus der Tiefe rufe ich, Herr, zu dir« (siehe Seite 21). So abgedruckt im kleinen
Psalmenbüchlein »Durch Lachen und Weinen begleit' ich dich«, Seite 39.

Am Ende des Psalms kann gesungen werden:

Kanon: Text Psalm 43,3; Melodie: Herkunft unbekannt

38 GEBORGEN WIE IN EINER BURG (nach Psalm 46)

Du bist mit uns jeden Tag,
du bist unser Schutz.

Du bist mit uns jeden Tag,
du bist unsre Burg.

Aber ich habe Angst,
Angst vor der Dunkelheit;
Angst vor der Schule;
Angst vor Strafe;
Angst vor dem Alleinsein.

Du, Gott, bist wie eine Burg.
Ich möchte bei dir sein.
Dann ist die Angst nicht mehr so schlimm.
Ich kann sie überwinden.

Du bist mit uns jeden Tag,
du bist unser Schutz.

Du bist mit uns jeden Tag,
du bist unsre Burg.

Aber ich habe Angst.
Meine Eltern auch.
Angst vor der Arbeitslosigkeit;
Angst vor einem neuen Krieg;
Angst vor einer bösen Krankheit;
Angst vor einem Unfall.

Sie sagen: Du bist wie eine Burg.
Ich möchte bei dir sein.
Dann kann ich die Angst überwinden.

Du bist mit uns jeden Tag,
du bist unser Schutz.

Du bist mit uns jeden Tag,
du bist unsre Burg.

Ja, Gott, du hilfst mir in der Angst.
Du kennst mich.
Du bist mir ganz nahe.
Ich will bei dir bleiben.
Bei dir bin ich geborgen
wie in einer festen Burg.

Du bist mit uns jeden Tag,
du bist unser Schutz.

Du bist mit uns jeden Tag,
Du bist unsre Burg.

39

Die Melodie kann auf zwei Kindergruppen aufgeteilt werden; jede singt dann eine
Melodiezeile.

Kanon im Original: »Gib uns Frieden jeden Tag«
Text (neu): Ernst Richter; Melodie: Rüdeger Lüders
Rechte: Gustav Bosse Verlag, Regensburg

40 BEI DIR, HERR, BIN ICH ZU HAUSE (nach Psalm 46)

Bei dir, Herr, bin ich zu Hause,
alles wird gut, wenn du da bist.

> Darum bin ich dankbar,
> für alle Geborgenheit und Liebe, die ich erlebe.

> Gut, daß es Menschen gibt, die mich verstehen:
> Mutter, Vater, Geschwister und Freunde.
> Sie meinen es gut mit mir.

> Gut, daß ich ein Zuhause habe,
> ein Zimmer, wo es richtig gemütlich ist.
> Dort kann ich mich wohlfühlen.

Bei dir, Herr, bin ich zu Hause,
alles wird gut, wenn du da bist.

> Darum brauche ich nicht zu verzweifeln,
> wenn es mir schlecht geht.

> Schlimm ist es, wenn Angst über mich kommt:
> Hoffentlich passiert meinen Eltern nichts.
> Manchmal kann ich nicht einschlafen.
> Dunkle Gedanken halten mich fest.

> Schlimm ist es, wenn ich etwas angestellt habe.
> Dann sind plötzlich alle gegen mich.
> Sie reden auf mich ein, und ich weiß nicht,
> wie ich es wieder gut machen soll.

Bei dir, Herr, bin ich zu Hause,
alles wird gut, wenn du da bist.

> Darum kann ich mich unbeschwert freuen.
> Es gibt so viel Schönes in meinem Leben.

> Schön ist es, wenn mir etwas gelingt:
> Wenn ich arbeite oder lerne, bastle oder spiele.
> Ich habe etwas geschafft, und es ist gut geworden.

> Schön ist es, wenn ich einen Nachmittag frei habe.
> Da kann ich spielen, herumtollen
> und mit Freunden losziehen.
> Ich habe gesunde Hände und Füße,
> kann sehen, hören und riechen.

Bei dir, Herr, bin ich zu Hause,
alles wird gut, wenn du da bist.

DAS BROT TEILEN (nach Psalm 65)   **41**

Schenke, Herr, uns wache Augen für das Leid, die Not,
daß wir mit den andern teilen unser täglich Brot.

Herr, du schenkst uns reiche Ernte,
Schnee und Hagel, Tau und Regen.
Läßt die Saaten keimen, wachsen,
und wir spüren deinen Segen.

Schenke, Herr, uns wache Augen für das Leid, die Not,
daß wir mit den andern teilen unser täglich Brot.

Herr, du hältst die Welt in Händen,
Sonne leuchtet, Winde wehen,
daß die Pflanzen wohl gedeihen
und wir Früchte reifen sehen.

Schenke, Herr, uns wache Augen für das Leid, die Not,
daß wir mit den andern teilen unser täglich Brot.

Herr, du krönst das Jahr mit Fülle,
mit den Gaben unermessen.
Hilf, daß unsre harten Herzen
auch das Danken nicht vergessen.

Schenke, Herr, uns wache Augen für das Leid, die Not,
daß wir mit den andern teilen unser täglich Brot.

Der Kehrvers kann nach folgender Melodie gesungen werden:

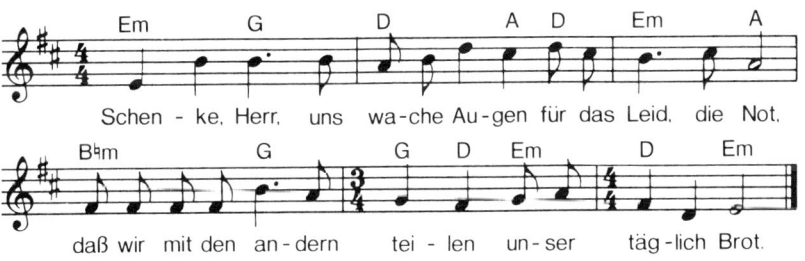

Text: Barbara Cratzius; Melodie: Hans Werner Clasen
Aus: »Herr, du hilfst über Mauern zu springen«
Rechte: Fidula-Verlag, Boppard/Rhein und Salzburg

42 GOTT, DEINE TATEN WECKEN FREUDE (nach Psalm 65)

Gott, deine Taten wecken Freude und Jubel
überall, wo Menschen wohnen.

Du sorgst für das Land.
Du machst es fruchtbar und reich.

Du läßt das Korn wachsen für die Menschen.
Die Bäche sind immer voll Wasser.

Du tränkst die Felder mit Regen
und segnest, was auf ihnen wächst.

Gott, deine Taten wecken Freude und Jubel
überall, wo Menschen wohnen.

Mit guten Gaben krönst du das Jahr.
Die Wiesen sind saftig und grün.

Die Felder hüllen sich in wogendes Korn.
Alles ist voll Jubel und Gesang.

Gott, deine Taten wecken Freude und Jubel
überall, wo Menschen wohnen.

Du bist die Hoffnung der ganzen Erde.
Du hast mit deiner Kraft die Berge hingestellt.

Du stillst das Brausen des Meeres
und das Toben der Völker.

Gott, deine Taten wecken Freude und Jubel
überall, wo Menschen wohnen.

Der Kehrvers kann nach folgender Melodie gesungen werden:

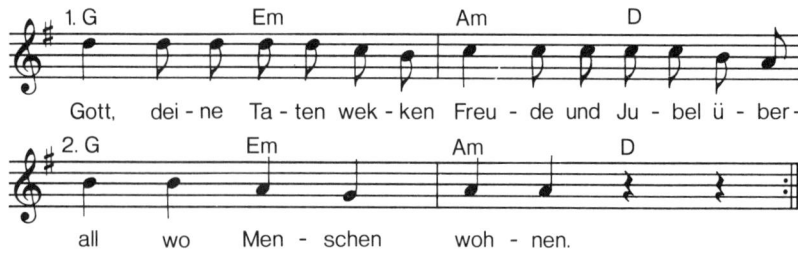

Kanon: Bernd Schlaudt und Gruppe Liturgie 1985. Rechte bei den Autoren

Weitere Möglichkeiten: Erst singt ein Vorsänger, in die Wiederholung stimmen dann alle ein.

GOT, DU BIST FREUNDLICH ZU UNS (nach Psalm 67) **43**

Gott, du bist freundlich zu uns,
gib uns, Gott, deinen Segen.

Dein helles Licht soll uns scheinen,
damit wir deine Wege finden,
damit auf der weiten Welt
alle Menschen dein Heil erkennen.

Gott, du bist freundlich zu uns,
gib uns, Gott, deinen Segen.

Preisen sollen dich alle Menschen, Gott,
alle Menschen sollen dich preisen.
Sie sollen lachen und fröhlich sein,
denn du kennst den richtigen Weg;
was du willst, das hören die Menschen.

Gott, du bist freundlich zu uns,
gib uns, Gott, deinen Segen.

Danken sollen dir alle Menschen, Gott,
alle Menschen sollen dir danken.
Deine Erde schenkt für uns ihre Früchte,
Gott, du schaust freundlich auf uns,
alle Welt soll dich ehren.

Gott, du bist freundlich zu uns,
gib uns, Gott, deinen Segen.

44   DU BIST DAS LICHT DER WELT (nach Psalm 67)

Wir wünschen uns alle:

Gott sei uns freundlich;
er möge uns segnen.

Er gebe uns Licht,
das Licht seiner Liebe;
er mache es hell in unseren Herzen.

Gott sei uns freundlich;
er möge uns segnen.

Er gebe uns Licht
und zeige uns allen die richtigen Wege;
er mache uns klar,
wie wir leben sollen.

Gott sei uns freundlich;
er möge uns segnen.

Das Licht seiner Liebe soll alle erreichen:
die Eltern, die Lehrer, die Nachbarn und Freunde,
alle Menschen um uns herum.
Das Licht seiner Liebe soll alle erreichen.
Darum bitten wir:

Gott sei uns freundlich;
er möge uns segnen.

Nach dem »Darum bitten wir« kann auch der folgende Kanon gesungen werden:

Kanon: Text Psalm 43,3; Melodie: Herkunft unbekannt

DIE ERDE ERHALTEN (nach Psalm 80)

Du, Herr, bist doch unser guter Hirte
und hütest uns wie deine Schafe.

Du bist doch Herr über die ganze Welt.
Komm und laß uns deine Macht erleben.

Gott, tröste uns wieder.
Laß leuchten dein Antlitz,
dann geht es uns gut.

Schau doch, wie viele Menschen traurig sind.
Ihre Tränen füllen einen großen Krug.

Andere aber lachen über sie
und nützen ihre Schwäche aus.

Gott, tröste uns wieder.
Laß leuchten dein Antlitz,
dann geht es uns gut.

Wir sind doch dein Weinstock auf deinem Weinberg.
Du hast uns an einen sonnigen Hang gepflanzt.

So hast du uns die Erde gegeben,
damit wir fröhlich und glücklich auf ihr leben können.

Gott, tröste uns wieder.
Laß leuchten dein Antlitz,
dann geht es uns gut.

Aber wie ein Garten ohne Zaun steht unsere Erde da.

Jeder trampelt darin herum,
grast das Land ab, bis es verwüstet ist.

So zerstört der Mensch deine Erde.

Gott tröste uns wieder.
Laß leuchten dein Antlitz,
dann geht es uns gut.

Herr, schau nicht länger tatenlos zu.
Schütze doch, was du hast wachsen lassen.

Strecke uns deine Hand entgegen,
damit wir deine Erde erhalten können zu deinem Lob.

46 WEISE MIR, HERR, DEINEN WEG (nach Psalm 86)

Weise mir, Herr, deinen Weg.
Du bist mein Gott, der mir hilft.

Manchmal brauche ich einen,
der mir den Weg zeigt,
hinter dem ich hergehen kann,
in dessen Spur ich treten kann.

Weise mir, Herr, deinen Weg.
Du bist mein Gott, der mir hilft.

Manchmal brauche ich einen,
der mir ein Zeichen gibt,
der mich aufmerken läßt,
der mir die Richtung zeigt.

Weise mir, Herr, deinen Weg.
Du bist mein Gott, der mir hilft.

Manchmal brauche ich einen,
der mich begeistern kann,
der mich mit seiner Phantasie ansteckt.

Weise mir, Herr, deinen Weg.
Du bist mein Gott, der mir hilft.

Statt des gesprochenen Kehrverses kann gesungen werden:

Wei - se mir, Herr, dei - nen Weg,

wei - se mir, Herr, dei - nen Weg,

dei - nen Weg, dei - nen Weg.

(oder mit Textverände-
rung: Weise mir, Herr,
deinen Weg; du bist
mein Gott, der mir hilft,
der mir hilft, der mir
hilft.)

Kanon: Albrecht Schmidt-Brücken. Rechte beim Autor

HÖR MEIN SCHREIEN (nach Psalm 88)

47

Gott, ich rufe: Erbarme dich!
Öffne deine Ohren und hör mein Schreien:

Keiner will mich hören. Ich rufe zu dir.
Ich mag nicht mehr leben, ich bin wie tot.

Gott, ich rufe: Erbarme dich!
Öffne deine Ohren und hör mein Schreien:

Meine Freunde wenden sich ab von mir.
Meine Kräfte schwinden, ich kann nicht mehr.

Gott, ich rufe: Erbarme dich!
Öffne deine Ohren und hör mein Schreien:

Dunkelheit ist um mich, ich habe Angst.
Wohin soll ich gehen, läßt du mich allein?

Gott, ich rufe: Erbarme dich!
Öffne deine Ohren und hör mein Schreien:

Der Kehrvers kann nach folgender Melodie gesungen werden:

Text: Andreas Weidle; Melodie: Hans-Jürgen Hufeisen. Rechte bei den Autoren

48 HERR DER ZEIT (nach Psalm 90)

Du, Herr, schenkst die Zeit, bist allein ihr Herr.
Und unsre Stunden stehn in deiner Hand.

Ich kann mir das nicht vorstellen:
Viele Milliarden Jahre schon dreht sich unsere Erde;
seit Jahrtausenden schon gibt es Menschen.
Da kommt mir meine Lebenszeit winzig und klein vor,
wie ein einziges Ticken der Uhr.

Herr, du bist unsere Zuflucht für und für.
Ehe denn die Berge wurden
und die Erde und die Welt geschaffen wurden,
bist du, Gott, von Ewigkeit zu Ewigkeit.

Ich denke oft darüber nach:
Wie haben die Menschen früher gelebt:
zur Zeit der Römer oder der Germanen?
Wie war es, als es noch kein Auto gab,
keine Schule, kein elektrisch Licht?
Alles war anders
und doch haben die Menschen gelacht und geweint,
sich gefreut und geärgert wie ich.

Tausend Jahre sind vor dir wie der Tag,
der gestern vergangen ist
und wie eine Nachtwache.
Du lässest sie dahinfahren wie einen Strom.

Ich freue mich an meinem Leben:
Im Fotoalbum sehe ich mich als Baby,
erinnern kann ich mich nicht mehr daran.
Man wächst, wird erwachsen,
lernt und erlebt immer Neues.
Aber auch das stimmt:
Jeden Tag kommt mein Tod einen Tag näher.

Unser Leben währet siebzig Jahre;
und wenn's hoch kommt, so sind's achtzig Jahre,
denn es fähret schnell dahin,
als flögen wir davon.

49

Ich denke nach und staune.
Die Zeit vergeht, immer,
und eine Stunde, die vergangen ist, kehrt nie mehr zurück.
Und doch kommt nach jeder Nacht ein neuer Tag;
nach jedem Winter kommt ein neuer Frühling;
und wenn der Tod auch die Lebenszeit beendet,
beginnt mit jeder Geburt neues Leben.
Was ist die Zeit? Ich kann das nicht fassen!
Ich kann nur hoffen, daß ich meine Zeit sinnvoll fülle.

Herr, unser Gott, sei uns freundlich
und fördere das Werk unserer Hände bei uns.
Ja, das Werk unserer Hände wollest du fördern.

DU, HERR, SCHENKST DIE ZEIT, BIST ALLEIN IHR HERR.
UND UNSRE STUNDEN STEHN IN DEINER HAND.

Dieser Text stammt aus einem Familiengottesdienst; er kann für sich genommen
auch als Besinnung oder Andacht Verwendung finden. Kürzere, für den Kindergottesdienst eher geeignete Alternativfassungen dieses Textes haben wir auf den beiden
folgenden Seiten abgedruckt. Sie sollen auch ein Beispiel dafür sein, wie mit den
Psalmen in diesem Buch »gespielt« werden kann.

50   1. Luthertext mit Kehrvers (nach Psalm 90)

Du, Herr, schenkst die Zeit, bist allein ihr Herr.
Und unsre Stunden stehn in deiner Hand.

Herr, du bist unsere Zuflucht für und für,
ehe denn die Berge wurden
und die Erde und die Welt geschaffen wurden,
bist du, Gott, von Ewigkeit zu Ewigkeit.

Du, Herr, schenkst die Zeit, bist allein ihr Herr.
Und unsre Stunden stehn in deiner Hand.

Tausend Jahre sind vor dir wie der Tag,
der gestern vergangen ist
und wie eine Nachtwache.
Du lässest sie dahinfahren wie einen Strom.

Du, Herr, schenkst die Zeit, bist allein ihr Herr.
Und unsre Stunden stehn in deiner Hand.

Unser Leben währet siebzig Jahre;
und wenn's hoch kommt, so sind's achtzig Jahre,
denn es fähret schnell dahin,
als flögen wir davon.

Du, Herr, schenkst die Zeit, bist allein ihr Herr.
Und unsre Stunden stehn in deiner Hand.

Herr, unser Gott, sei uns freundlich
und fördere das Werk unserer Hände bei uns.
Ja, das Werk unserer Hände wollest du fördern.

Du, Herr, schenkst die Zeit, bist allein ihr Herr.
Und unsre Stunden stehn in deiner Hand.

2. Sprechstück mit Kehrvers

51

Du, Herr, schenkst die Zeit, bist allein ihr Herr.
Und unsre Stunden stehn in deiner Hand.

Ich kann mir das nicht vorstellen:
Viele Milliarden Jahre schon dreht sich unsere Erde;
seit Jahrtausenden schon gibt es Menschen.
Da kommt mir meine Lebenszeit winzig und klein vor,
wie ein einziges Ticken der Uhr.

Du, Herr, schenkst die Zeit, bist allein ihr Herr.
Und unsre Stunden stehn in deiner Hand.

Ich denke oft darüber nach:
Wie haben die Menschen früher gelebt:
zur Zeit der Römer oder der Germanen?
Wie war es, als es noch kein Auto gab,
keine Schule, kein elektrisch Licht?
Alles war anders
und doch haben die Menschen gelacht und geweint,
sich gefreut und geärgert wie ich.

Du, Herr, schenkst die Zeit, bist allein ihr Herr.
Und unsre Stunden stehn in deiner Hand.

Ich freue mich an meinem Leben:
Im Fotoalbum sehe ich mich als Baby,
erinnern kann ich mich nicht mehr daran.
Man wächst, wird erwachsen,
lernt und erlebt immer Neues.
Aber auch das stimmt:
Jeden Tag kommt mein Tod einen Tag näher.

Du, Herr, schenkst die Zeit, bist allein ihr Herr.
Und unsre Stunden stehn in deiner Hand.

Ich denke nach und staune.
Die Zeit vergeht, immer,
und eine Stunde, die vergangen ist, kehrt nie mehr zurück.
Und doch kommt nach jeder Nacht ein neuer Tag,
nach jedem Winter kommt ein neuer Frühling;
und wenn der Tod auch die Lebenszeit beendet,
beginnt mit jeder Geburt neues Leben.
Was ist die Zeit? Ich kann das nicht fassen!
Ich kann nur hoffen, daß ich meine Zeit sinnvoll fülle.

Du, Herr, schenkst die Zeit, bist allein ihr Herr.
Und unsre Stunden stehn in deiner Hand.

52 ZUFLUCHT UND BURG (nach Psalm 91)

Wer unter dem Schirm Gottes lebt
und bei ihm bleibt,
der sagt zum Herrn:

Gott, du bist meine Zuflucht und Burg.
Auf dich hoffe ich, Herr!

Gott wird bei mir sein,
wohin ich auch gehe.
Der Herr liebt mich;
er läßt mich nicht allein.

Gott, du bist meine Zuflucht und Burg.
Auf dich hoffe ich, Herr!

Wenn ich den Herrn anrufe,
antwortet er mir.
Wenn ich in Not gerate,
ist er bei mir.
Wenn ich traurig bin,
gibt er mir wieder Mut.

Gott, du bist meine Zuflucht und Burg.
Auf dich hoffe ich, Herr!

Wer unter dem Schirm Gottes lebt
und bei ihm bleibt,
der sagt zum Herrn:

Gott, du bist meine Zuflucht und Burg.
Auf dich hoffe ich, Herr!

ES MACHT FREUDE, DIR ZU DANKEN (nach Psalm 92)

53

Es macht Freude, dir zu danken
und dich mit Liedern zu loben, du Höchster.
Ich will dem Herrn singen mein Leben lang.

Schon früh am Morgen
zeigst du mir deine Freundlichkeit,
und noch in der finsteren Nacht
bist du ganz nahe bei mir.
Ich freu mich über das,
was du für mich tust.
Ich lobe das Werk deiner Hände.
Ich will dem Herrn singen mein Leben lang.

Wie groß sind deine Taten, Gott!
Wie tief deine Gedanken!
Töricht ist der,
der alles sieht,
und doch nichts von dir erkennt.
Wie ein grüner Baum aber ist der,
der an Gott glaubt
und ihm die Treue hält.

Der Kehrvers kann folgendermaßen gesungen werden:

Ich will dem Herrn sin - gen mein Le - ben lang

Alle im Kanon

und mei - nen Gott lo - ben, und mei - nen Gott

lo - ben so lan - ge ich bin.

Kanon: Johannes Petzold 1969
Rechte: Strube Verlag GmbH, München–Berlin

54 DU BIST UNSER GOTT (nach Psalm 95)

Kommt, macht mit!
Wir wollen fröhlich sein!
HALLELUJA!

Wir sind dankbar,
und loben dich mit Worten und Musik:
Du bist unser Gott,
größer als alles, was lebt.

Wo wir auch sind,
auf dem höchsten Berg oder im Tal,
auf dem weiten Meer oder an Land:
wir sind in deiner Hand.

Kommt, macht mit!
Wir wollen fröhlich sein!
HALLELUJA!

Wir schauen auf zu dir.
Wir schämen uns nicht, dich zu bitten.
Du bist unser Gott und hast uns gemacht.

Wir gehören zu dir,
auch wenn wir oft eigene Wege gehen
und taub sind für deine Stimme.
Wir sind dein Volk,
wie Schafe geborgen in guter Hand.

Kommt, macht mit!
Wir wollen fröhlich sein!
HALLELUJA!

Das Halleluja wird nach folgender Melodie gesungen:

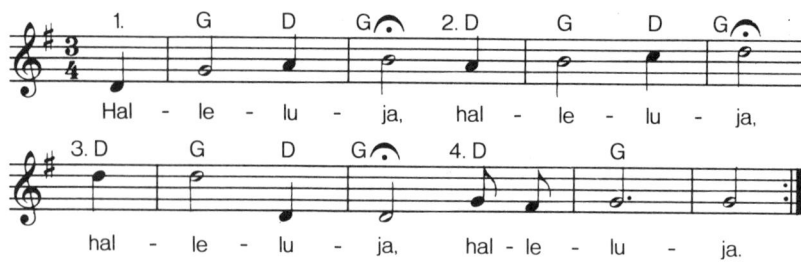

Text: Liturgie; Melodie: Winfried Pilz. Rechte: Verlag Haus Altenberg, Düsseldorf

FROH ÜBER GOTT (nach Psalm 100)

55

Seid fröhlich über euren Gott!
Stellt euch freudig in seinen Dienst.
Laßt euch sagen:
Gott allein ist unser Herr!

GOTT ALLEIN IST UNSER HERR!

Denkt daran: Er hat uns geschaffen.

Ihm gehören wir an.

IHM GEHÖREN WIR AN.

Er sorgt für uns
wie ein guter Hirte für seine Schafe sorgt.

Sein Volk sind wir.

SEIN VOLK SIND WIR.

Darum dankt ihm, redet von ihm,
erzählt, was er für uns getan hat.

Unser Leben ist ihm kostbar.

UNSER LEBEN IST IHM KOSTBAR.

Der Herr ist gut zu uns.
Seine Liebe hört niemals auf.

Immer bleibt er treu.

IMMER BLEIBT ER TREU.

Darum danken wir Gott und singen:

(folgt Lob- und Danklied oder -kanon)

Dieser Psalm eignet sich besonders zur Eröffnung des Gottesdienstes, z. B. derart:
Begrüßung vor der Kirchentür durch die Mitarbeiter; dann »Laßt uns diesen Kindergottesdienst feiern im Namen Gottes ... Gott will unter uns sein. Er will mit uns
sprechen durch sein Wort. Wir können mit ihm reden durch unser Singen und Beten.
– Laßt uns jetzt einziehen ... uns vor Gott versammeln, indem wir uns im (Halb)-
kreis um den Altar stellen. Bei unserem Einzug loben wir Gott und singen.«
Danach Einzug usw. Um den Altar stehend wird der Psalm gesprochen. – Natürlich
kann der Psalm auch ohne dies alles gesprochen werden. – Denkbar wäre auch, den
Psalm *während* des Einzugs – im Gehen – zu sprechen!
Wichtig ist, daß angegeben wird: »Was der/die ... sagt, sprechen wir alle nach!«

56 LOBE DEN HERRN (nach Psalm 103)

Lobe den Herrn, meine Seele,
und seinen heiligen Namen.
Was er dir Gutes getan hat,
Seele vergiß es nicht. Amen.

Der dir alle Sünde vergibt
und heilet alle deine Gebrechen,

der dein Leben vom Verderben erlöst,
der dich krönet mit Gnade und Barmherzigkeit.

Lobe den Herrn, meine Seele,
und seinen heiligen Namen.
Was er dir Gutes getan hat,
Seele vergiß es nicht. Amen.

Der Herr schafft Gerechtigkeit und Recht
allen, die Unrecht leiden.

Er hat seinen Weg Mose wissen lassen,
die Kinder Israel sein Tun.

Barmherzig und gnädig ist der Herr,
geduldig und von großer Güte.

Er handelt nicht mit uns nach unsern Sünden
und vergilt uns nicht nach unsrer Missetat.

Lobe den Herrn, meine Seele,
und seinen heiligen Namen.
Was er dir Gutes getan hat,
Seele vergiß es nicht. Amen.

Lobe den Herrn meine Seele ...

Denn so hoch der Himmel über der Erde ist,
läßt er seine Gnade walten über denen, die ihn fürchten.

So fern der Morgen ist vom Abend,
läßt er unsre Übertretungen von uns sein.

Wie sich ein Vater über Kinder erbarmt,
so erbarmt sich der Herr über die, die ihn fürchten.

Lobe den Herrn, meine Seele,
und seinen heiligen Namen.
Was er dir Gutes getan hat,
Seele vergiß es nicht. Amen.

Die von einem Sprecher gesprochenen Teile können auch auf mehrere Sprecher
verteilt werden.

Der Kehrvers kann nach folgender Melodie gesungen werden:

Lo - be den Herrn mei - ne See - le,

und sei - nen hei - li - gen Na - men. Was er dir

Gu - tes ge - tan hat, See - le ver - giß es nicht. A - - men.

Text und Melodie: Ulrich Gohl
Aus: Ulrich Gohl, Singspiel »Der verlorene Sohn« (CV 12.543)
Rechte: Carus-Verlag Stuttgart

58   DEINE GNADE UND BARMHERZIGKEIT (nach Psalm 103)

LOBE DEN HERRN, MEINE SEELE UND SEINEN HEILIGEN NAMEN,
WAS ER DIR GUTES GETAN HAT, SEELE VERGISS ES NICHT! AMEN.

Der dir alle deine Sünden vergibt
und heilet alle deine Gebrechen.

Was habe ich schon alles falsch gemacht, Herr?
Du siehst alles, was ich nicht recht mache.
Auch mein Gewissen schlägt,
wenn ich jemandem weh getan habe.
Du nagelst mich nicht fest auf meine Fehler von gestern.
Das tut mir gut, Herr.

LOBE DEN HERRN, MEINE SEELE UND SEINEN HEILIGEN NAMEN,
WAS ER DIR GUTES GETAN HAT, SEELE VERGISS ES NICHT! AMEN.

Der dein Leben vom Verderben erlöst,
der dich krönet mit Gnade und Barmherzigkeit.

Womit habe ich das verdient, Herr?
Du setzt mir die Krone auf, wie einem König.
Du machst mich nicht klein, wenn ich Fehler mache.
Du schlägst mich nicht, wenn ich böse bin.
Du lachst nicht, wenn ich mich dumm anstelle.
Du machst mich groß.
Das tut mir gut, Herr.

LOBE DEN HERRN, MEINE SEELE UND SEINEN HEILIGEN NAMEN,
WAS ER DIR GUTES GETAN HAT, SEELE VERGISS ES NICHT! AMEN.

Barmherzig und gnädig ist der Herr,
geduldig und von großer Güte.

Wie lange, Herr, reicht deine Geduld?
Ich mache oft die gleichen Fehler immer wieder
und stoße immer wieder an meine Grenzen.
Die Menschen werden nicht besser,
je länger die Erde sich dreht.
Wie lange brauch ich, bis ich einen Irrtum einsehe
und wieviel Überwindung, bis ich sage: Es tut mir leid.
Du hast unendlich viel Geduld.
Das tut mir gut, Herr.

LOBE DEN HERRN, MEINE SEELE UND SEINEN HEILIGEN NAMEN,
WAS ER DIR GUTES GETAN HAT, SEELE VERGISS ES NICHT! AMEN.

Er handelt nicht mit uns nach unseren Sünden
und vergilt uns nicht nach unserer Missetat.

59

Wie komme ich da wieder heraus, Herr?
Es ist ein Teufelskreis:
Wenn einer mich schlägt, schlage ich zurück.
Was mir einer antut, zahle ich ihm heim.
Was ich mir einbrocke, muß ich auslöffeln.
Wenn ich schuld bin, folgt die Strafe.
Du durchbrichst das Gesetz von Schlag und Gegenschlag.
Das befreit.
Das tut mir gut, Herr.

LOBE DEN HERRN, MEINE SEELE UND SEINEN HEILIGEN NAMEN,
WAS ER DIR GUTES GETAN HAT, SEELE VERGISS ES NICHT! AMEN.

Wie sich ein Vater über Kinder erbarmt,
so erbarmt sich der Herr über alle, die ihn fürchten.
Amen.

Der gleichbleibende Teil des Kehrverses kann gesungen werden:

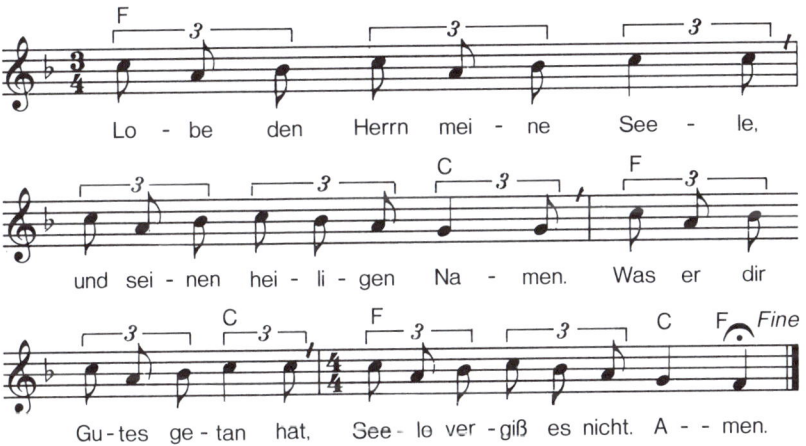

Lo - be den Herrn mei - ne See - le,
und sei - nen hei - li - gen Na - men. Was er dir
Gu - tes ge - tan hat, See - le ver - giß es nicht. A - - men.

Text und Melodie: Ulrich Gohl
Aus: Ulrich Gohl, Singspiel »Der verlorene Sohn« (CV 12.543)
Rechte: Carus-Verlag Stuttgart

60 FREUNDLICH UND HILFREICH IST GOTT (nach Psalm 103)

Freundlich und hilfreich ist Gott.
Ja, unser Gott ist barmherzig.

> Ich will mich über den Herrn freuen.
> Alles, was in mir ist,
> mein Herz und mein Geist,
> sollen ihn loben.

Freundlich und hilfreich ist Gott.
Ja, unser Gott ist barmherzig.

> Ich will mich über den Herrn freuen
> und will all das Gute nicht vergessen,
> das ich von ihm empfangen habe.

Freundlich und hilfreich ist Gott.
Ja, unser Gott ist barmherzig.

> Er hat mir alle meine Schuld vergeben.
> Und hat heilgemacht,
> was in mir zerbrochen ist.

Freundlich und hilfreich ist Gott.
Ja, unser Gott ist barmherzig.

> Er hat mich stark gemacht.
> Solange ich lebe,
> sorgt er für mich.

Freundlich und hilfreich ist Gott.
Ja, unser Gott ist barmherzig.

> So hoch der Himmel über der Erde ist,
> so groß ist Gottes Freundlichkeit
> für die, die zu ihm gehören.

Freundlich und hilfreich ist Gott.
Ja, unser Gott ist barmherzig.

LOB DES SCHÖPFERS (nach Psalm 104)

61

Ich will dem Herrn singen mein Leben lang
und meinen Gott loben, solange ich bin.

Gott, du bist groß;
schön bist du wie die Sonne
und wie der blaue Himmel.

Himmel und Erde gehören dir.
Wie ein Zeltdach hast du den Himmel ausgespannt;
darunter steht die Erde
festgegründet in den Wassern der Meere.

Du läßt das Gras wachsen für die Tiere.
Pflanzen, die der Mensch anbaut, läßt du gedeihen,
damit die Erde ihm Nahrung gibt.

Du hast den Mond gemacht,
das Jahr danach einzuteilen.
Den Lauf der Sonne hast du geordnet,
damit es Tag und Nacht wird.

Herr, wie groß und zahlreich sind deine Werke!
Alles hast du weise geordnet.

Mein Leben lang will ich dem Herrn danken,
denn der Herr ist groß.
Er kümmert sich um alle seine Geschöpfe.

Ich will dem Herrn singen mein Leben lang
und meinen Gott loben, solange ich bin.

Der Eingangs- und Schlußvers kann nach folgender Melodie gesungen werden:

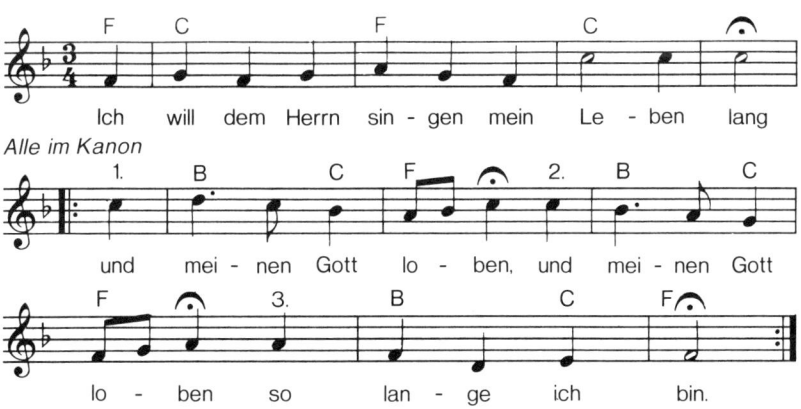

Kanon: Johannes Petzold 1969
Rechte: Strube Verlag GmbH, München–Berlin

62 GOTT WILL ICH PREISEN (nach Psalm 104)

Von Gott, meinem Herrn, will ich erzählen.
Herr, mein Gott, du bist so groß!
Du hast den Himmel und die Erde geschaffen.
Du schenkst uns die Nacht und den Tag,
die Sonne, den Mond und die Sterne,
die Wolken, den Regen und den Wind.

Gott will ich loben.
Gott will ich danken.

Alles, was wir um uns herum sehen,
hast du geschaffen:
Die kleinen Bäche und die großen Flüsse
und das Meer;
die Berge und Hügel;
die Wiesen, mit ihren Gräsern und Blumen;
den Wald mit seinen Bäumen.

Gott will ich loben.
Gott will ich danken.

Die Pflanzen, die Tiere und wir Menschen
sind deine Geschöpfe.
Alle warten darauf,
daß du ihnen zur rechten Zeit zu essen gibst.
Sie nehmen, was du ihnen schenkst.
Du gibst ihnen ihr Essen,
und sie werden reichlich satt.
Aber wenn du dich abwendest,
dann sind sie am Ende.
Sie müssen sterben und werden zu Staub.
Ohne dich gibt es kein Leben.

Gott will ich loben.
Gott will ich danken.

Deine Welt ist voller Wunder.
Und jedes Wunder hast du geschaffen.
Du hast alles klug geordnet.
Gott, dich wollen wir immer loben.
Gott, dir wollen wir immer danken.
Alles, was du geschaffen hast,
soll dir Freude machen.

63

Gott will ich loben.
Gott will ich danken.

Statt des gesprochenen Kehrverses kann man auch singen:

Jauch - zet dem Herrn, al - le Welt,

sin - get, rüh - met und lo - bet,

sin - get, rüh - met und lo - bet!

Kanon: Albrecht Schmidt-Brücken. Rechte beim Autor

64 WIR DANKEN DIR, GOTT (nach Psalm 111)

Ich danke dir, Gott!
Wir danken dir Gott,
Mit allen, die springen vor Freude.

Herrliches hat Gott getan an allen seinen Kindern.
Sie haben erfahren: Groß sind seine Wunder!

Ich danke dir, Gott!
Wir danken dir, Gott,
mit allen, die springen vor Freude.

Gott sorgt für die Seinen: Er gibt ihnen Brot;
er beschenkt sie; er steht ihnen bei.
Auf ihn ist immer Verlaß.

Ich danke dir, Gott!
Wir danken dir, Gott,
mit allen, die springen vor Freude.

Gott will ich loben; ihm will ich trauen.
Klug sind die Menschen, die das erkennen und tun.

Der Kehrvers wird im Wechsel nach folgender Melodie gesungen:

Fehlt es an einem Vorsänger, so singen alle miteinander: Ich danke dir, Gott.

Text: Werner Pohl; Melodie: »Werkstatt Liturgie« des Rhein. Verbandes.
Rechte: Rhein. Verband für Kindergottesdienst, Saarbrücken

GESEGNET VOM HERRN (nach Psalm 115)

65

Wenn wir jetzt nach Hause gehen,
wollen wir uns daran erinnern:

Der Herr denkt an uns und segnet uns.

Der Herr segnet alle,
die sich auf ihn verlassen,
die Großen und die Kleinen.

Der Herr denkt an uns und segnet uns.

Gesegnet seid ihr von dem Herrn,
der Himmel und Erde gemacht hat.
Ihm gehört der Himmel,
und von ihm haben die Menschen
die Erde anvertraut bekommen.

Der Herr denkt an uns und segnet uns.

Wenn ihr jetzt nach Hause geht,
vergeßt es nicht:
Ihr seid vom Herrn gesegnet!
Darum: Lobt ihn
mit allem, was ihr denkt, sagt und tut.

Amen.

Dieser Psalm eignet sich besonders am Ende des (Kinder-)Gottesdienstes. Dazu stehen Kinder und Helfer, wenn möglich, mit angefaßten Händen um den Altar. Den Abschluß bildet ein Loblied oder -kanon.

66   DIES IST DER TAG, DEN DER HERR MACHT (nach Psalm 118)

Wir wollen alle fröhlich sein
in dieser österlichen Zeit:
denn unser Heil hat Gott bereit.
Halleluja, ...

   Dies ist der Tag, den der Herr macht.
   Laßt uns freuen und fröhlich an ihm sein.

   Laßt uns singen mit Freuden vom Sieg Gottes über den Tod.
   Ostern heißt: Christus ist erstanden. Jesus lebt.

Es ist erstanden Jesus Christ,
der an dem Kreuz gestorben ist,
dem sei Lob, Ehr zu aller Frist.
Halleluja, ...

   Dies ist der Tag, den der Herr macht.
   Laßt uns freuen und fröhlich an ihm sein.

   Laßt uns das neue Leben feiern, das dem Tod widersteht.
   Denn der Herr ist auferstanden.
   Er ist wahrhaftig auferstanden.

Es freu sich alle Christenheit
und lobe die Dreifaltigkeit,
von nun an bis in Ewigkeit.
Halleluja, ...

Die im Psalm abgedruckten Kehrverse (nach EKG/LfJ 82) können so nur mit aufge-
schlagenem Gesangbuch gesungen werden. Wenn Sie ohne Buch singen wollen,
dann entscheiden Sie sich entweder für nur *eine* Strophe oder Sie singen den Kanon
»Wir wollen alle fröhlich sein«.

67

D   Hm   Em   A

1. Wir wol - len al - le fröh - lich sein in
   Hal - le - lu - ja, Hal - le - lu - ja, Hal -

F#m   Hm   Em   F#m

die - ser ö - ster - li - chen Zeit: denn
le - lu - ja, Hal - le - lu - ja. Ge -

G   A   Hm   A   D

un - ser Heil __ hat Gott __ be - reit'.
lobt __ sei Christus, Ma - ri - en Sohn!

1. D   A   D

Wir wol - len al - le fröh - lich sein

2. D   A   D

in die - ser ö - ster - li - chen Zeit,

3. D   A   D

weil un - ser Heil hat Gott be - reit.

Kanon: Albrecht Schmidt-Brücken. Rechte beim Autor

68 EIN TAG – VON GOTT GEMACHT (nach Psalm 118)

Dies ist ein Tag von Gott gemacht.
Laßt uns freuen und fröhlich sein.
Halleluja.

Gott macht es hell für uns.
Laßt uns freuen und fröhlich sein.
Halleluja.

Gott schenkt uns seinen Geist.
Laßt uns freuen und fröhlich sein.
Halleluja.

Schmückt den Altar für das Fest.
Laßt uns freuen und fröhlich sein.
Halleluja.

Das Halleluja kann auch gesungen werden:

Text: Liturgie; Melodie: Winfried Pilz
Rechte: Verlag Haus Altenberg, Düsseldorf

Ein anderer
möglicher Kehrvers
zu Psalm 119
(auf der rechten Seite):

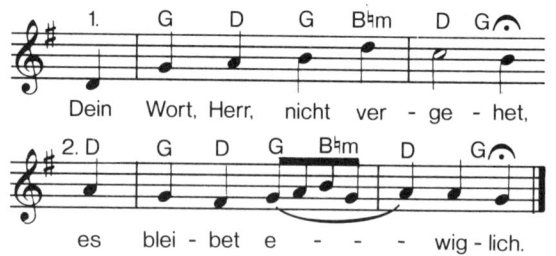

Kanon:
Albrecht Schmidt-Brücken
Rechte beim Autor

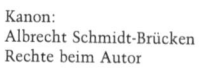

VON GOTTES WORT (nach Psalm 119)

69

Wohl denen, die ihr Leben führen, wie es sein soll,
weil sie der Wegweisung des Herrn nachgehen.
Dein Wort ist meines Fußes Leuchte
und ein Licht auf meinem Weg.

Wohl denen, die Gottes Botschaft folgen
und ihn mit ganzem Ernst suchen.
Solche tun das Böse nicht;
sie folgen Gottes Führung.
Dein Wort ist meines Fußes Leuchte
und ein Licht auf meinem Weg.

Du, Gott, bist es, von dir gehen die Ordnungen aus,
daß man sie sorgsam beachte.
Ich will mich ganz an das halten,
was du gesagt hast.
Ich will deine Worte nicht vergessen.
Dein Wort ist meines Fußes Leuchte
und ein Licht auf meinem Weg.

Ja, Herr, deine Weisungen machen mich froh.
Sie sind wie Menschen, die mich gut beraten.
Dein Wort leuchtet mir, wohin ich gehe.
Es ist ein Licht für meinen Weg.
Dein Wort ist meines Fußes Leuchte
und ein Licht auf meinem Weg.

Gib mir Halt, wie du versprochen hast!
Dann kann ich richtig leben.
Dein Wort, Herr, gilt für immer.
Es steht so fest wie der Himmel.
Die Menschen kommen und gehen,
doch deine Treue bleibt.
Dein Wort ist meines Fußes Leuchte
und ein Licht auf meinem Weg.

70   WOHER KOMMT MIR HILFE? (Psalm 121, Lutherübersetzung)

Ich hebe meine Augen auf zu den Bergen.
    Woher kommt mir Hilfe?
Meine Hilfe kommt vom Herrn,
    der Himmel und Erde gemacht hat.
Er wird deinen Fuß nicht gleiten lassen,
    und der dich behütet, schläft nicht.
Siehe, der Hüter Israels
    schläft und schlummert nicht.
Der Herr behütet dich;
    der Herr ist dein Schatten über deiner rechten Hand,
daß dich des Tages die Sonne nicht steche
    noch der Mond des Nachts.
Der Herr behüte dich vor allem Übel,
    er behüte deine Seele.
Der Herr behüte deinen Ausgang und Eingang
    von nun an bis in Ewigkeit!

Zum Abschluß kann gesungen werden:

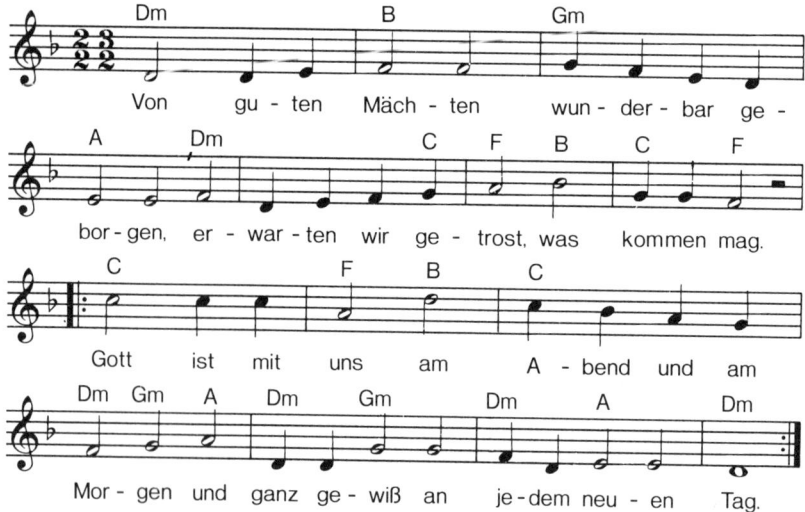

Von gu - ten Mäch - ten wun - der - bar ge -
bor - gen, er - war - ten wir ge - trost, was kommen mag.
Gott ist mit uns am A - bend und am
Mor - gen und ganz ge - wiß an je - dem neu - en Tag.

Text: Dietrich Bonhoeffer; Rechte: Chr. Kaiser / Gütersloher Verlagshaus, Gütersloh
Melodie: Otto Abel; Rechte: Verlag Merseburger, Kassel

GOTT BEHÜTET MICH (nach Psalm 121)

Gott behütet mich.
Er behütet mich auf allen Wegen,
heute und immer.

Manchmal schaue ich hin und her und frage:
»Will mir denn keiner helfen?«
Dann fällt mir ein, daß Gott bei mir ist.
Gott, der Himmel und Erde gemacht hat.

Gott behütet mich.
Er behütet mich auf allen Wegen,
heute und immer.

Gott schläft nicht.
Er führt meine Füße bei jedem Schritt.
Er ist bei mir, wie mein Schatten,
und leitet meine Hand.
Tag und Nacht steht er mir zur Seite.

Gott behütet mich.
Er behütet mich auf allen Wegen,
heute und immer.

72 WER BEHÜTET MICH? (nach Psalm 121)
Beispiel eines Psalms mit Instrumental-Untermalung

SPRECHER:	INSTRUMENTE:
	Xylophon: Ton C beginnt, gleichmäßig angeschlagen. Tamburin hinzu. Bricht ab.
Ich trau mich nicht, vor anderen zu reden.	wie oben
Manchmal bin ich zu feige, ich habe keinen Mut.	wie oben
Oft bin ich traurig, weil so schlimme Dinge um mich her geschehen.	wie oben
Manchmal denke ich, andere haben viel mehr als ich.	wie oben
Ich fürchte, meine Eltern haben mich nicht mehr lieb.	wie oben
Manchmal habe ich Angst, ausgelacht zu werden.	wie oben
Ich habe Angst, im Dunkeln allein zu sein.	wie oben, ausklingend; Gitarre stimmt an
Gitarrenspieler singt an:	

Original: »Herr, erbarme dich«; Musik: Peter Janssens.
Aus: »Ein Halleluja für dich«, 1973.
Rechte: Peter Janssens Musik Verlag, Telgte-Westfalen

73

Wer behütet mich?

Gott, der Himmel und Erde gemacht hat.

1 × Triangel anschlagen

Wer behütet mich?

Gott, der nicht schläft.
Er ist bei dir Tag und Nacht.

1 × Triangel anschlagen

Wer behütet mich?

Gott. Er führt dich an der Hand.
Er gibt Sonne und Schatten.

1 × Triangel anschlagen

(Gitarrenspieler singt an:)

Gitarre stimmt an

Gott behütet mich (Melodie siehe oben)

Gott! Oft vergessen wir, daß du bei uns bist.
Wir haben immer wieder aufs neue Angst.
Doch du läßt uns nicht im Stich. Danke!

Gott behütet mich (Melodie wie oben)

Begleitung durch alle
Instrumente

74   DU BIST IMMER DA (nach Psalm 139)

Herr, du kennst mich und hast mich lieb.

Ob ich sitze oder aufstehe, du weißt es;
du kennst alle meine Gedanken.
Wenn ich auf der Straße gehe oder in meinem Bett liege,
du bist immer um mich und siehst alle meine Wege.
Herr, du kennst mich und hast mich lieb.

Jedes Wort, das ich spreche, hörst du, Herr.
Wenn ich über den Wolken im Flugzeug sitzen
oder mit einer Rakete zum Mars fliegen würde, wärst du auch da.
Herr, du kennst mich und hast mich lieb.

Sogar die toten Menschen,
die auf dem Friedhof unter der Erde liegen,
sind nicht von dir getrennt; du hast sie in deiner Hand.
Herr, du kennst mich und hast mich lieb.

Wäre ich ganz weit weg im Osten der Erde,
wo das Morgenrot aufsteigt,
oder bliebe ich ganz weit im Westen, wo die Sonne im Meer versinkt,
dann würde auch da deine Hand mich führen
und deine Liebe mich schützen.
Herr, du kennst mich und hast mich lieb.

Wenn es manchmal ganz dunkel ist
und ich nicht die eigene Hand vor Augen sehe,
wenn mich niemand sehen kann
und ich in meinem Zimmer allein bin;
du siehst mich doch; deine Augen sehen auch in der Dunkelheit.
Herr, du kennst mich und hast mich lieb.

Ich danke dir, daß ich lebe und Mensch bin.
Ich freue mich, daß du mir nah bist und mich kennst.

Statt des gesprochenen Kehrverses kann auch gesungen werden:

Text und Melodie: Bernd Schlaudt. Rechte beim Autor

IN GOTTES HAND (nach Psalm 139)

75

Von allen Seiten umgibst du mich
und hältst deine Hand über mir

Gott, du kennst mich.
Du achtest auf mich.
Nie gibst du mich verloren.

Ich sitze oder stehe,
ich liege oder gehe,
du hältst deine Hand über mir.

Von allen Seiten umgibst du mich
und hältst deine Hand über mir

Alle meine Wege sind dir bekannt.
Alles, was ich denke und sage:
Du kennst es.
Mein ganzes Leben liegt offen vor dir.

Wenn ich in Schwierigkeiten bin,
willst du mich begleiten.
Wenn ich nicht aus noch ein weiß
und mich am liebsten verstecken möchte,
so bleibt dir meine Not nicht verborgen.

Von allen Seiten umgibst du mich
und hältst deine Hand über mir.

Du achtest auf mich.
Nie gibst du mich verloren.

Der Kehrvers kann auch gesungen werden:

Melodie: Ernst Richter. Rechte beim Autor

76   SO WIE ICH BIN (nach Psalm 139)

So, wie ich bin, komme ich zu dir ...

So, wie wir sind, kommen wir zu dir ...

    Herr, mein Gott, es ist gut, daß du mich siehst.
    Du siehst, wenn ich Angst habe,
    du siehst, wenn ich unzufrieden und traurig über mich
    selber bin, weil ich mich mit anderen vergleiche.

So wie ich bin, komme ich zu dir ...

So wie wir sind, kommen wir zu dir ...

    Du, Gott, kennst meine Wünsche.
    Ich träume davon, reich oder schön oder mächtig zu sein;
    groß und stark will ich sein.
    Die Menschen sollen mich bewundern und von mir reden.
    Aber ich weiß ja, das sind nur Träume.

So wie ich bin, komme ich zu dir ...

So wie wir sind, kommen wir zu dir ...

    Deine Hand hält mich fest in der Schule und zu Hause,
    wo immer ich bin, du hältst mich fest.
    Ich bitte dich, mein Gott, hilf mir,
    daß ich mich nicht beklage, weil ich nicht so begabt,
    nicht so schön oder nicht so gesund bin wie andere.

So wie ich bin, komme ich zu dir ...

So wie wir sind, kommen wir zu dir ...

    Gott, ich danke dir, daß du mich festhältst.
    Ich danke dir für alles, was du gegeben hast.
    Gott, du kennst meinen Weg.
    Du hilfst ihn mir gehen, weil du mich lieb hast.
    Es ist gut, mein Gott, das zu wissen.

So wie ich bin, komme ich zu dir ...

So wie wir sind, kommen wir zu dir ...

Der Kehrvers kann auch gesungen werden:

77

Einer: So wie ich bin, kom-me ich zu dir, _____
Alle: So wie wir sind, kom-men wir zu dir, _____

so wie ich bin, kom-me ich zu dir. _____
so wie wir sind, kom-men wir zu dir. _____

Aus: »Lob sei Dir. Wir feiern Kindergottesdienst: Sich freuen und traurig sein«.
Hrsg. Rhein. Verband für Kindergottesdienst, Saarbrücken 1983

Alternativer Kehrvers zum Sprechen:

Laß mich dankbar sein, Herr,
daß du mich so gemacht hast, wie ich bin,
laß mich dankbar sein und dich preisen.

78 AUF GOTT IST VERLASS (nach Psalm 146)

*Ich will dem Herrn singen mein Leben lang
und meinen Gott loben, solange ich bin.*

Verlaßt euch nicht auf die Reichen und Mächtigen!
Sie sind auch nur Menschen
und können euch nicht helfen.

Glücklich ist, wer seine Hoffnung auf Gott setzt,
der Himmel und Erde geschaffen hat.
Denn Gott ist treu.

*Ich will dem Herrn singen mein Leben lang
und meinen Gott loben, solange ich bin.*

Der Herr schafft Recht den Unterdrückten,
den Hungernden gibt er zu essen.
Er befreit die Gefangenen
und macht die Blinden sehend.

Er richtet die Verzweifelten auf.
Er beschützt alle, die in fremden Land wohnen,
und sorgt für die Witwen und Waisen.
Der Herr liebt alle, die zu ihm halten.

*Ich will dem Herrn singen mein Leben lang
und meinen Gott loben, solange ich bin.*

Den Kehrvers kann auch nach folgender Melodie gesungen werden:

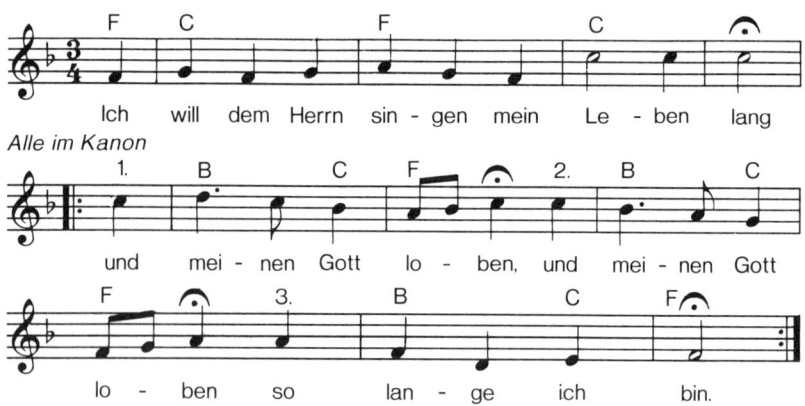

Kanon: Johannes Petzold 1969
Rechte: Strube Verlag GmbH, München–Berlin

HALLELUJA, SINGT ALLE GOTT (nach Psalm 148)

Halleluja, alle Welt lobe den Herrn!
Singt mit, alle seine Geschöpfe!
Singt mit, alle seine Engel!
Singt mit, alle himmlischen Mächte!
Halleluja, alle Welt lobe den Herrn!
Singt mit, Sonne und Mond!
Singt mit, alle leuchtenden Sterne!
Sie alle sollen den Herrn loben,
denn er hat sie geschaffen.
Halleluja, alle Welt lobe den Herrn!
Singt mit, alle auf der Erde!
Singt mit, Feuer und Hagel!
Singt mit, Schnee und Nebel!
Halleluja, alle Welt lobe den Herrn!
Sing mit, Sturmwind,
der Gottes Befehl ausführt!
Singt mit, alle Berge und Hügel!
Singt mit, alle wilden und zahmen Tiere!
Halleluja, alle Welt lobe den Herrn!
Singt mit, ihr Könige und alle Völker!
Singt mit, ihr jungen Männer und auch ihr Mädchen!
Singt mit, alle, alte und junge!
Halleluja, alle Welt lobe den Herrn!
Denn dem Herrn allein gehört die Macht.
Er allein ist wahrhaft groß.
Er herrscht über Himmel und Erde.
Halleluja, alle Welt lobe den Herrn!

Anstelle des gesprochenen Kehrverses kann auch das »Halleluja« (siehe Seite 54 bzw. 68) gesungen werden.

80 LOBET UND PREISET IHR VÖLKER DEN HERRN (nach Psalm 150)

Lobt Gott mit euren Festen,
lobt ihn für seine großen Taten.

Lobt Gott mit euren Händen,
lobt ihn mit euren Gedanken.

Lobet und preiset ihr Völker den Herrn.

Lobt Gott mit eurer Fröhlichkeit.
Lobt ihn für seine Güte.

Lobt Gott mit eurer Stimme.
Lobt ihn mit den Worten fremder Völker.

Lobet und preiset ihr Völker den Herrn.

Lobt Gott mit euren Gitarren,
lobt ihn mit Liedern und Klängen.

Lobt Gott mit euren Tänzen.
Lobt ihn mit eurem ganzen Körper.

Lobet und preiset ihr Völker den Herrn.

Lobt Gott, feiert seinen Namen;
alt und jung, lobt den Herrn!

Alles, was lebt, soll Gott loben.
Lobet und preiset ihr Völker den Herrn!

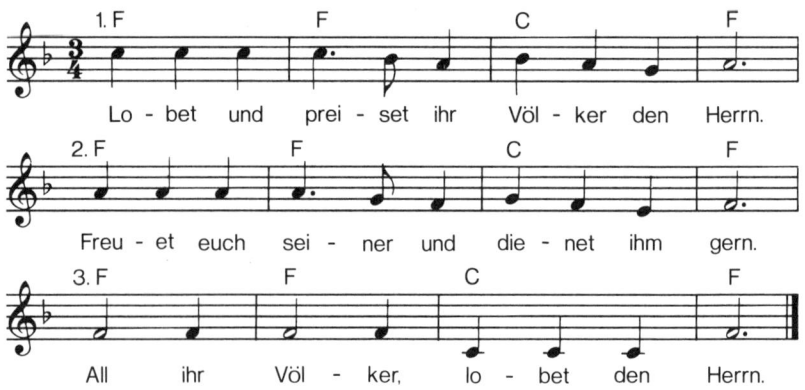

Kanon: mündlich überliefert

Seht die Blumen
auf dem Felde

82 ABER ÜBER DIR IST LICHT (nach Jesaja 9 und 10)

Das Volk, das im Finstern wandert,
sieht ein großes Licht,
über dem dunklen Lande
der Angst scheint es hell.
Denn uns ist ein Kind geboren,
ein Sohn ist uns gegeben.
Er wird sein Reich aufrichten,
und des Friedens wird kein Ende sein.
Auf Recht und Gerechtigkeit
ist es gegründet.
Darum mache dich auf,
werde Licht, denn dein Licht kommt.
Der Lichtglanz kommenden Friedens
geht über dir auf.
Denn Finsternis bedeckt das Erdreich
und Dunkel die Völker.
Aber über dir ist Licht,
das Licht dessen, der kommt.

Das Sprechstück kann eingerahmt werden mit der folgenden Strophe aus Jesaja 9,
die nach der Melodie »Schalom Chaverim« gesungen werden kann:

oder mit dem Liedvers: »Euch ist ein Kindlein heut geborn«, EKG 16, 2 (so abgedruckt im kleinen Psalmenbüchlein »Durch Lachen und Weinen begleit' ich dich«,
Seite 18).
Als weiterer Kehrvers bietet sich der Kanon an: »Mache dich auf, werde Licht, denn
dein Licht kommt« (vgl. Seite 26 bzw. 85)

Kanon: Original »Schalom Chaverim«, Text und Melodie aus Israel, mündlich überliefert

ICH SEHE DAS ZIEL (nach Jesaja 35)

83

Gott, deine Taten wecken Freude und Jubel
überall, wo Menschen wohnen.

Sagt den verzagten Herzen:
Fürchtet euch nicht!
Seht, da ist Gott!
Er kommt und wird helfen.

Dann gehen die Augen des Blinden auf,
und die Ohren des Tauben öffnen sich.
Der Lahme springt wie ein Hirsch,
und die Zunge des Stummen preist Gott.

Gott, deine Taten wecken Freude und Jubel
überall, wo Meschen wohnen.

Wasser brechen auf in der Wüste
und Ströme im dürren Land.
Freuen werden sich die Verlassenen,
glücklich sein die Verzagten.

Denn ihr werdet einen Weg sehen,
eine Straße wird sich vor euch auftun.
Befreit von Drohung und Angst werdet ihr wandern.

Gott, deine Taten wecken Freude und Jubel
überall, wo Menschen wohnen.

Ein Ziel wird vor euch erscheinen:
die heilige Stadt.
Wie die Sonne über euch leuchtet,
wird die Freude über euch glänzen.

Das Glück wird Gast sein in eurem Haus
und Fröhlichkeit bei euch einkehren.
Ferne wird das Seufzen sein,
denn ich bin es, Gott, der euch nahe ist.

Gott, deine Taten wecken Freude und Jubel
überall, wo Menschen wohnen.

Alternativer Kehrvers:
»Mache dich auf und
werde licht«
(siehe Seite 85)

Gott, dei - ne Ta-ten wek-ken Freu-de und

Ju-bel ü - ber - all, wo Menschen wohnen.

Kanon: Bernd Schlaudt
und Gruppe Liturgie 1985.
Rechte bei den Autoren

84 DEIN LICHT BRAUCHEN WIR (nach Jesaia 60,1)

Viele Menschen sind allein,
sie haben niemanden, der sich um sie kümmert.

Mache dich auf und werde Licht,
denn dein Licht brauchen wir.

Viele Menschen sind verzweifelt,
sie haben keine Hoffnung mehr,
überall drohen Krankheit und Tod.

Mache dich auf und werde Licht,
denn dein Licht brauchen wir.

Viele Menschen machen Krieg;
Völker, die um Macht kämpfen;
Nachbarn, die sich um Kleinigkeiten streiten.

Mache dich auf und werde Licht,
denn dein Licht brauchen wir.

Herr, für diese Menschen ist es dunkel auf der Erde.
Doch es gibt ein Licht.
Du hast uns deinen Sohn geschickt,
damit wir wieder hoffen können.
Hilf uns, daß auch wir anderen Menschen Hoffnung bringen.

Mache dich auf und werde Licht,
denn dein Licht brauchen wir.

Als gesungene Kehrverse möglich:

85

Ma - che dich auf und wer - de licht. Ma - che dich auf und

werde licht. Ma-che dich auf und wer-de licht, denn dein Licht kommt.

Text und Melodie: Kommunität Gnadenthal
Rechte: Präsenz-Verlag, D-65597 Gnadenthal

oder der folgende kleine Kanon:

Ma - che dich auf, wer - de Licht, denn dein Licht kommt.

Kanon: Albrecht Schmidt-Brücken. Rechte beim Autor

86 SCHWERTER ZU PFLUGSCHAREN (nach Micha 4 und 5)

Am Ende der Tage wird es geschehen:
Gott wird Gerechtigkeit schaffen
zwischen den Völkern.

Er wird Recht aufrichten,
wo die Mächtigen herrschen.

Sie werden ihre Schwerter
umschmieden zu Pflugscharen

und ihre Lanzen
zu Winzermessern.

HERR, GIB UNS DEINEN FRIEDEN

Kein Volk wird wider das andere
das Schwert erheben.

Niemand wird mehr lernen,
wie man Krieg führt.

Jeder wird ruhen
unter seinem Weinstock
unbedroht von Gewalt.

Gottes Mund hat es geredet.

HERR, GIB UNS DEINEN FRIEDEN

Und du, Bethlehem!
Du bist klein unter den Städten Judas.

Aber aus dir soll der kommen,
der den Weg zum Frieden zeigt,

den uralten Weg, den Gott ebnete
von Anfang an.

HERR, GIB UNS DEINEN FRIEDEN

Der Kehrvers kann gesungen werden:

Herr, gib uns dei - nen Frie - den, gib uns

dei - nen Frie - den, Frie - den! Gib uns dei - nen

Frie - den, Herr, gib uns dei - nen Frie - den!

Text: Wolfgang Poeplau; Musik: Ludger Edelkötter, aus: »Ein Mann aus Assisi«.
Rechte: Impulse-Musikverlag, 48309 Drensteinfurt

Als alternativer Kehrvers bietet sich an:

1. Der Frie - de setzt uns in Be - we - gung, wir

blei - ben nicht auf un - serm Platz, wir

tra - gen ihn hin - aus in die Welt.

Zum Tanzen:

I Gemeinde steht im Kreis in Kreisen durchgefaßt
1. Kreis dreht nach links
2. Kreis dreht nach rechts
3. Kreis geht zur Mitte, hebt die Arme, dann zurück
4. Fassung lösen, klatschen, auf der Stelle drehen

Text, Melodie und Bewegung: Manfred Büsing, AG Biblischer Tanz, Hannover
Rechte bei den Autoren

88   MACHT HOCH DIE TÜR (nach Sacharja 9,9 und Psalm 24)

Macht hoch die Tür, die Tor macht weit!
Macht euer Herz dem Herrn bereit,
dem Herrn, der kommt in unsre Zeit.

Freue dich, du Zionsstadt!
Jubelt laut, ihr Bewohner Jerusalems!
Siehe, euer König kommt zu euch!

Er ist gerecht und hilft uns.
Und doch ist er nicht hochmütig.
Ein einfacher Esel ist sein Reittier.

Streitwagen will er wegtun aus Israel.
Kriegsbogen sollen zerbrochen werden.
Er stiftet Frieden unter den Völkern.
Über Länder und Meere erstreckt sich seine Herrschaft.
Ein Friedensreich bis an die Enden der Erde.

Macht hoch die Tür, die Tor macht weit!
Macht euer Herz dem Herrn bereit,
dem Herrn, der kommt in unsre Zeit.

Der Kehrvers kann auch gesungen werden:

Text: Josephine Hirsch (nach Georg Weißel, vor 1623);
Melodie: Walter Deutsch. Rechte bei den Autoren

Der ganze Text kann auch abschnittsweise von zwei Einzelsprechern gelesen werden.
Als Alternative zum oben angegebenen Kehrvers können zwischen den einzelnen Abschnitten die Strophen 1–3 des Chorals »Macht hoch die Tür« (EKG/LfJ 6) gesungen werden. Wenn die Kinder das Gesangbuch vor sich haben, darf auf die inhaltliche Querverbindung zwischen Choral und Sprechtext aufmerksam gemacht werden.

EINANDER LIEBEN (nach Johannes 13.34 f.)

Jesus Christus sagt:
So wie ich euch geliebt habe,
so sollt ihr euch auch untereinander lieben.
Daß ihr zu mir gehört,
erkennen die Leute daran,
wenn ihr euch untereinander liebt.

Ich habe Ohren.
Ich kann andere hören:
Ihr Klagen und Lachen, ihr Fragen und Bitten.

Herr, laß mich hören.
Den anderen hören!

Ich habe Augen.
Ich kann andere sehen:
Ihre Freude, ihre Angst, ihre Schwäche, ihre Kraft.

Herr, laß mich sehen.
Den anderen sehen!

Ich habe Hände.
Ich kann anderen helfen in ihrer Not
und zu ihrem Glück.

Herr, laß mich helfen.
Den anderen helfen!

Ich habe ein Herz.
Ich kann andere lieben,
indem ich sie höre und sehe und ihnen helfe.

Herr, laß mich lieben;
den anderen lieben.

Jesus Christus sagt:
So wie ich euch geliebt habe,
so sollt ihr euch auch untereinander lieben.
Daß ihr zu mir gehört,
erkennen die Leute daran,
wenn ihr euch untereinander liebt.

90   SEHT DIE BLUMEN AUF DEM FELDE (Matthäus 6,25–33)

Jesus Christus sagt:

Macht euch keine Sorgen
um Essen und Trinken
und um eure Kleidung.

Ist das Leben nicht mehr
als Essen und Trinken?

Seid ihr nicht mehr als das,
was ihr anzieht?

Mach in mir deinem Geiste Raum ...

Seht euch die Vögel unter dem Himmel an:

sie säen nicht, sie ernten nicht,
sie sammeln keine Vorräte;

und euer Vater im Himmel sorgt doch für sie!

Seid ihr ihm nicht mehr wert als alle Vögel?

Mach in mir deinem Geiste Raum ...

Seht euch die Blumen auf dem Felde an!

Sie arbeiten nicht,
sie machen sich keine Kleider
– und doch sind sie prächtig und schön!

So sorgt Gott für jedes einzelne Blümlein.

Mehr noch sorgt Gott für euch.
Habt doch Vertrauen!

Mach in mir deinem Geiste Raum ...

Darum sollt ihr euch nicht sorgen und sagen:

Was werden wir essen?
Was werden wir trinken?
Was werden wir anziehen?

Damit plagen sich Menschen,
die Gott nicht kennen.

Euer Vater im Himmel weiß,
daß ihr das alles braucht.

Trachtet zuerst nach dem Reich Gottes
und nach seiner Gerechtigkeit,

dann wird euch Gott mit all dem anderen versorgen.

Der Kehrvers kann auch als Kanon gesungen werden:

Mach in mir dei - nem Gei - ste Raum,

daß ich dir werd ein gu - ter Baum,

und laß mich Wur - zel trei - ben.

Kanon: Albrecht Schmidt-Brücken. Rechte beim Autor

Vielleicht singen Sie aber lieber die Paul-Gerhardt-Strophe:

Mach in mir deinem Geiste Raum,
daß ich dir werd ein guter Baum,
und laß mich Wurzel treiben;
verleihe, daß zu deinem Ruhm,
ich deines Gartens schöne Blum
und Pflanze möge bleiben. (EKG 371, 14)

92   ICH BIN (Osterpsalm)

Jesus sagt:
Ich bin das Licht
    Jetzt können wir sehen,

Ich bin der Hirte.
    Dir dürfen wir folgen.

Ich bin der Weinstock.
    Wir sind die Reben.

Ich bin das Brot.
    Bei dir werden wir satt.

Ich bin das Leben.
    Der Tod hat verloren.

Ich bin die Tür.
    Hier sind wir zu Hause.

Ich bin der Weg.
    Du führst uns zusammen.

C

So, wie ich bin,
komme ich zu dir

94 VON GEBURT AN … BIS JETZT

Ganz klein sind wir auf die Welt gekommen.
Als Baby haben wir viel geschlafen
und geschrien, wenn wir Hunger hatten.
Aus dem Kinderwagen haben wir das erste Mal die Sonne gesehen.

Du, Gott, hast unseren Weg begleitet,
von unserer Geburt bis jetzt.
Deshalb singen wir:

FRÖHLICH GEHE ICH, DENN DER HERR SEGNET MICH.
FRÖHLICH GEHE ICH, ER BEGLEITET MICH.

Wir haben gelernt, das Gesicht der Eltern
zu unterscheiden von anderen Gesichtern.
Immer wieder haben sie uns freundlich angelacht.
Eines Tages haben wir ihr Lächeln erwidert.

Du, Gott, hast unseren Weg begleitet,
von unserer Geburt bis jetzt.
Deshalb singen wir:

FRÖHLICH GEHE ICH, DENN DER HERR SEGNET MICH.
FRÖHLICH GEHE ICH, ER BEGLEITET MICH.

Wir haben gelernt, vom Löffel zu essen
und uns umzudrehen vom Bauch auf den Rücken.
Wir haben uns hochgezogen an den Stäben des Gitterbetts
und dann standen wir auf unseren eigenen Beinen.

Du, Gott, hast unseren Weg begleitet.
von unserer Geburt bis jetzt.
Deshalb singen wir:

FRÖHLICH GEHE ICH, DENN DER HERR SEGNET MICH.
FRÖHLICH GEHE ICH, ER BEGLEITET MICH.

Wir haben laufen gelernt,
erst an der Hand, dann ganz allein.
Wir können schnell rennen und auf einem Bein hüpfen.
Schritt für Schritt entdecken wir Neues um uns herum.

Du, Gott, hast unseren Weg begleitet,
von unserer Geburt bis jetzt.
Deshalb singen wir:

FRÖHLICH GEHE ICH, DENN DER HERR SEGNET MICH.
FRÖHLICH GEHE ICH, ER BEGLEITET MICH.

Wir haben sprechen gelernt.
Alles um uns herum hat seinen Namen.
Wir können verstehen, was andere sagen,
in Worte fassen, wie es uns ums Herz ist.
Zu dir können wir sagen: Danke ...

Du, Gott, hast unseren Weg begleitet,
von unserer Geburt bis jetzt.
Deshalb singen wir:

FRÖHLICH GEHE ICH, DENN DER HERR SEGNET MICH.
FRÖHLICH GEHE ICH, ER BEGLEITET MICH.

95

Fröh - lich   ge - he   ich,   denn der Herr   seg - net mich.

Fröh - lich   ge - he   ich,   er   be - glei - tet   mich.

Text: Rolf Krenzer; Melodie: Pfälzer Kindermesse.
Aus: »Regenbogen bunt und schön«, Verlag Ernst Kaufmann, Lahr, und Kösel-Verlag, München

96 EIN KIND WIRD GETAUFT

Du hast unendliche Freude gestiftet:
Neues Leben in unserer Welt, neues Licht in unserem Leben.

Wir staunen über das Wunder der Geburt:
Wie klein kommt ein Kind auf die Welt!
Wie winzig ist sein Fuß, wie zart seine Finger.

Du hast Mutter und Kind in der Stunde der Geburt bewahrt.
Unser Herz ist voll Dankbarkeit.

Mir ist ein Licht aufgegangen, auf meinem Weg ein heller Schein.
Mir ist ein Licht aufgegangen, Gott spricht: Ich werde mit dir sein.

Du hast diese Kinder wunderbar gemacht.
Wir wissen noch gar nicht, was alles in ihnen steckt.

Werden sie mal gut rechnen können oder schön singen?
Vielleicht werden sie berühmt,
und wir sind dann stolz, daß wir sie gekannt haben.

Herr, wir wollen, daß sie sich entfalten können,
wie eine Blume auf gutem Boden.
Laß uns bei dieser Aufgabe nicht allein.

Mir ist ein Licht aufgegangen, auf meinem Weg ein heller Schein.
Mir ist ein Licht aufgegangen, Gott spricht. Ich werde mit dir sein.

Wir heißen diese Kinder von Herzen willkommen und sprechen sie
mit Namen an.
Sie heißen ...

Jedes Kind ist einmalig, jeder Mensch etwas ganz Besonderes.
Alle aber gehören wir zusammen zur großen Familie deiner Kinder.
In deiner Gemeinde läßt du uns nicht allein.

Mir ist ein Licht aufgegangen, auf meinem Weg ein heller Schein.
Mir ist ein Licht aufgegangen, Gott spricht. Ich werde mit dir sein.

Wir fragen uns: Was kommt alles auf diese Kinder zu?
Sie werden laufen lernen und eigene Wege gehen.

Sie werden die Welt entdecken mit ihrer Schönheit.
Sie werden auch sehen, wie vieles nicht stimmt auf unserer Welt.

Sie werden uns kennenlernen
und sie werden nicht immer nur Freude an uns haben.

Wir wollen, daß sie dich kennenlernen als den guten Hirten,
der nach uns schaut. Sei du auf ihrem Weg der helle Schein.

Mir ist ein Licht aufgegangen, auf meinem Weg ein heller Schein.
Mir ist ein Licht aufgegangen. Gott spricht: Ich werde mit dir sein.

Melodie für den Kehrvers:

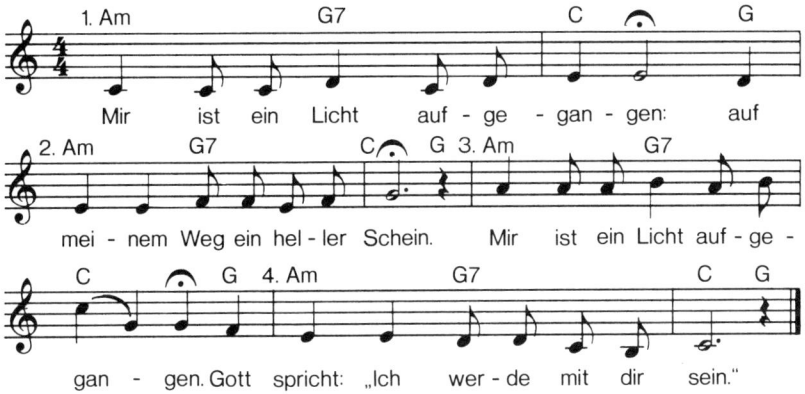

1. Am   G7   C   G

Mir   ist   ein   Licht   auf - ge - gan - gen: auf

2. Am   G7   C   G   3. Am   G7

mei - nem Weg ein hel - ler Schein.   Mir   ist   ein   Licht   auf - ge -

C   G   4. Am   G7   C   G

gan - gen. Gott spricht: „Ich   wer - de   mit   dir   sein."

Text: Reinhard Bäcker; Melodie: Detlev Jöcker. Aus Liedspielheft und MC »Licht auf meinem Weg«.
Alle Rechte im Menschenkinder Verlag, 48157 Münster

98   ICH STEH AN DEINER KRIPPE HIER (Weihnachtliche Meditation)

Mein Leben ist ein Weg.
Ich darf ihn gehen Schritt für Schritt.
Ich habe das Laufen gelernt,
zuerst an der Hand, dann ganz allein.
Ich war einmal klein und heute noch kann es sein,
daß ich mich sehr klein fühle.

Du liegst da in der Krippe, Jesus.
Dein Weg hat auch ganz klein angefangen.
Sie laufen an dir vorbei.
Sie schauen auf dich herab.
Jesus, dann ist ja mein Weg auch dein Weg
und du so klein wie ich.

Ich steh an deiner Krippe hier,
o Jesu, du mein Leben;
ich komme, bring und schenke dir,
was du mir hast gegeben.
Nimm hin, es ist mein Geist und Sinn,
Herz, Seel und Mut, nimm alles hin
und laß dir's wohl gefallen.

Mein Leben ist ein Weg.
Auf dem selben Weg überall Füße und Spuren der anderen.
Wer bin eigentlich ich unter all den Menschen?
Was ist meine Spur, mein unverlierbarer Wert?
Manchmal habe ich Angst, ich gehe verloren,
wie man im Menschengedränge verlorengehen kann.

Du liegst da am Boden, Jesus.
Viele Füße um dich herum.
Es sieht aus, als wollten sie dich zertreten.
Du aber schaust die Menschen an mit offenen Augen,
schaust jedem ins Gesicht.
Jesus, du schaust ja auch mich an.
Dein Leben lebst du für mich!

Da ich noch nicht geboren war,
da bist du mir geboren
und hast mich dir zu eigen gar,
eh ich dich kannt, erkoren.
Eh ich durch deine Hand gemacht,
da hast du schon bei dir bedacht,
wie du mein wolltest werden.

99

Mein Leben ist ein Weg.
Aber nicht immer wollen meine
Füße mich tragen.
Ich bin traurig und wie gelähmt.
Ich bin krank, jeder Schritt tut mir weh.
Ich bin ganz und gar ratlos,
taste umher und suche eine Spur.
Oft bin ich auch gefallen
und habe mir weh getan.

Du hast Wunden, Jesus,
Wunden an Händen und Füßen.
Du bist verwundbar wie ich.
Du fühlst auch meine Schmerzen.
Du spürst auch meine Tränen.
Dich bedrückt auch meine Angst.

Ich lag in tiefster Todesnacht,
du warest meine Sonne,
die Sonne, die mir zugebracht
Licht, Leben, Freud und Wonne.
O Sonne, die das werte Licht
des Glaubens in mir zugericht'
wie schön sind deine Strahlen!

Mein Leben ist ein Weg.
Ich bin ihn schon ein Stück gegangen.
Ich werde ihn weitergehen,
ein bißchen sehe ich schon, wie's weitergeht,
die Zukunft aber sehe ich nicht.

Dich aber sehe ich, Jesus,
und weiß, daß du meinen Weg vorausgegangen bist.
Wie froh bin ich, daß du meinen Weg mitgehst.

Ich sehe dich mit Freuden an
und kann mich nicht satt sehen;
und weil ich nun nichts weiter kann,
bleib ich anbetend stehen.
O daß mein Sinn ein Abgrund wär
und meine Seel ein weites Meer,
daß ich dich möchte fassen!

Mit diesem Text kann man eine weihnachtliche Andacht gestalten. Im Mittelpunkt
steht die Bildbetrachtung. Dazu werden die Texte von Sprechern oder von allen
gesprochen und die Verse des Liedes (EKG 28) gemeinsam gesungen.
Das Motiv »Zwei beten an« nach einem Holzschnitt von Hans-Georg Anniès ist als
Faltkarte erhältlich beim Verlag Junge Gemeinde, Postfach 100355, 70747 Leinfel-
den-Echterdingen.

100 KOMM, HERR, WIR BRAUCHEN DICH

Komm, Herr, wir brauchen dich auf der dunklen Erde,
daß die Welt von deinem Licht immer heller werde.

> Wir freuen uns, Herr, daß du zu uns kommst,
> als Kind in der Krippe,
> als Heiland der Armen,
> als Bruder der Ausgestoßenen,
> als Tröster der Betrübten,
> als Freund der Kinder.

Komm, Herr, wir brauchen dich auf der dunklen Erde,
daß die Welt von deinem Licht immer heller werde.

> Komm zu allen,
> die Angst haben,
> die Not leiden,
> zu den Hungrigen,
> zu denen, die krank sind,
> zu denen, die trauern.

Komm, Herr, wir brauchen dich auf der dunklen Erde,
daß die Welt von deinem Licht immer heller werde.

> Komm zu allen,
> die keinen Freund haben,
> zu allen, die ausgelacht werden,
> zu allen, die einsam sind,
> zu denen, die unter Krieg leiden
> und sich Frieden wünschen.

WAS WÜNSCHEN WIR ZUM GEBURTSTAG?

101

Was wünschen wir zum Geburtstag?

Zwei Augen, die die Welt
in ihrer Schönheit sehn,
doch an des Nächsten Not
nicht blind vorübergehn.

Den Mund, der stets zu sagen weiß
ein freundlich Wort
und, wenn es sein soll,
schweigen kann am rechten Ort.

VIEL GLÜCK UND VIEL SEGEN
AUF ALL DEINEN WEGEN!
GESUNDHEIT UND FREUDE
SEI AUCH MIT DABEI!

Was wünschen wir zum Geburtstag?

Zwei Füße, deren Schritt
den guten Weg dich führt,
sich nicht im Dunkel
und in Einsamkeit verliert.

Ein Herz, das sich an
Gottes treue Liebe hält
und ihm gehört in dieser
und in jener Welt.

VIEL GLÜCK UND VIEL SEGEN
AUF ALL DEINEN WEGEN!
GESUNDHEIT UND FREUDE
SEI AUCH MIT DABEI!

Melodie des Kehrverses:

Text und Melodie: Werner Gneist; aus: »Kleines Liederbuch«, BA 1253
Rechte: Bärenreiter-Verlag, Kassel und Basel

102 AUF ALLEN MEINEN WEGEN

Auf allen meinen Wegen
bist du, Herr, mein Licht.

> Es gibt Wege, die gehe ich ganz leicht;
> da hüpfe ich vor Freude
> und singe dir ein Lied, mein Gott.

Auf allen meinen Wegen
bist du, Herr, mein Licht.

> Es gibt Wege, die fallen mir schwer:
> ich gehe dann allein; ich trau mich nicht mehr weiter;
> meine Füße sind schwer wie Blei.
> Ach Gott, dann fällt mir jeder Schritt schwer.

Auf allen meinen Wegen
bist du, Herr, mein Licht.

> Es gibt Wege, die sind hell und froh.
> Die Sonne lacht und ich lache dazu.

Auf allen meinen Wegen
bist du, Herr, mein Licht.

> Es gibt Wege, da ist alles dunkel um mich her.
> Alles ist trübe und finster in mir.
> Kein Lichtblick, kein Schimmer Hoffnung.
> Ach Gott, dann verlaß mich nicht.

Auf allen meinen Wegen
bist du, Herr, mein Licht.

Als Abschluß des Psalmes kann gesungen werden:

Mir ist ein Licht auf - ge - gan - gen: auf
mei - nem Weg ein hel - ler Schein. Mir ist ein Licht auf - ge -
gan - gen. Gott spricht: „Ich wer - de mit dir sein."

Text: Reinhard Bäcker; Melodie: Detlev Jöcker. Aus Liedspielheft und MC »Licht auf meinem Weg«
Alle Rechte im Menschenkinder Verlag, 48157 Münster.

DU HAST MICH GEMACHT, HERR, WIE ICH BIN **103**

Du hast mich gemacht, Herr, wie ich bin;
und ich kann viel aus meinem Leben machen.

Ich möchte, was ich tue, richtig machen
und Bescheid wissen, worauf es ankommt.

Ich möchte fair sein zu den Menschen,
die mir begegnen;
krumme Wege will ich nicht gehen.

Du hast mich gemacht, Herr, wie ich bin;
und ich kann viel aus meinem Leben machen.

Ich möchte sagen können, was ich denke,
und schweigen, wenn ich nichts zu sagen habe.

Böse Absichten und hinterlistige Gedanken
möchte ich mir aus dem Kopf schlagen;
und wenn jemand Verleumdungen verbreitet,
möchte ich, daß niemand auf ihn hört.

Du hast mich gemacht, Herr, wie ich bin;
und ich kann viel aus meinem Leben machen.

Ich möchte nicht mehr sein wollen, als ich bin,
auch nicht mehr haben, als mir zusteht.

Ich möchte nicht stolz und aufgeblasen sein,
sondern ein Mensch, von dem man denkt:
Auf den ist Verlaß.

Du hast mich gemacht, Herr, wie ich bin;
und ich kann viel aus meinem Leben machen.

Laß mir gelingen, was ich mir wünsche,
Mach du mein Leben gut.

104 GEBORGEN IST MEIN LEBEN IN GOTT

Geborgen ist mein Leben in Gott.
Er hält mich in seinen Händen.

Manchmal habe ich Angst.
Ich bin ganz allein.
Wer ist da, der mich tröstet?

Geborgen ist mein Leben in Gott.
Er hält mich in seinen Händen.

Manchmal bin ich sehr traurig.
Oft weiß ich nicht – warum ...
Wer ist da, der mich in seinen Arm nimmt?

Geborgen ist mein Leben in Gott.
Er hält mich in seinen Händen.

Manchmal habe ich das Gefühl,
daß niemand mich leiden mag.
Oft mag ich mich selbst nicht.
Wer ist da, der mich verstehen will?

Geborgen ist mein Leben in Gott.
Er hält mich in seinen Händen.

Manchmal bin ich feige.
Ich traue mich nicht, den Mund aufzumachen.
Ich habe nicht den Mut, das Rechte zu tun.
Wer ist da, der mir hilft?

Geborgen ist mein Leben in Gott.
Er hält mich in seinen Händen.

Manchmal habe ich Angst vor dem Sterben.
Ich versuche, mir das vorzustellen.
Wer ist da, der mich in dieser Angst begleitet?

Geborgen ist mein Leben in Gott.
Er hält mich in seinen Händen.

Er ist für mich da.
Er hat mich lieb.

Der Kehrvers kann auch gesungen werden:

Melodie: Knut Trautwein-Hörl. Rechte beim Autor

106 SEGNE, VATER, DIESE GABEN

Unser Leben kommt von dir, Herr,
und alles, was wir zum Leben brauchen.

Du hast den Menschen wunderbar gemacht:
Wir sind schnell auf den Füßen
und geschickt mit den Händen.

Wir können sagen, was uns in den Sinn kommt,
und singen, wenn uns danach ist.

SEGNE, VATER, DIESE GABEN.

Unser Leben ist voll Arbeit.
Von früh bis spät haben wir zu tun
und rackern uns ab.

Wir sind stolz, wenn wir etwas fertiggebracht haben.
Wir stöhnen, wenn uns die Arbeit zu viel wird.

Aber die Wärme der Sonne und die Schönheit der Blumen
sind nicht Frucht unserer Arbeit.

Die Kraft der Fantasie und das Glück der Gesundheit
– was wirklich zählt – sind Gaben von dir.

SEGNE, VATER, DIESE GABEN.

Wir nehmen die vielen guten Gaben dir aus der Hand.

Wir machen uns das Leben erfreulich und schön.
Alles, was weh tut, wollen wir verscheuchen.

Wir denken dabei sehr viel an uns selbst,
vergessen, daß die Sonne für alle scheint.

Nimm unsere Gedankenlosigkeit von uns weg
und mach uns dankbar.

Nimm unsere Engstirnigkeit und Selbstherrlichkeit
und laß uns teilen.

SEGNE, VATER, DIESE GABEN.

Text: volkstümlich
Melodie: Herbert Beuerle
Rechte (Melodie):
Strube Verlag GmbH,
München–Berlin

WIR DANKEN DIR, O GOTT

107

Wir freuen uns am Essen,
weil es so gut schmeckt.

Wir sehen, wie gut es uns geht.
Sonne und Regen hat reifen lassen,
was wir zum Leben brauchen.

Wir wissen, wieviel Arbeit es macht,
bis aus der Saat die Ernte,
aus dem Korn das Brot wird.

Wir danken dir, wir danken dir,
wir danken dir, o Gott!

Wenn wir gesund sind,
gibt uns das Essen Kraft.

Wenn wir von Mißerfolg verschont sind,
gelingt uns die Arbeit.

Aber Erfolg und Kraft wächst nicht
auf unserem Boden.
Du, Herr, gibst den Segen.

Wir danken dir, wir danken dir,
wir danken dir, o Gott!

Von dir kommt, was uns gut tut:
Der Funken Freude und jeder gute Tag.

Du weißt einen guten Weg für unser Leben,
gehst ihn voraus und gehst mit.

Du gibst uns Schwestern und Brüder.
Wir sind nicht allein und können alles
Gute teilen.

Wir danken dir, wir danken dir,
wir danken dir, o Gott!

Melodie für den Kehrvers:

Originalkanon: »Für Speis und Trank«
volkstümlich (aus Holland)

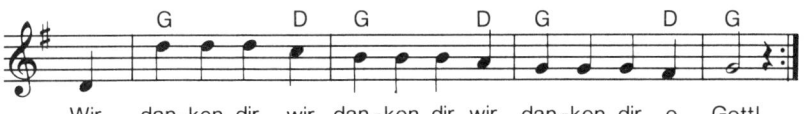

Wir dan-ken dir, wir dan-ken dir, wir dan-ken dir, o   Gott!

Statt dieses Kehrverses kann auch gesungen werden: »Segne, Vater, dieses Gaben«
(siehe linke Seite)

108 KRAFT, DAS RICHTIGE ZU TUN

Gott, du gibst mir die Kraft,
nach deinem Worte zu leben.

> Manchmal habe ich keine Lust zu gehorchen
> und gehe meine eigenen Wege.
> Dann tue ich, was ich will.
> Ich höre nicht auf meine Eltern;
> ich höre nicht auf meine Lehrer;
> ich höre nicht auf Gott.
> Manchmal habe ich keine Lust zu gehorchen
> und gehe meine eigenen Wege.

Gott, du gibst mir die Kraft,
nach deinem Worte zu leben.

> Manchmal mache ich einfach, was ich will –
> und falle dabei auf die Nase.
> Wie froh bin ich dann,
> wenn einer mich wieder aufrichtet
> und mir den richtigen Weg zeigt.
> Wie froh bin ich, wenn Gott mir sagt:
> Ich hab' dich trotzdem lieb!

Gott, du gibst mir die Kraft,
nach deinem Worte zu leben.

> Manchmal tue ich etwas sehr ungern,
> mit knirschenden Zähnen.
> Und doch kommt dabei oft etwas Gutes heraus.
> Menschen lächeln. Sie sagen: »Danke!«,
> und klopfen mir auf die Schulter.
> Darüber kann ich nur staunen.

Gott, du gibst mir die Kraft,
nach deinem Worte zu leben.

Text: R. Degenhardt
Melodie: Peter Janssens
Aus: »Ein himmlisches Kind fliegt
gegen den Wind«, 1983 – Rechte:
Peter Janssens Musik Verlag,
Teltge-Westfalen

Als Kehrvers kann auch das folgende
Lied gesungen werden:

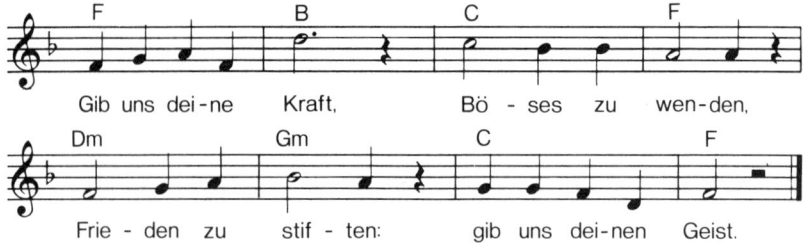

Gib uns dei-ne Kraft, Bö - ses zu wen-den,
Frie - den zu stif - ten: gib uns dei-nen Geist.

DER SONNENGESANG

109

Gott du bist gut. Wir loben dich.
Herr Gott, wir danken dir.

Die Sonne wärmt, sie gibt uns Licht.
Mond und Sterne leuchten bei Nacht.

Wind und Wolken sind über uns.
Du hältst alles in deiner Hand.

Gott du bist gut. Wir loben dich.
Herr Gott, wir danken dir.

Wasser sprudelt. Wir können trinken.
Feuer brennt. Wir haben es warm.

Die Erde bringt Blumen und Früchte hervor.
Wir haben zu essen. Wir haben Brot.
Du hältst alles in deiner Hand.

Gott du bist gut. Wir loben dich.
Herr Gott, wir danken dir.

Menschen lieben andere Menschen.
Sie können anderen Menschen vergeben.

Menschen lieben dich.
Sie sehen die Not der anderen.
Viele sterben in deinem Frieden.
Du hältst alles in deiner Hand.

Gott du bist gut. Wir loben dich.
Herr Gott, wir danken dir.

(Nach D. Steinwede, in Anlehnung an Franz von Assisi)

Dieser Psalm kann als Ganzes gesungen werden (siehe die beiden folgenden Seiten):

110 DER SONNENGESANG

Men - schen lie - ben an - de - re Men - schen.

Sie kön-nen an - de - ren Men - schen ver - ge - ben.

Sie lie - ben dich. Sie se - hen die Not.

Vie - le ster - ben in dei - nem Frie - den.

Du hältst uns al - le in dei - ner Hand.

Nach jeder Zeile folgt jeweils der Kehrvers

Kehrvers

Herr Gott, wir dan - ken dir.

Beim Abschluß Kehrvers 2 mal!

Text: Dietrich Steinwede; Melodie: Martin Gotthard Schneider
Aus: »Sieben Leben möcht ich haben«, Christophorus-Verlag, Freiburg,
und Verlag Ernst Kaufmann, Lahr

112 LIEBE WEITERGEBEN

Gott, du läßt die Sonne scheinen,
lieber Gott, ich kann mich freu'n.

Doch andre Menschen läßt du weinen.
Du läßt sie krank und traurig sein.

Die alte Frau, den alten Mann:
Ich bitte dich, sieh du sie an.

Das will ich mir schreiben in Herz und in Sinn,
daß ich nicht für mich auf Erden bin;
daß ich die Liebe, von der ich leb',
liebend an andere weitergeb.

Gott, laß du sie fröhlich werden.
Schick Freude ihnen, groß und klein.

Und wenn sie fühlen, daß sie sterben,
laß sie nicht alleine sein!

Laß sie in deinem Reiche leben.
Dort kannst du ihnen alles geben.

Das will ich mir schreiben in Herz und in Sinn,
daß ich nicht für mich auf Erden bin;
daß ich die Liebe, von der ich leb',
liebend an andere weitergeb.

Gott, du läßt die Sonne scheinen.
Mein Leben, Gott, ist schön und rund.

Ich freue mich, ich muß nicht weinen.
Ich habe Freunde, bin gesund.

Dafür will ich dir täglich danken.
Und bitten dich für alle Kranken.

Das will ich mir schreiben in Herz und in Sinn,
daß ich nicht für mich auf Erden bin;
daß ich die Liebe, von der ich leb',
liebend an andere weitergeb.

Melodie für den Kehrvers:

113

Das will ich mir schrei - ben in Herz und in Sinn, daß

ich nicht für mich auf Er - den bin, daß ich die Lie - be, von

der ich leb, lie-bend an an-de-re wei - ter - geb.

Text: Verfasser unbekannt; Melodie: Walther Pudelko; aus: »Bruder Singer, BA 1250
Rechte (Melodie): Bärenreiter-Verlag, Kassel und Basel

114 GROSSER GOTT UND LIEBER VATER

Großer Gott, wir dürfen dich Vater nennen.
Du willst nicht fern von uns sein, weit weg im fernsten Himmel.

Du willst zu uns gehören.
Wenn wir dich brauchen, bist du für uns da.

Du willst, daß unser Leben gut wird.
Hilf uns dazu.

LOBE DEN HERRN, MEINE SEELE,
UND SEINEN HEILIGEN NAMEN.
WAS ER DIR GUTES GETAN HAT,
SEELE, VERGISS ES NICHT. AMEN:

Großer Gott, wir suchen Freude im Leben.
Wie gern würden wir alles abschütteln,
was das Leben schwer und verworren macht.

Es belastet uns, daß wir es nie allen recht machen können,
daß immer andere gegen uns stehen.

Wir haben Angst, im Leben etwas zu versäumen
und fürchten uns, daß wir zu kurz kommen.

Du willst, daß unser Leben gut wird.
Hilf uns dazu.

LOBE DEN HERRN, MEINE SEELE,
UND SEINEN HEILIGEN NAMEN.
WAS ER DIR GUTES GETAN HAT,
SEELE, VERGISS ES NICHT. AMEN:

Großer Gott, wir gehen gerne unsere eigenen Wege.
Wir machen uns zum Maß aller Dinge und sagen:
Was mir gut tut, ist gut.

Damit tun wir anderen weh und machen vieles kaputt.
Wir laufen weg von dir, unserem Vater.

Du aber machst dir Sorgen um uns
und sorgst für uns.

Du willst, daß unser Leben gut wird.
Hilf uns dazu.

LOBE DEN HERRN, MEINE SEELE,
UND SEINEN HEILIGEN NAMEN.
WAS ER DIR GUTES GETAN HAT,
SEELE, VERGISS ES NICHT. AMEN.

Eine Melodie für den Kehrvers finden Sie auf Seite 57 bzw. 59.

BLEIBE BEI UNS (Abendpsalm)

115

Herr, bleibe bei uns,
denn es will Abend werden,
und der Tag hat sich geneigt.

Bleibe bei uns
und bei allen Menschen.
Bleibe bei uns
am Abend des Tages,
am Abend des Lebens,
am Abend der Welt.

Bleibe bei uns und behüte uns
mit deiner starken Hand
heute und morgen
und alle Tage unseres Lebens.

Herr, bleibe bei uns,
denn es will Abend werden,
und der Tag hat sich geneigt.

Bleibe bei uns,
auch wenn es in uns
dunkel wird.
Wenn wir Angst haben,
wenn wir verlassen sind.
Wenn wir in Gefahr sind.

Bleibe bei uns
und bei allen deinen Kindern
heute und morgen
und in Ewigkeit.

Text: Lukas 24,29; Melodie: Albert Thate; aus: »Bruder Singer«, BA 1250
Rechte: Bärenreiter-Verlag, Kassel und Basel

Ich glaube...

118 GLAUBENSBEKENNTNIS

Ich glaube an GOTT
den Vater, den Allmächtigen,
den Schöpfer des Himmels und der Erde.

Das ist schön.
Gott hat den Tieren, den Menschen und mir
das Leben gegeben.
Ich bin nicht allein.
Er sorgt für mich.

Ich glaube an JESUS CHRISTUS,
seinen eingeborenen Sohn, unsern Herrn,
empfangen durch den Heiligen Geist,
geboren von der Jungfrau Maria,

Wir freuen uns über den Geburtstag von Jesus.
Da wurde Gott ein Mensch
wie ich und du.
Seine Geschichten hören wir gern.

gelitten unter Pontius Pilatus,
gekreuzigt, gestorben und begraben,
hinabgestiegen in das Reich des Todes,

Das macht uns sehr traurig.
Jesus muß leiden und sterben.
Wir spüren, wie sehr er uns lieb hat:
Er geht für uns in die Tiefe des Todes.

am dritten Tag auferstanden von den Toten,
aufgefahren in den Himmel;
er sitzt zur Rechten Gottes,
des allmächtigen Vaters;
von dort wird er kommen,
zu richten die Lebenden und die Toten.

Gott hat Jesus ein neues Leben gegeben,
der Tod ist besiegt.
Gott wird auch uns ein neues Leben schenken:
darum wollen wir ein fröhliches Auferstehungsfest feiern.

Ich glaube an den HEILIGEN GEIST,
die heilige, christliche Kirche,
Gemeinschaft der Heiligen,
Vergebung der Sünden,
Auferstehung der Toten
und das ewige Leben.

119

Gott läßt uns nicht allein.
Er begleitet uns mit seinem Heiligen Geist.
Durch ihn gehören wir alle zusammen.
Pfingsten feiern wir den Geburtstag der Kirche.

Amen.

120 ICH GLAUBE

Ich glaube an Gott, den Vater.

Ich glaube an Gott, den Vater.

> An Gott, den ich liebe.
> Er ist wie ein Vater für uns.

Ich glaube an Jesus Christus.

Ich glaube an Jesus Christus.

> Er ist der Sohn Gottes.
> Er ist die Wahrheit.
> Er hat die Blinden geheilt.
> Er hat zu essen gegeben, Brot und Fische.
> Er hat uns sein letztes Mahl gegeben, Brot und Wein.
> Er ist am Kreuz gestorben.
> Er ist ins Grab gelegt worden.
> Er ist wieder lebendig geworden.
> Er ist zum Himmel aufgestiegen.
> Er ist bei seinem Vater.
> Er hatte Freunde, und wir sind seine Freunde.
> Er ist in unserem Herzen.

Ich glaube an den Heiligen Geist.

Ich glaube an den Heiligen Geist.

> Der Geist schenkt die Liebe.
> Er reicht die Hand und wirkt den Frieden.
> Er gibt den Mut und die Kraft.
> Er macht die Gemeinschaft fest.
> Durch die Taufe bin ich ein Kind Gottes,
> und ich gehöre zur Kirche.

122 Stichwortverzeichnis

DURCHS JAHR

Verzeichnis der Lieder und Kanons **125**

126 Verfasser- und Quellenverzeichnis

Seite

8/9 Aus: »Alle Kinder singen Halleluja«
von E. Campell Murphy. Deutsche
Rechte: Verlag Wort im Bild, Ham-
mersbach.

18 Nach Ernst Richter, aus: »Alles was
atmen kann, lobe den Herrn. Eine
Sammlung von Psalmen und Sprech-
stücken; Hrsg. Rhein Verband für Kindergottesdienst, 4. Auflage.

19 Aus: »Er gebe uns ein fröhlich Herz.
Überlegungen, Vorschläge, Texte für
die Liturgie im Kindergottesdienst«;
Verlag Junge Gemeinde, Leinfelden-
Echterdingen, 4. Auflage 1993.

20 Nach Ernst Richter; s. o.

21 Karl Friedrich Mayer; aus: »Lob sei
Dir. Wir feiern Kindergottesdienst:
Passion und Ostern«. Hrsg. Rhein.
Verband für Kindergottesdienst,
Saarbrücken 1974.

23 Aus: Karin und Detlev Block,
»Ich falte die Hände; Kindergebete«,
Sonnenweg-Verlag/Aussaat Verlag,
Neukirchen-Vluyn.

24 Aus: »Alles was atmen kann«; s. o.

25 Andreas Weidle

27 Gottfried Mohr

28 Jörg Zink; aus: Heidi und Jörg Zink,
»Wie Sonne und Mond einander rufen. Gebete und Gespräche mit Kindern«, Kreuz Verlag, Stuttgart 1980.

29 Getrud Lorenz; aus: Liederbuch »Singen und Spielen«, Konrad Wittwer
Verlag, Stuttgart.

30 Aus: »Alles was atmen kann«; s. o.

31 Aus: Heidi und Jörg Zink, »Wie Sonne
und Mond einander rufen«; s. o.

33 Aus: »Alles was atmen kann«; s. o.

34 Aus: »Er gebe uns ein fröhlich Herz«;
s. o.

36 Gottfried Mohr

38 Aus: »Alles was atmen kann«; s. o.

40 Gottfried Mohr; aus: »Er gebe uns ein
fröhlich Herz«; s. o.

41 Barbara Cratzius; aus: »Herr, du hilfst
über Mauern zu springen«, Fidula-
Verlag, Boppard/Rhein und Salzburg

42 Aus: »Liturgie im Kindergottesdienst«. Materialheft 45; Hrsg. Bera-
tungsstelle für Gestaltung von Gottesdiensten und anderen Gemeinde-
veranstaltungen, Frankfurt/M.

43 Willi Fährmann, »Mit Kindern Psal-
men beten – im Gottesdienst, in der
Schule und in der Familie«, Echter
Verlag, Würzburg 1971, 4. Auflage.

44 Aus: »Alles was atmen kann«; s. o.

45 Gottfried Mohr

46 Aus: »Alles was atmen kann«; s. o.

48 Aus: Eberhard Dieterich, »Da erregte
sich die ganze Stadt. Jesus-Geschich-
ten zum Lesen, Vorlesen und Weiter-
erzählen – mit Ideen und Bausteinen
zum Feiern in Gottesdienst und Gruppe«, Verlag Junge Gemeinde

49 Gottfried Mohr

51 Gottfried Mohr

52 Aus: »Alles was atmen kann«; s. o.

53 Nach Ernst Richter

54 Gottfried Mohr

55 Aus »Alles was atmen kann«; s. o.

56 Aus: »Er gebe uns ein fröhliches
Herz«; s. o.

58 Gottfried Mohr

60 Werner Pohl; aus: »Lob sei Dir.
Wir feiern Kindergottesdienst: Sich
freuen und traurig sein«. Hrsg. Rhein.
Verband für Kindergottesdienst,
Saarbrücken 1983.

61 Aus: »Alles was atmen kann«; s. o.

62 Rolf Krenzer; aus: Fritz/Krenzer, 100
einfache Texte zum Kirchenjahr, Verlag Ernst Kaufmann, Lahr, und Kösel-
Verlag, München

64 Text: Werner Pohl; aus: »Lob sei Dir.
Wir feiern Kindergottesdienst: Sich
freuen und traurig sein«. Hrsg. Rhein.
Verband für Kindergottesdienst,
Saarbrücken 1983.

65 Aus: »Alles was atmen kann«; s. o.

66 Aus: »Alles was atmen kann«; s. o.

68 Aus: »Liturgie im Kindergottesdienst«; s. o.

69 Aus: »Alles was atmen kann«; s. o.

127

71 Gottfried Mohr; aus: »Er gebe uns ein fröhlich Herz; s. o.

72 Ewald Schulz und Helfergruppe, Rhein. Verband für Kindergottesdienst

74 Aus: Karin und Detlev Block, »Ich falte die Hände; Kindergebete«; Sonnenweg-Verlag/Aussaat Verlag, Neukirchen-Vluyn.

75 Ernst Richter

76 Aus: »Lob sei Dir. Wir feiern Kindergottesdienst: Sich freuen und traurig sein«. Hrsg. Rhein. Verband für Kindergottesdienst, Saarbrücken 1983.

78 Aus: »Mit Kindern Gottesdienst feiern«; Landesverband für Evang. Kindergottesdienstarbeit in Bayern.

79 Aus: »Mit Kindern Gottesdienst feiern«; s. o.

80 Aus: »Alles was atmen kann«; s. o.

82 Jörg Zink; aus: ders. »Stern über dunklem Land. Psalmen und Gebete der Bibel, ausgewählt und übertragen von Jörg Zink; Kreuz Verlag, Stuttgart 1988

83 Jörg Zink; aus: »Stern über dunklem Land«; Kreuz Verlag, Stuttgart 1988 (s. o.)

84 Verfasser unbekannt

86 Jörg Zink; aus: »Stern über dunklem Land«, Kreuz Verlag, Stuttgart 1988 (s. o.)

88 Andreas Weidle

89 Aus: »Alles was atmen kann«; s. o.

90 Andreas Weidle

92 Werner Pohl; aus: »Lob sei Dir. Wir feiern Kindergottesdienst: Passion und Ostern«. Hrsg. Rhein. Verband für Kindergottesdienst, Saarbrücken 1974.

94 Gottfried Mohr

96 Gottfried Mohr

98 Gottfried Mohr

100 Aus: »Liturgie im Kindergottesdienst«; s. o.

101 Nach Martin Gotthard Schneider; aus: »Sieben Leben möcht ich haben; Christophorus-Verlag, Freiburg, und Verlag Ernst Kaufmann, Lahr.

102 Aus: »Materialdienst«; Hrsg. Rhein. Verband für Kindergottesdienst, Hilden.

103 Gottfried Mohr; aus: »Er gebe uns ein fröhlich Herz«; s. o.

104 Heide Herr; aus: »Lob sei Dir. Wir feiern Kindergottesdienst: Passion und Ostern«. Hrsg. Rhein. Verband für Kindergottesdienst, Saarbrücken 1974.

106 Gottfried Mohr

107 Gottfried Mohr

108 Aus: »Alles was atmen kann«; s. o.

109 Dietrich Steinwede; aus: Martin Gotthard Schneider, »Sieben Leben möcht ich haben«, Christophorus-Verlag, Freiburg, und Verlag Ernst Kaufmann, Lahr.

112 Aus: Regine Schindler, »Gott, ich kann mit dir reden«, Verlag Ernst Kaufmann, Lahr.

114 Gottfried Mohr

115 Jörg Zink; aus: Heidi und Jörg Zink, »Wie Sonne und Mond einander rufen. Gespräche und Gebete mit Kindern«, Kreuz Verlag, Stuttgart 1980.

118 Verfasser unbekannt

120 Aus einem Gottesdienst mit Behinderten in Genf.

BILDNACHWEIS

17 Presse-Bild-Verlag Holder, Bad Urach
81 epd-Bild-Stuttgart/Nahler
93 Presse-Bild-Poss, Siegsdorf/Obb.
117 epd-Bild-Stuttgart/Nahler

Das Psalmenbüchlein für die Hand der Kinder!

Ergänzend zu diesem Psalmenbuch erschien ein kleines Psalmenbüchlein speziell für die Hand der Kinder unter dem Titel:

Durch Lachen und Weinen begleit' ich dich
Mein Psalmbüchlein

Es enthält eine kleinere Auswahl aus diesem Buch. – Beide Bücher ergänzen sich in idealer Weise und bieten zusammen noch mehr Möglichkeiten zum Sprechen und Beten der Psalmen in der ganzen Gemeinde.
Format 10,8 × 17 cm, 48 Seiten

Das kleine Psalmenbüchlein ist erhältlich bei:

DER JUGENDFREUND
Postfach 800467, 70504 Stuttgart

Für Kindergottesdienst-Mitarbeiter

Er gebe uns ein fröhlich Herz
Überlegungen – Vorschläge – Texte
für die Liturgie im Kindergottesdienst

Herausgegeben vom Württ. Evangelischen Landesverband für Kindergottesdienst

Für das gemeinsame Singen, Beten und Feiern enthält das Buch grundsätzliche Überlegungen sowie Vorschläge zusammen mit einer ausführlich kommentierten »Ordnung für den Kindergottesdienst«.
Vor allem aber enthält dieses Buch eine reichhaltige Sammlung von Psalmen – alten und neuen – Gebeten, Segensworten und Liedern.
128 Seiten, kartoniert

VERLAG JUNGE GEMEINDE
Postfach 100355, 70747 Leinfelden-Echterdingen

Gerhard Zirke

Dammsmühle

Commerz, Politik, Frivoles im Haus am See

Brandenburgisches Verlagshaus

Umschlagbild von Harry Jürgens nach dem Gemälde der Anna Dorothea Therbusch:
Wilhelmine Encke, 1776. Wilhelmine Encke wurde 1796
(in der Urkunde rückdatiert auf 1794)
von König Friedrich Wilhelm II. zur Gräfin Lichtenau erhoben

Wege nach Schloß «Dammsmühle»:

Mit der Berliner S-Bahn bis Karow, dort umsteigen in die Züge
nach Basdorf über Schönerlinde bis Schönwalde
(Fahrtzeit etwa 20 Minuten; Züge von Karow bzw. von Basdorf halbstündlich bis stündlich).

Weiter: Siehe Karten auf den Vorsätzen
Auf der Fernverkehrsstraße 109 von oder nach Berlin bis Schönwalde

CIP-Titelaufnahme der Deutschen Bibliothek
Zirke, Gerhard: Dammsmühle: Commerz, Politik, Frivoles im Haus am See —
Berlin: Brandenburgisches Verlagshaus, 1992

ISBN 3-327-01243-1

1. Auflage
Copyright © 1992 by BVH Brandenburgisches Verlagshaus GmbH, Berlin
Gestaltung und Produktion: Günter Hennersdorf
Gesamtherstellung: INTERDRUCK Leipzig GmbH
Printed in Germany

Inhalt

5

Das Beste werden die Menschen sein

Historische Gebäude werden oft durch Eigenheiten unterschiedlicher und sogar entgegengesetzter Art charakterisiert. Für die einen spricht ihr spezifischer Stil, andere zeichnen sich durch architektonische und künstlerische Vielfalt oder auch unnachahmlich anmutende Einordnung in die Landschaft aus. Auch können Begebenheiten, deren stummer Zeuge sie einst waren oder die ihnen das Gepräge gaben, ihren Ruf territorial oder auch weltweit bestimmt haben: welchen Kommentars bedürfen der Tower, der Moskauer Kreml oder der Louvre? Und wer kennt nicht den Namen Sanssouci, fühlt sich nicht durch Wissen und Emotionen mit der Frankfurter Paulskirche und der Wartburg, mit Schloß Königstein oder dem Kölner Dom verbunden? Zahlreich sind auch jene alten Gebäude, die ihre Namen längst verblichenen Besitzern verdankten, mochte es sich um in die Geschichte eingegangene Persönlichkeiten handeln oder um ganze Geschlechter.

Dicht bei Berlin liegt das ehemalige Spinnerdörfchen Schönwalde. Etwa 240 Jahre sind seit seiner Gründung vergangen. Drei Kilometer nordwestlich dieser Ortschaft steht ein Schloß, beschattet von mächtigen Bäumen des stillen, ausgedehnten Schönwalder Forstes. Bei günstigem Sonnenstand spiegelt sich die Frontseite des Schlosses in dem Wasser des flachen Mühlenbecker Sees. Seit Generationen wird dieses Gebäude Schloß Dammsmühle genannt.

Mit Theodor Fontane, dem profunden Kenner der Mark Brandenburg, der über die von ihm liebevoll beschriebenen Schlösser Quitzöwel, Plaus a. H., Hoppenrade, Liebenberg und Dreilinden vermerkte, die Bezeichnung «Herrensitze wäre vielleicht die richtigere» gewesen, könnte gleiches auch von Dammsmühle gesagt werden. Doch Fontane fällte auch das wohlwollende Urteil, daß die Mark, «die von jeher wenig wirkliche Schlösser besaß, ...immer den Mut der ausgleichenden Titulatur gehabt» habe. Angesichts dieser «ausgleichenden höheren Titulatur ... mag auch diesem märkischen Buche sein vielleicht anfechtbarer Titel zugute gehalten werden», beendete Fontane den ersten Satz seiner Vorrede zu seinem Werk mit dem bezeichnenden Titel «Fünf Schlösser». So soll denn auch Dammsmühle auf den folgenden Seiten weiterhin und wohl berechtigt Schloß bezeichnet werden. Nicht allein angesichts seiner geschichtlichen Einbürgerung und Überlieferung erscheint diese Bezeichnung gestattet. Über Jahrhunderte war Dammsmühle eines der imposantesten Bauwerke im weiten Umkreis. Sein Name und seine gesellschaftliche Bedeutung rührten her von seiner Stellung im Rahmen der wirtschaftlichen und politischen Gegebenheiten seines Standortes.

Es soll versucht werden, den Weg dieses Schlosses in seiner verhältnismäßig kurzen Geschichte nachzuzeichnen. Dabei ist es unumgänglich, den Spuren einiger Dammsmühler sowie ihre Wege kreuzender Herrschaften verschiedener Couleur Beachtung zu widmen. Solche Spuren führen bis in das Zentrum der preußischen Hauptstadt, der späteren Reichsmetropole. Sie lassen sich aber auch von den Kreisen und der engeren Umgebung des Herrscherhauses in Richtung Dammsmühle verfolgen.

Theodor Fontane bezichtigte in seiner berühmten «Wanderung durch die Mark» jene Fachhistoriker und «Klein-Forscher», die, nach seiner Auffassung, über die Mark Brandenburg nur «das ödeste, das bodenlos langweiligste» geschrieben haben, «was Gottes Sonne je beschienen hat», der «Dünnheit und Oberflächlichkeit». Als eigene historische Methode und literarische Maxime bezeichnete er hingegen, nachzulesen in einem Brief an Heinrich Jacobi vom 5. Januar 1895, «Allerkleinstes — auch Prosaisches nicht ausgeschlossen — exakt und minutiös zu schildern und durch einfachste, aber gerade deshalb schwierigste Mittel, durch Simplizität, Durchsichtigkeit im einzelnen und Übersichtlichkeit im ganzen, auf eine gewisse künstlerische Höhe zu heben, ja es dadurch sogar interessant oder wenigstens lesensmöglich zu machen».

Diesen wertvollen Gedanken und Fingerzeig finden wir in einem Brief des Dichters an seine Familie wiederholt: «Die Weitschweifigkeit, die ich übe, hängt doch durchaus mit meinen literarischen Vorzügen zusammen. Ich behandle das Kleine mit derselben Liebe wie das Große, weil ich den Unterschied zwischen klein und groß nicht recht gelten lasse; treff' ich aber wirklich mal auf Großes, so bin ich ganz kurz... Ich kann aber unter

Einräumung des Tatsächlichen den Fehler, der in dem ‹Auspulen› stecken soll, nur sehr bedingungsweise zugeben. Wäre ich ein Puler, wär ich nicht der Tell.»

Die Auffassungen können natürlich unterschiedlich sein, der Kern der Feststellung des Künstlers — Historikers scheint jedoch rationell: Treffsicher wie Tell ist, wer sein Handwerk beherrscht, bis zum Grund der Dinge und Erscheinungen vorzudringen vermag. An der Oberfläche ist zuweilen nur recht wenig zu finden, das trifft auch auf Schloß Dammsmühle zu. Wenn es um den Soldaten Knape geht, dem wir bald begegnen werden, um den Unternehmer Damm oder den Leutnant Wollank: da hilft nur das «Pulen», um die Vokabel des Mark Brandenburg-Chronisten zu gebrauchen. In diesem Sinne wird der freundliche Leser um Verständnis gebeten, wenn ihm diese oder jene Textstelle etwas ausgedehnt, eine andere hingegen vielleicht etwas mager erscheinen sollte.

Die Bedeutung des methodischen Credos Fontanes mit seinem sprichwörtlichen Interesse für die nähere und weitere Umgebung Berlins sollte auch unter dem Aspekt gesehen werden, daß sein nimmermüdes Studium der Geschichte vieler alteingesessener Junkergeschlechter mit immer tieferer Einsicht der Unterschiede zwischen ihrer Popularität und historischen Leistungen einherging. Wenn er im Mai 1898 in einem Brief an den Philosophen und Pädagogen Friedrich Paulsen die These formulierte: «... groß ist doch schließlich nur, wer die Menschheit um ein paar Kilometer weiterbringt», dann hat er gewissermaßen einen Kilometerstein für die Bestimmung echter Größe gesetzt. Das von Fontane gebrauchte Maß läßt sich auch für die verschiedenen Herrschaften auf Schloß Dammsmühle verwenden. Und auch bei der Bestimmung der historischen Position der Bauern und Häusler, Torfstecher und Ziegelbrenner, Landpfarrer und Lehrer, Bürgermeister, Gespannführer, Gastwirte und Soldaten in der Mark, denen der Dichter von seinem demokratisch-humanistischen Standort aus große Wertschätzung entgegenbrachte, ist es eine Hilfe.

Nicht nebelhaftes philiströses Mitleid, sondern ehrliche Gesinnung ließ ihn an die Seite des einfachen Menschen, des «gemeinen Mannes» sich stellen.

Im Lichte einer solchen Betrachtungsweise stehen das von einer ursprünglichen Gewerksstätte zu einem Schloß sich mausernde Dammsmühle, seine Umgebung und — seine Menschen. Ob eigenständig oder im Kontext mit anderen Begebenheiten und Erscheinungen: über viele Jahrzehnte zeigt es sich mit der militärökonomischen Entwicklung des preußischen Staates unter Friedrich II. verbunden. Es steht für das politische und auch (und nicht zuletzt) das Liebesspiel seiner Nachfolger und ihrer Trabanten; in ihm widerspiegelt sich das individuelle Lebensgefühl des Königs Friedrich Wilhelm II. und seiner Konkubine Gräfin von Lichtenau, und das gesellschaftliche Treiben in der werdenden Reichshauptstadt; es ist liiert mit den Weinbergen und Mietshäusern der Familie Wollank und einem prächtigen Haus in der Breiten Straße zu Berlin. Das Schloß am Mühlenbecker See, den die Einheimischen knapp den Möllischen nannten, war Stätte zweifelhaften Treibens des Leutnants Adolf Wollank, der vor dem ersten Weltkrieg hier einen «schwimmenden Feenpalast» zur Veranstaltung lustvoller «italienischer Nächte» errichten ließ. Schließlich fand hier — wie mit großer Sicherheit kombiniert werden darf — im November 1910 eine vertrauliche Zusammenkunft zwischen dem deutschen Kaiser Wilhelm II. und dem Zaren Nikolaus II. von Rußland statt; führte während des ersten Weltkrieges der Oberbefehlshaber in den Marken, Generaloberst von Kessel, sein gefährliches Regiment; tummelten sich zur selben Zeit hier auch maßgebliche Kreise der wilhelminischen Spitzenhierarchie. Nicht unvermerkt bleiben sollte die Funktion von Dammsmühle als Kulisse und Drehort für recht aufwendige Produktionen der deutschen Filmindustrie und der schließliche Abstieg des Schlosses zu einem Außenlager des faschistischen Konzentrationslagers Sachsenhausen im Machtbereich des Himmlerschen Reichssicherheitshauptamtes.

Dammsmühles Rolle in der Geschichte resümierend, mag seine zeitweilige Nutzung als Gaststätte eben noch verständlich erscheinen, seine Rolle als Dienstsitz eines mit umstrittenen poltischen Aufgaben betrauten hohen Generals bereits als problematisch; sein Mißbrauch als Funktionsgebäude eines faschistischen Konzentrationslagers aber als das Würdeloseste, was ihm angetan werden konnte. Als Stätte zahlloser Rendezvous in Sachen Politik und Kommerz, vielartiger Freuden und Genüsse während des friderizianischen und auch des wilhelminischen Zeitalters war es allerdings immer von einer gewissen Grandezza, einem Flair des Exquisiten behaftet. Es zeugte von einem soliden Fundament, daß das Schloß auf dem Boden einer Getreidemühle, einer Walkmühle, eines Geschäftsgebäudes stand. Noch heute ist älteren Ortsansässigen bekannt und in seriösen Kompendien auch dokumentiert, daß Dammsmühle seit den dreißiger Jahren als Drehort der UFA in die deutsche Filmgeschichte und damit (laßt uns etwas hochstapeln!) in die der Welt eingegangen ist. Als Aufnahmeort der 13teiligen Fernsehserie «Haus am See» wird das geschichtsträchtige Schloß Millionen Zuschauern erneut zugänglich. Im Film ist es Stätte einer Seniorenresidenz, womit es der humansten Zweckbestimmung in seiner Geschichte nahekommt.

Beim Erschließen der Geschichte von Dammsmühle und der vielfältigen Bindungen zwischen dem Schloß und Berlin werden wir, Fontane als geistigen Wandergefährten an unserer Seite wissend, über das Erwähnte hinaus auf noch manches Interessante stoßen; das «Beste» aber, dem du begegnen wirst, werden die Menschen sein... Du wirst, wenn du heimkehrst, nichts Auswendiggelerntes gehört haben wie auf den großen Touren, wo alles seine Taxe hat, der Mensch aber wird sich vor dir erschlossen haben. Und das bleibt doch immer das Beste».

Die ungebührliche Bitte des ordinairen Soldaten Theophilius Knape

Marschall de Vauban: «Der Soldat ist eine Art von Thieren...»

Wer in die Vergangenheit eines Schlosses eindringt, kommt unvermeidlich mit seinen einstigen Bewohnern in Berührung, besser wohl: er sucht sie, muß sie finden. Schließlich waren sie die «Seele» der mehr oder minder erhaltenen oder auch brüchigen Gemäuer. Da tut es nichts, daß die Besitzer des von uns derzeit besichtigten Schlosses — ausnahmsweise — nicht das heutzutage antiquiert bis interessant anmutende «von» vor dem Namen trugen; dafür waren unzählige Gäste (jedes Ding braucht einen Namen) mit diesem Prädikat behaftet gewesen, das für manchen das Himmelreich bedeutete, selbst wenn es ein gewöhnliches Müller oder Weber mit sich schleppte.

Bewegten wir uns solcherart eben noch unter hochgeborenen Gestalten, die gerade in der Geschichte Brandenburg-Preußens recht viel Raum einnehmen, da tritt plötzlich ein gewöhnlicher Soldat ins Licht. Wir können uns sogar noch vergegenwärtigen, wie er ausgesehen haben mag: Seine Gesichtszüge sind uns zwar nicht überliefert, aber er wird wohl den Schnurrbart getragen haben, den Friedrich der Große seinen Soldaten und Unter-

11

Friedrich II. (1712–1786) König von Preußen (1740–1786)

offizieren gestattet, den Offizieren hingegen untersagt hatte. Da er im Mannschaftsstand als unumgängliches Attribut der Männlichkeit galt und von Chefs sogar gefordert werden mußte, dürfte auch Knape einen solchen gepflegt haben. Genaueres glauben wir um seinen äußeren Habitus zu wissen. Da finden wir Rat, oder Fingerzeige, bei Johann Wilhelm von Archenholtz, der, sich auf seine persönlichen militärischen Erlebnisse und Erfahrungen stützend, eine «Geschichte des siebenjährigen Krieges in Deutschland von 1756 bis 1763» geschrieben hat. Es handelt sich nach Fontanes Worten um das Werk eines «trefflichen Geschichtsschreibers», dessen Kriegsdarstellung er wiederholt «mit dem allergrößten Interesse ge-

12

lesen» hatte. Der Soldat, dem wir unvermutet begegnen, sandte nämlich dem König ein untertänigst abgefaßtes Schreiben, datiert 2. Dezember 1746, in dem er sich als der «Kompagnie Forçade» angehörend bezeichnete. Dem Buch v. Archenholtz', der nach einem Vorbericht «vom Dezember 1758 an, dem Kriege bey Friedrichs eigenem Heere beygewohnt» hatte, ist zu entnehmen, daß Knape zur Zeit seines Bittgesuchs als Grenadier in einer Kompanie des Regiments von Forçade diente. Der Chef dieser Einheit, der aus einer französischen Hugenottenfamilie stammende preußische Generalleutnant Friedrich Wilhelm Quirin von Forçade de Biaix, hatte Friedrich II. in allen drei schlesischen Kriegen mit Auszeichnung zur Seite gestanden und großen Anteil an dessen Sieg über die Österreicher bei Soor im Jahre 1745. Es entsprach der Tradition, daß der Chef eines Regiments diesem seinen Namen gab, wie er auch gegen ein vom Staat erhältliches «Pauschquantum» für dessen Erhalt, Ergänzung, Ausstattung usw. verantwortlich war. Die Uniform der Grenadiere war vorgegeben. Demgemäß wird Knape die noch von Friedrich Wilhelm I. herrührende Uniform getragen haben: blauer Rock mit durchgehend roten Schößen, die aufgeschlagen getragen wurden; Weste und Hose in roter, gelber oder auch weißer Schattierung, dazu im Sommer weiße, im Winter schwarze Gamaschen und derbe kurze Stiefel. Seine hohe Grenadiermütze mag bereits mit dem von Friedrich II. angewiesenen durchgehenden Schild anstelle des bisherigen durchbrochenen versehen gewesen sein; da einem «alten», bereits 1713 aufgestellten Regiment zugehörig, dürften Knape und seine Gefährten die hergebrachten roten Halsbinden getragen haben im Gegensatz zu den schwarzen, mit denen die neuaufgestellten Regimenter ausgestattet wurden. Feldmarschmäßig ausgerüstet, trug Knape auf der linken Schulter ein breites Kartuschenbandelier, auf der rechten hingegen ein schmaleres, das der Befestigung von Tornister, Brotbeutel, Schanzzeug, Zeltpflöcken u.a. diente. Das Haar wurde zum Zopf geflochten, zur Parade gepudert und mag dann zum Bart unseres Helden prächtig kontrastiert haben. Mit Sicherheit wird Knape zu einem Enrollierungsbezirk seines in Berlin geborenen Chefs gehört haben, und daß in diesem Bereich auch der Mühlebecker See lag, ist vorauszusetzen, wenn wir den Gegenstand der Bittschrift des Grenadiers betrachten.

Hier an diesem See wollte Knape eine Wassermühle errichten. Dazu brauchte er eine Genehmigung und noch einiges dazu. Doch wer war schon dieser Knape, dieser Bittsteller? Ein einfacher Soldat! Als solcher stand er unter der Fuchtel (dem Säbel mit flacher Klinge) seiner Unteroffiziere und dem mit einem silbernen Knauf verzierten Stock der Herren Offiziere, mit dem er beliebig oft durchgebläut — vornehmer: gezüchtigt — wurde. Ein solcher ordinärer, ganz gewöhnlicher Soldat drängte sich plötzlich vor. Ein Individium, irgendwo zwischen Ackergaul und Mensch angesiedelt. Eine maßlose Übertreibung, sprachliche Entgleisung? Von seinem «allerunterthänigst-gehorsamsten Knecht de Humbert» ließ Friedrich II. das Hauptwerk des Marschalls von Frankreich Sèbastian de Vauban «Der Angriff und die Verteidigung der Festungen» ins Deutsche übersetzen, in dem es unzweideutig heißt: «Der Soldat ist eine Art von Thieren, mit welchen man machet, was man will...» Durch seine eigenen Kriegserfahrungen, Teil seiner politischen Erfahrungen ebenso wie seiner Existenzprämissen als Feudalherr, eindringlich belehrt, schlußfolgerte Friedrich II., daß diese Tier-Soldaten (oder umgekehrt) bei passenden Gelegenheiten gern das machen würden, was sie wollen. Dementsprechend schrieb er in seinen «Generalprinzipien des Krieges und ihre Anwendung auf die Taktik und Disziplin der preußischen Truppen» (1748), übrigens zwei Jahre nach Knapes Gesuch, mithin zur Zeit dieser Bittschrift: «Ich für meinen Teil würde nie mitten in der Nacht angreifen; denn die Dunkelheit zieht Unordnung nach sich, und viele Soldaten tun ihre Pflicht nur dann, wenn man sie unter Augen hat und sie sich vor Strafe fürchten.» Noch deutlicher drückte sich der König in seiner «Instruction für die Commandeurs der Cavallerie-Regimenter» vom Mai 1763 aus, nachdem er hinsichtlich der preußischen Manneszucht weitere kritikwürdige Erfahrungen gemacht hatte: «Überhaupt muß der gemeine Soldat vor dem Officiere mehr Furcht als vor dem Feinde haben.» Fast in diesem (Un)Geist äußerte ein gutes Menschenalter später die Frau des Kammerdieners eines kleinen feudalen Potentaten namens Alexius von Anhalt-Bernburg, dessen Ländereien von dem ehemaligen Königreich Westfalen umgrenzt waren, als sich ihr Sohn kurz nach der Schlacht bei Leipzig als Freiwilliger zum Jägerkorps stellte: «Der Krieg ist nicht für hübscher Leute Kinder. Der Herzog habe Gesindel genug im Lande, das nichts Besseres wert sei als totgeschossen zu werden.»

Königlicher Spezialbefehl kontra Soldatengesuch

Der im Sprachgebrauch seiner Zeit «gemeine», also gewöhnliche Soldat Theophilius Knape hatte also gewagt, den König mit einem untertänigst abgefaßten Schreiben zu behelligen. Das war am 2. Dezember 1746, zwölf Tage nachdem der Monarch in seiner Toleranz den katholischen Einwohnern seiner Residenzstadt Berlin die Konzession zum Bau einer neuen «Kirche auf ihre Unkosten» erteilt, und «eine besondere Königl. Commission zur Untersuchung des Fürstl. Ost-Frießischen Schuld-Wesens niedergesetzt» hatte. Wenn Knape den König bat, eine Wassermühle am Möllichen, dem heutigen Mühlenbecker See, bauen zu dürfen, ist anzunehmen, daß er im Kreise seiner Gefährten, Bekannten oder Verwandten, vielleicht auch Quartiergeber, von den Bemühungen des Monarchen erfahren hatte, «die wüsten und mit Holz bewachsenen Oder-Brüche bey Stettin, Garz, Dam, Golnow und Greifenhagen, in Pommern, urbar zu machen». Diese «höchstrühmlichen Anstalten für das Wohl der Königl. Preußischen Lande» fanden 1747 in einer königlichen Anordnung ihren Niederschlag, die auf Weisung des Monarchen in den öffentlichen Blättern publiziert wurde. Friedrich II. ließ mitteilen, daß er entschlossen wäre (wir folgen der inhaltlichen Wiedergabe in der eben zitierten Chronik), «an Privat-Personen, auch ganze Communen, als Entrepreneurs (Unternehmer, Übernehmer — d. Verf.), zu 1 2 bis 3 000 Morgen, nach eines jeden Convenienz (Verhältnissen — d. Verf.) und Vermögen, gegen 10, 12, 15, auch mehrere Frey-Jahre, erb- und eigenthümlich, auf Kind- und Kindes-Kind, mittelst geschlossener und von Sr. Königl. Majestät Höchstselbst confirmirten Tractaten, nicht allein zu überlassen, sondern dieselben auch von der Werb- und Enrollirung (Anwerbung, Einschreibung als Soldat — d. Verf.) zu befreyen, und ihnen noch andere Gerechtigkeiten, als Mühlen anzulegen, auch Bier zu brauen und solches zu verschenken, allergnädigst zu accordiren (bewilligen, zugestehen — d. Verf.); welches zu Jedermanns Wissenschaft bekannt gemacht worden, damit diejenigen, sowol Ein- und Ausländer, als auch solche Leute, welche wegen der Enrollirung und anderer Ursachen halber, 6. Jahr lang außer Landes gewesen, und Lust hätten, auf dergleichen avantageuse (vorteilhafte, ersprießliche — d. Verf.) Art sich daselbst niederzulassen, sich bey der Königl. Preußischen Pommerschen Kriegs- und Domainen-Cammer zu Stettin melden konnte… Es fruchteten diese Anstalten auch so viel, daß dadurch ganze neue Dörfer in selbiger Gegenden entstanden sind».

Weitere wirtschaftliche Maßnahmen, teilte die Chronik ferner mit, «verdienten um so viel mehr eine besondere Aufmerksamkeit: weil man damals unter der Hand auch von einer gewissen Verbindung der Städte, Stet-

15

tin, Berlin, Frankfurt an der Oder, und Breslau, in Ansehung des Commecei, redete».

Die Vermutung liegt nahe, daß Knape aus der Gegend stammte, in der er mit des Königs Bewilligung und Unterstützung zu bauen gedachte. Durch persönlichem Augenschein oder aus mündlichen Überlieferungen wird er wohl gewußt haben, daß an dem von ihm gewählten Bauort mehrere Menschenalter zuvor schon einmal eine Mühle gestanden hatte. Jedenfalls hatte Knape ein tatsächlich existierendes, kräftiges Wassergefälle vor Augen: geeignet zum Betreiben einer Mühle. Vielleicht war ihm auch überliefert, daß bereits vor Jahrhunderten – heute sprechen wir vom frühen Mittelalter – im Zuge einer allgemeinen Erhöhung der Getreideproduktion die Verarbeitung des Korns durch die Kraft des strömenden Wassers gefördert worden war. Seit dieser Zeit verbreitete sich das Wasserrad in ganz Europa, wo es anfangs nur zum Mahlen von Getreide verwendet worden war. Im 16.Jahrhundert bis hinein in das achtzehnte fand die Wasserkraft zunehmend Verwendung. Es darf gefolgert werden, daß Knape sein Gesuch unter solchen sehr praktischen Gesichtspunkten aufsetzte. Strömendes Wasser ist noch zuverlässiger als der Wind. Es fließt vorwiegend regelmäßig, und an regelmäßig eingehenden Steuern war der Obrigkeit immer gelegen. Wassermühlen garantierten regelmäßige Betriebsamkeit, und das Dekret des Mühlenzwangs gebot allen Anliegern, die in ihrem Bereich liegenden Mühlen zu nutzen. Die Mühle gehörte gewissermaßen zu ihren Gebietern. Hier trafen sich die Interessen der Müller mit denen des staatlichen Fiskus. Diese Form des gewinnträchtigen außerökonomischen Zwanges, die z.B. auch auf das Brauwesen sinngemäße Anwendung fand, läßt sich bis 1525 zurückverfolgen; seine einstige Bedeutung versinnbildlicht die Tatsache, daß Hermann von Boyen (1771–1848), der zu den Häuptern der preußischen Reformer zählte, zu einem der wichtigsten im Jahre 1808 während des Aufenthalts Friedrich Wilhelms III. in Königsberg hinsichtlich «der inneren Zivilverwaltung ins Leben getretenen Gesetze» die «Aufhebung des Mühlenzwangs» zählte.

Über das Vorrecht des Mühlenzwangs hinaus wird Knape vom König Land, ferner Bau- und wohl auch finanzielle Hilfe erwartet haben; dazu noch die Freistellung vom verhaßten Militärdienst, den unmenschlichen Rohheiten der Vorgesetzten, wohl auch etwas Weideland für eine Kuh, oder auch zwei; und den See, an dem die neue Mühle hingestellt werden sollte, würde er mit allerhöchster Erlaubnis ebenfalls nutzen dürfen.

Von diesem Vorhaben des Soldaten Knape und seinen mit ihm verbundenen Absichten dürfte der Erbmüller der in diesem Territorium gelegenen Mönchsmühle, Andreas Grüwel, erfahren haben. Natürlich mußte eine neue Mühle herkömmliche Rechte auf «sein» Dorf Basdorf und das Vorwerk Summt beeinträchtigen; vielleicht würden sie ihm sogar verlorengehen. Es war eine Existenz- (weil Konkurrenz-)frage ebenso wie eine sich eröffnende Möglichkeit zu höherem Gewinn, unverzüglich ein gleiches Gesuch wie Knape an den König zu richten.

Gegen dieses erhob nunmehr der Soldat seinerseits sofort Einspruch, jedoch bereits am 17. Oktober 1747, d. h. im Verlauf einer für damalige Verhältnisse in «Zivilangelegenheiten» ungewöhnlich kurzen Bearbeitungszeit, wurde Grüwel durch königlichen Spezialbefehl der Mühlenbau «accordiret», also bewilligt. Bereits neun Tage später erfolgte eine Erbverschreibung, die dem Glücklichen neben der Weide- und Fischereigerechtigkeit auch noch zwei Morgen Gartenland zugestand, ihn aber zugleich zu einer jährlichen Pacht (Wispel) in Höhe von acht Scheffel Roggen verpflichtete.

Unverzüglich wurde mit dem Bau begonnen. Es darf als ausgemacht gelten, daß die Handwerker an der Stelle, wo ein Fließ in den Möllichen mündete, nicht zufällig auf die Überreste einer alten Mühle und verrottetes Räderwerk stießen. Zumindest einige Ruinenteile werden oberhalb der Erdoberfläche gelegen haben, so daß sie zielsicher an die Vorbereitung des neuen Mühlenfundaments und der Zu- und Ableitungen für das strömende Wasser hatten gehen können. Die schließlich freigelegten alten Mühlensteine und das Räderwerk trugen noch Brandspuren. Sie mochten etwa 200 Jahre alt sein. Berechtigt konnte Grüwel deshalb seine neue, zusätzliche Produktionsstätte Neue Mühle nennen und ihre Geschichte — wenn er das gewollt hätte — bis etwa 1540/50 zurückdatieren.

Der Bau hatte Grüwels Kräfte offensichtlich überstiegen, ihn in Schulden gestürzt und gezwungen, sein neues Besitztum schon bald zu verkaufen. Am 27. Mai 1755 ging die Neue Mühle für 2 700 Taler an den «Lieverante» Peter Friedrich Damm über.

Andreas Grüwel – der lachende Zweite

Was sprach gegen das Gesuch des Soldaten Knape, für den Antrag Grüwels? Ein kurzer Blick auf die Wirtschafts- und Militärpolitik der beiden ersten Preußenkönige mag zu einer Erklärung beitragen. Der durch sein populäres Geschichtswerk «Die Hohenzollern-Legende» einer breiten Öffentlichkeit bekanntgewordene Historiker Max Maurenbrecher versuchte, die seit Friedrich Wilhelm I. betriebene Politik auf den Nenner zu bringen. «Was kein Geld brachte oder nicht dem Militarismus diente, hatte nach seinem Urteil überhaupt keinen Wert.» Dieser Militarismus bedurfte Soldaten, im Sinne des Wortes «Kanonenfutter», die durch Zwang und Gewöhnung die Fähigkeit verloren hatten, selbständig zu denken und zu handeln.

Das Denken hatte der Soldat, so ein zu dieser Zeit geborenes und seitdem lebendig gebliebenes Wort, den Pferden mit ihren größeren Köpfen zu überlassen. Und das Handeln war bis zum Geringsten reglementiert. Der Historiker Max Lehmann (1838—1892) konstatierte: Endlos waren die Schikanen, «die Plackereien innerhalb und außerhalb des Dienstes, namentlich wenn es galt, den für die Heirat oder die Übernahme eines Gutes erforderlichen Abschied vom Kompagniechef zu erlangen; keine Zivilbehörde stand dem Enrollierten helfend zu Seite: Aushebung und Verabschiedung waren zunächst ausschließlich Sache der militärischen Behörden».

Die ökonomische Politik Friedrich II. — wir sind damit wieder beim Gesuch seines Soldaten Knape angelangt — muß immer unter dem Gesichtspunkt gesehen werden, daß bei ihm wie schon bei seinem Vater der «große Verzehrer immer die Armee» war. Der bekannteste deutsche Historiker des 19. Jahrhunderts, Leopold von Ranke (1795—1886), Autor dieser kategorischen Formulierung, ergänzte sie noch dahingehend, Friedrich II. habe weitere Gesichtspunkte als sein Vater gehabt. «Das von ihm eingesetzte Departement des Generaldirectoriums» wurde beauflagt, «nicht allein die Verbesserung der alten, sondern auch die Einrichtung neuer Manufacturen und das gesammte Commerzwesen zu besorgen. In den Provinzen wurden Auszüge aus den Zoll- und Acciseregistern gefertigt, um zu sehen, was noch aus der Fremde bezogen wurde und was dem Inland mangele.» Das Land sollte sich fast zur Gänze selbst versorgen, von fremden Staaten unabhängig machen. Deshalb war der König, so von Ranke, bereit, «die Unternehmer mit Bauplätzen und Baumaterialien auszustatten; er suchte die geschicktesten Arbeiter heranzuziehen; auch kostbare Werkzeuge schaffte er auf seine Kosten an …» Diese Feststellungen abschließend betonte von Ranke noch einmal: «… der Sinn des Ganzen ging …

auf die Hervorbringung der Macht und der unmittelbar für dieselbe erforderlichen Mittel.»

Die Wirtschaftspolitik Friedrich II. sollte also auch unter folgenden Gesichtspunkten betrachtet werden.

Der König dachte, so Ranke, «bei jeder Steigerung der Einkünfte... zunächst immer daran, ob er nicht ein paar neue Regimenter errichten könne». Dabei bestand um das Jahr 1750, also zur Zeit des Tauziehens zwischen Knape und Grüwel, «das Fußvolk aus 48 Feldregimentern, 13 Garnisonregimentern, zusammen 122 Bataillonen, jedes zu 880 Köpfen, die Cavallerie aus 8 Regimentern Husaren, jedes zu 1200 Mann, und 130 Escadrons Kürassieren und Dragonern, jede zu 158 Mann. Die Armee zählte 133000 bis 136000 Mann ... (und) war ... stärker als zur Zeit Friedrich Wilhelms I. ...»

Insbesondere seine 1752 und 1768 abgefaßten «Politischen Testamente» motivieren, weshalb ein Staat, der zwei Drittel seiner Einnahmen in die Armee steckte, nur eine intensive, spezifisch auf militärische Bedürfnisse orientierte ökonomische Politik betreiben konnte. Der «König, als der größte Landverpächter seines Staates, (war) ... an den Getreidepreisen in erster Linie interessiert; aber durch die Akzise war er auch an der steigenden Rente der industriellen Produktion stark beteiligt. Sein eigenes Interesse trieb ihn, die Ausdehnung der Industrie für die einheimischen Großgrundbesitzer zu monopolisieren» (Maurenbrecher). Die Entscheidung betreffs der Gesuche von Knape und Grüwel — hier sei an die Bemerkung des Historikers Max Lehmann über die enorme persönliche Entscheidungsgewalt preußischer Kompaniechefs verwiesen — mußte fast zwangsläufig zugunsten des Letzteren ausfallen. Grüwel hatte sich als Mühlenbesitzer bereits bewährt und sein Scherflein für die preußische Kriegskasse beigetragen. Es stand zu erwarten, daß er auch künftig ein Zinsbringer sein würde. Auf beide Antragsteller trifft insofern die aphoristisch zugespitzte Einschätzung des Schriftstellers und Kulturhistorikers Gustav Freytag zu: «Jeder sollte in dem Kreise bleiben, in den ihn Geburt und Erziehung gesetzt, der Edelmann sollte Gutsherr und Offizier sein, dem Bürger gehörte die Stadt, Handel, Industrie, Lehre und Erfindung, dem Bauer der Acker und die Dienste.»

Ein Müller, der seine Fähigkeiten und Willigkeit durch prompte Entrichtung geforderter Steuerabgaben und gebührende Untertanentreue bewiesen hatte, sollte Müller bleiben dürfen; er sollte auch wirtschaftlich erstarken können. Der Soldat, prinzipiell unzuverlässig, hatte zu «dienen» und auf Befehl in den Tod zu gehen. Jede Änderung dieser Gegebenheiten hätte Auswirkungen auf den Bestand der bestehenden Ordnung haben können. «Das Beispiel wäre gefährlich!», schrieb Friedrich II. in seinem «Politischen Testament» von 1752, bezogen auf den möglichen Widerstand eines Soldaten gegen seinen Unteroffizier oder Offizier. So hatte denn der ständig im «Zivilleben» stehende Andreas Grüwel lachender Zweiter werden können, der Soldat Knape hingegen leer ausgehen müssen: Das Recht in seiner Humanität und Erhabenheit wollte es so! Dafür aber konnten er und andere Angehörige des Regiments Forçade (möglich, daß Knape diesen erhebenden Moment nicht mehr miterleben durfte) das Wort Friedrichs II. in ewiger Erinnerung behalten, das er zu seinen Begleitern sprach, als er in einem Feldlager an diesem Regiment vorbeiritt: «Wenn ich Soldaten sehen will, so muß ich dieses Regiment sehen.»

«Der Krieg macht froh, im Wechsel der Geschäfte ...»

Dem fünfzehnjährigen Karl Friedrich von dem Knesebeck (1768–1848) war es im Jahre 1783 noch vergönnt, Friedrich II., dessen Armee er bereits mit vierzehn beigetreten war, persönlich vorgestellt zu werden; 1786 war der Monarch verstorben. In seiner noch von Idealen erfüllten Jugend hatte der spätere Feldmarschall durch eine Reihe geistreicher militärpolitischer Publikationen einiges Aufsehen erregt. Er war mit dem greisen Dichter Johann Wilhelm Ludwig Gleim, dem langjährigen Sekretär des Domkapitels zu Halberstadt und unkritischen Verehrer des Preußenkönigs sowie mit Gleims Freunden bekannt und als Mitglied ihrer literarischen Vereinigung während seiner Leutnantstage auch als Dichter hervorgetreten. Eine seiner populärsten Schöpfungen hieß «Lob des Krieges». Erzählungen seines Vaters, der als Leutnant der friderizianischen Armee in der Schlacht bei Kolin schwer verwundet worden war, mochten in dieses Gedicht eingeflossen sein. Am 16. Oktober 1805 wurde es in Berlin nach einer Aufführung von «Wallensteins Lager» durch den vielseitig eingesetzten Mimen Kaselitz gedruckt verteilt und unter rauschendem Beifall, gefolgt von «Heil Dir im Siegerkranz» und donnerndem Hoch auf den König, abgesungen. Eine seiner Strophen lautete:

20

«Der Krieg ist gut! Im Reiben seiner Kräfte
Ist für die Welt Gewinn.
Der Krieg macht froh, im Wechsel der Geschäfte
Nimmt er die Grillen hin.»
Szenen wie diese sollten sich im September und Oktober 1806 noch ein-
mal wiederholen, Aufführungen von «Wallensteins Lager» und der «Jung-
frau von Orleans» einander abwechseln und namentlich diese Strophe in
der «Jungfrau» enthusiastisches Beifallsklatschen erregen:
«Das ist das Schicksal und Gesetz der Welt.
Nichtswürdig ist die Nation, die nicht
Ihr alles freudig setzt an ihre Ehre!»
Gewiß hätte Damm den Worten «Der Krieg ist gut!» freudigen Herzens
zugestimmt, und sicher nicht verneint, daß «im Wechsel der Geschäfte»
der Krieg, zu den Bedingungen seines Geschäfts gehörend, auch «froh»
mache: doch sie wurden erst 1792, nach seinem Tode gedrechselt. Dennoch mögen diese Verse des jungen Knesebeck an den Beginn des gesellschaftlichen Aufstiegs des jungen Damm gestellt bleiben, weil sie den ganzen weiteren Lebensweg des erfolgreichen Geschäftsmannes zu begleiten
schienen. Im Jahre 1741 als einfacher Sattler aus Brandenburg nach Berlin
gekommen, gehörte Damm schon wenige Jahre später zu den besonders in
wirtschaftlicher Hinsicht «Großen» dieser Stadt. Der Erfolg begleitete ihn
und machte ihn gewissermaßen zum Glückskind in einer für Leute seines
Schlages besonders günstigen Situation. Er war in Berlin erschienen, nachdem sich etwa 55 Jahre zuvor (1686) die ersten ausländischen Ansiedler
hier niedergelassen hatten. Diese, an ihrer Spitze die französischen Hugenotten, hatten beträchtlichen Einfluß auf die Stadtentwicklung gehabt; und
neben neuen bürgerlichen Ideen brachten sie auch wissenschaftliche, gewerbliche und kulturelle Anregungen, Fähigkeiten, zum Teil auch Kapital
mit. Hunderte Handwerkerfamilien, Kaufleute, Goldschmiede, Ärzte, bildeten eine französische Gemeinde, die bis Ende des 17. Jahrhunderts etwa
5 700 Bürger zählen sollte. Diese dem Neuen aufgeschlossenen Menschen
beherrschten die Herstellung feiner Lederwaren, von Schmucksachen und
besaßen noch schier unerschöpfliche andere Fähigkeiten. Nach 1700 kamen weitere 6 000 Hugenotten aus Frankreich, etwa 500 Zuzügler aus der
Schweiz und 450 aus der Pfalz nach Berlin. Auch sie, zumeist Kaufleute,
begüterte Handwerker, Intellektuelle, faßten in Berlin festen Fuß, wußten
die ihnen gewährten Vergünstigungen (so die Befreiung von Steuer-, Ein-

quartierungs- und Schanzpflichten sowie die Gewährung einer eigenen Gerichtsbarkeit und Glaubensfreiheit) zu nutzen und brachten dem wirtschaftlichen Gewerbe der Stadt einen beachtlichen Aufschwung: insbesondere der Textilproduktion (Wolle und Seide), Porzellan- und Glasmanufaktur, Goldverarbeitung und Silberbortenerzeugung, Seifen- und Uhrenherstellung, nicht zuletzt der Lederindustrie.

Im 18. Jahrhundert, als auch ein Damm das Weichbild dieser Stadt überquerte, hatte deren Wirtschaft bereits einen beachtlichen manufakturkapitalistischen Aufschwung genommen, wurde die Basis des derart produzierenden Bürgertums zunehmend breiter. Etwa zur Zeit des Eintreffens von Damm hatte der Staat Friedrichs II., in vieler Hinsicht englischen, französischen, holländischen Beispielen folgend, diesen Entwicklungsprozeß durch Zuschüsse, Bodenschenkungen, Vergabe von kostenlosen Baumaterialien, oftmals auch die völlige Übernahme der gesamten Baukosten, gefördert; ferner durch Schutzzölle, Steuervergünstigungen und die Gewährleistung sehr niedriger Arbeitslöhne. Von besonderer Bedeutung war nach Kulischer das neuen Unternehmungen «gewöhnlich verliehene Alleinrecht für die Erzeugung und den Absatz ihrer Fabrikate in einem bestimmten Umkreise, ein den mittelalterlichen Zunftmonopolen im Stadtbereiche entsprechendes Recht».

Wenn Damm vierzehn Jahre nach seinem Eintreffen in Berlin die damals in Preußen beachtliche Summe von 2 700 Talern aufbringen konnte, um die «Neue Mühle» des von Schuldenlasten überhäuften Andreas Grüwel zu kaufen und sogleich in bar zu bezahlen, und zwar ohne selbst anderswo Schulden zu machen oder von den alleinigen Erträgnissen der Mühlenproduktion leben zu wollen, dann mußte er schon ein solides finanzielles Polster besessen haben. Damm verfügte darüber – dank der merkantilistischen Politik, der mit dieser verfolgten und somit einhergehenden militärökonomischen Interessen und der aus diesen resultierenden «Gunst» seines Souveräns.

Der wie aus dem Nichts plötzlich auftauchende Damm hatte die Konzession, das Alleinrecht erhalten, die brandenburgisch-preußische Armee mit Sämischleder zu versorgen. Als schlichter Sattler war er in Berlin eingezogen. Sattler haben gemeinhin mit Leder zu tun, und Leder, weiß jedes Kind, wird aus Häuten gemacht. Um die Jahrhundertwende verzeichnete eine stadthistorischen Themen zugetane Korrespondentin der «Berliner Morgen-Zeitung», daß «Wolle und Häute im Herzen Alt-Berlins der

Haupthandelsartikel» waren; «denn der nahegelegene Alexanderplatz war jahrhundertelang der Ort, wo alljährlich im Juni der Wollmarkt abgehalten wurde». Für Preußen machte die Führung und immer konsequentere Fortsetzung seiner Eroberungskriege die Selbstversorgung mit Uniformen und Lederzeug (also mit Wolle und Häuten) zum zwingenden Gebot. Zum günstigsten Zeitpunkt in Berlin als dem Zentrum der Waren- und Geldhandelsgeschäfte eingetroffen, war es dem offenkundig ebenso jungen wie zähen, pfiffigen und fachkundigen Damm gelungen, binnen kurzem in den Besitz des königlichen Privilegs zu kommen. Der Wirtschaftsfragen rasch und kühn entscheidende König muß in Damm einen erfolgversprechenden Untertanen erkannt und ohne viel Zaudern zu dessen Gunsten entschieden haben. Wer es aber, wie in diesem Falle, verstand, staatliche Privilegien zu erhalten, besaß eine vorzügliche Ausgangsposition und war zudem unabhängig von der Mitgliedschaft oder anderen erzwungenen Formen des Zusammenwirkens mit einer Berufszunft.

Im Besitz dieses Privilegs und der wirtschaftlichen Unterstützung durch den König sicher, der seinerseits auf das ökonomische Leistungsvermögen des neuen Unternehmers baute, lag Damm gewissermaßen eine Welt zu Füßen. Ein Zeitgenosse von ihm schrieb über das Berlin zur Zeit des Siebenjährigen Krieges: «Es ist keine Stadt in Europa, Konstantinopel ausgenommen, die eine so zahlreiche Garnison hat als Berlin. Es liegen hier gegen 26000 Mann. Man kann zu allem einen Soldaten um ein kleines Geld haben. Sie putzen die Schuhe, waschen, flicken, kuppeln, und tun alles, was anderswo die Savoyarden und alte Weiber tun. Sie sprechen auch die Fremden nicht um Almosen, sondern um ein Trinkgeld an, wofür sie sich aber gemeiniglich etwas zu essen kaufen, denn um ihren Durst zu löschen, hat die Spree Wasser genug», berichtete tolerant der Reisende Riesbeck.

Dieses Berlin war Wohnsitz und zugleich Standort des wirtschaftlichen Kommandostabes von Damm. Ende der siebziger Jahre des 18. Jahrhunderts, etwa zur Zeit des Todes des Lederfabrikanten im Jahre 1776, lebten in Berlin 106355 Zivilisten und 52365 Militärpersonen; das ist ein ungefähres Verhältnis von 2:1. Andere Autoren nennen etwas abweichende Zahlen: Hans Hausherr gab für das Jahr 1783 z. B. 141000 Berliner Einwohner an, und Hans Mottek gestand der Stadt für das Jahr 1790 121873 registrierte Bürger zu. Das ungefähre Verhältnis von 2:1 wird durch diese Zahlendifferenzen nicht merklich geändert. Sehr drastisch ließ Theodor Fontane den äußeren Eindruck dieser Stadt durch einen der Helden seiner

23

Erzählung «Schach von Wuthenow» mit der Feststellung charakterisieren, daß der Staat des Preußenkönigs «nicht ein Land mit einer Armee, sondern eine Armee mit einem Land ist. Unser Land ist nur Standquartier und Verpflegungsmagazin». Dieses Berlin mit seinen militärischen Standquartieren und Verpflegungsmagazinen war nicht nur des Königs Residenzstadt, sondern bildlich gesprochen auch die seiner Kriegslieferanten, unter ihnen Peter Friedrich Damm. Berechtigt läßt sich sagen, daß dieser Mann, der am 30. Januar 1760 das heute Ermelerhaus benannte, schloßartige Gebäude in der Breiten Straße 11 (jetziger Standort Märkisches Ufer) erwarb, sozusagen täglich Militärpersonen aller Dienstgrade und -stellungen von seinen Fenstern aus marschieren, schlendern oder stolzieren sah, die er mit den in seinem Auftrag geschaffenen und mit gehörigen Gewinnspannen belasteten Erzeugnissen versorgte. Die Kriege des «Großen Königs», die nach vielen Regimentern zählenden Toten und Blessierten sorgten für eine ständige Nachfrage, und auch die schmucke militärische Ausstattung in Friedenszeiten forderte ihren Tribut; da war an Aufträgen kein Mangel und damit auch nicht an Verdienst. Wer da kein Patriot sein mochte ...?

«... weis mehr davon als alle Teoristen»

Die Erhebung seines Landes zur Großmacht, dessen war sich Friedrich II. bewußt, bedurfte des raschen Aufblühens von Handel und Gewerbe. Das galt insbesondere für jene Zweige, die seine militärischen Bedürfnisse befriedigten.

An der Abdeckung gerade dieser Anforderungen hatte Peter Friedrich Damm gehörigen Anteil. Seine Höhe läßt sich allerdings nicht auf den Taler genau berechnen. Die Ursache dafür ist nicht nur in Betrug, steuerlicher Unterschleife, Unterbezahlung der Zulieferer, Nutzung der eigenen Monopolstellung usw. zu suchen und zu finden, sondern auch in den ungenauen Angaben über die Stärke der stehenden Heere, die sich im damaligen Zeitabschnitt gerade durchsetzten. So war «es erst für das 18. Jahrhundert möglich, genauere Heeresziffern zu nennen, vorher wechselte der tatsächliche Mannschaftsbestand auch in Friedenszeit dauernd», konstatiert Hausherr. Im schwach besiedelten und wirtschaftlich gering entwickelten Preußen war das Heer im Verhältnis zur Bevölkerung (Gesamtzahl einschließlich der Armee 1740 etwa 2,2 Millionen Menschen) übermäßig groß.

In seinem 1831 zuerst in Paris erschienenem Buch «Preußens Militär-Verfassung» vermerkte General M. von Caraman, daß der preußische Soldat nach 1806 ungefähr das Doppelte von dem wie vor dieser Zeit kosten würde. Er führte z. B. an, daß die «jährliche Total-Ausgabe für einen (einfachen — d. Verf.) Soldaten»

vor 1806 39 Taler 12 Groschen
nach 1806 63 Taler 5 Groschen

betrug.

Nach 1806 seien für die sog. «große Montirung und Lederzeug» 10 Taler 20 Groschen, vor 1806 also etwa die Hälfte: 5 Taler 10 Groschen ausgegeben worden. Die Kosten für die Equipierung eines Infanterie-Offiziers wurden mit 149 Taler angegeben.

Mögen die Ausgaben für lederne Produkte (insbesonders Riemenzeug, Gamaschen und anderer Uniformzubehör) auch nur einen Teil der Kosten für die Gesamtausstattung der Armeeangehörigen aller Dienstgrade betragen haben, so verdient doch beachtet zu werden: Die stehenden Heere waren Bedarfsträger erster Ordnung, die sich nicht mehr selbst versorgen, verpflegen, bewaffnen und bekleiden konnten. «Es war ein standardisierter Massenbedarf, dem vor allem das Tuch-, Leder- und Metallgewerbe gerecht werden mußte. Dabei waren diese Gewerbe genötigt, sich an die Lieferung gleicher Typen, gleicher Qualitäten und gleicher Farben zu gewöhnen» (Hausherr).

Damm war ein Vertreter der von der geschichtlichen Entwicklung geforderten neuen Fabrikantengeneration. Er wird sich mit Sicherheit nicht nur auf die Sämischlederproduktion konzentriert haben, sondern bemüht gewesen sein, auch andere Ledererzeugnisse zu liefern; damit dürfte er seinen eigenen Interessen ebenso entsprochen haben wie denen des Staates.

Preußen erlitt enorme Verluste durch Tod, Gefangennahme, Beute durch den Feind, Unterschleife verschiedener Art sowie offiziell genehmigte Ausnützung von Offiziersfunktionen für private Interessen. Es ist zu folgern, daß die festgelegten Trage- bzw. Nutzungszeiten aller Arten von Ledererzeugnissen durch die ewigen Märsche, die Feldzüge, Schlachten und Gefechte immer wieder ad absurdum geführt wurden. Ständiger Ersatz war erforderlich und nur durch Aufbietung aller Kräfte und Möglichkeiten zu gewährleisten. Der kometenhafte Aufstieg Damms ist auch in diesem Licht zu sehen. Er war Nutznießer des im 18. Jahrhundert immer

25

sichtbarer werdenden Massenbedarfs auf allen Lebensgebieten, den er auch seinerseits zu befriedigen trachtete. In diesem Sinne hat der militärischen Bedürfnissen verpflichtete Damm objektiv, ungeachtet seines persönlichen Verhältnisses und seiner Bindung an die bestehende politische Ordnung, zur Herausbildung und Festigung des kapitalistischen Produktionssystems und somit, gleichgültig was er produzierte, zum geschichtlichen Fortschritt beigetragen. Vermutlich ohne sich dessen bewußt zu sein, um die Gunst so mancher Junker vielleicht buhlend und ihr Wohlwollen auskostend, gehörte Damm dennoch zu denen, deren allgemeinhistorischer Platz aus bürgerlichen Entwicklungsbedürfnissen erwuchs, die insbesondere in wirtschaftlicher (also entscheidender) Hinsicht das revolutionäre Gesicht ihrer Zeit prägten, ohne bereits fähig zu sein, die neue Gesellschaft als Ganzes herauszubilden. Wenn Friedrich II. in einer Instruktion vom 8. Dezember 1779, drei Jahre nach Damms Tod, die Forderung erhob: «Was hiernechst die Städte betrifft, so ist hauptsächlich nöthig: ... daß die Manufacturen Schutz finden, und soviel möglich fortgeholfen werden ...», so liegt in ihr ein Eingeständnis auch für das auf seine Art erfolgreiche Wirken des Lederfabrikanten. Ganz offensichtlich haben sich Damm und Friedrich II. auf der Basis getroffen und zur gegenseitigen Zufriedenheit liiert, die der in der Praxis so überaus pragmatische König im Februar 1772 in einer den Philosophen Klotz betreffenden Marginalie fixierte: «Die Oeconomie lernet man bei den Bauren und nicht auf den Universiteten, man mus suchen einen guhten Literateur an der Stelle des Klotzen zu kriegen und keinen Oeconome, als einen Bauren, der weis mehr davon alls alle Teoristen». Diese das offizielle Denken in Preußen dominierenden Worte wurden — wir erinnern uns! — zwölf Jahre nach dem Monat 1760 geschrieben, in dem der mächtige Manufakturist Damm sich ein stadtbekanntes Haus in der Breiten Straße zu Berlin kaufte.

Kometenhafter Aufstieg

Beim Versuch, den Rahmen abzustecken, innerhalb dessen sich der stürmische Aufstieg Damms vollzog, bietet sich das Modell eines Triangels an, das aus den Seiten Manufakturist, Hausbesitzer und Berliner Bürgerrecht besteht.

Das 18. Jahrhundert war durch das Aufkommen eines zunehmend standardisierten Massenbedarfs gekennzeichnet. Rasch erhöhte sich die Nachfrage wachsender Bevölkerungsschichten an Waren mit übereinstimmender Beschaffenheit und in immer größeren Mengen. Friedrich II. wußte den in dieser unaufhaltsamen Tendenz enthaltenen Antrieb zur beschleunigten Wirtschaftsentwicklung auch für den intensiven Aufbau seiner eigenen Rüstungsproduktion zu nutzen.

Zur Rüstung gehörten an erster Stelle natürlich Gewehre, Pistolen, Geschütze aller Art und Kürasse, aber auch Transportmittel, Pioniergerät, Kessel, Pfannen, Herde für die Sicherung der Verpflegung; Pulver und Munition sowie Zubehör zum Laden und Reinigen des Schießzeuges verstanden sich von selbst; auch die Versorgung mit Zelten, Lebensmitteln, alkoholischen Getränken aller Art und auch weiblichen Wesen (von einer bestimmten Offizierscharge aufwärts), und noch viele Dinge mehr, deren heute kaum noch gedacht wird. Schließlich mußten die Herren Offiziere und auch die Soldaten mit den ihnen gemäßen Uniformen versorgt werden, wozu es Stoffe, Leder und metallener Fabrikate bedurfte. Unter der unerbittlichen Fuchtel seines Vaters hatte sich Friedrich II. mit solcherlei Problemen «von der Pieke auf» intensiv befassen müssen. Neben oder nach Peter I. von Rußland wußte er um sie gewiß mehr als jeder andere Monarch seiner Zeit. In seiner ökonomischen Zielstrebigkeit noch weitergehender und konsequenter als sein Vater, setzte er sich detailliert darüber ins Bild, woran es im Inland mangelte und was noch aus dem Ausland bezogen wurde; förderte er dementsprechend die Errichtung neuer Manufakturen und des Wollgewerbes; bemühte er sich angelegentlich um den Anbau und die Pflege des Maulbeerbaums als der Futtergrundlage für die Seidenraupenzucht; stattete er Unternehmer mit Bauplätzen, Baumaterialien, Zuschüssen, Schutzzöllen, Monopolien, qualifizierten Fachkräften aus anderen Staaten zu vorwiegend niedrigen Arbeitslöhnen aus; legte er in der Umgebung Berlins viele Spinner- und Weberdörfer an, in denen zeitweilig verhältnismäßig begünstigte Ausländer angesiedelt wurden.

Etwa zur Zeit des Eintreffens von Damm in Berlin gab es hier neben der dominierenden und florierenden Textilindustrie (bald wurden im sog. «Lagerhaus» in der Klosterstraße die Uniformen für die gesamte preußische Armee hergestellt) große Produktionsstätten wie die Königliche Porzellanmanufaktur, eine Eisen- und Stahlmanufaktur, eine Pulverfabrik und andere große Unternehmungen, die militärischen Ansprüchen genügten. Diese Produktionsstätten hatten mit dem Handwerk die Nutzung materieller Technik gemeinsam; und mit dem Fabriksystem die Großproduktion, die auf der Nutzung von Lohnarbeitern beruhte. Wichtig für die Umstände, unter denen sich das Wirken und der Aufstieg von Damm vollzog, ist in diesem Zusammenhang: Die auf manueller Arbeit beruhende Manufaktur vermochte die Kleinproduktion nicht zu verdrängen; neben einer verhältnismäßig geringen Anzahl großer Unternehmen standen noch viele kleine Produktionsstätten; bei der Produktion großer und vielfältiger Warenmengen dominierten wie ehedem Handwerker und Heimarbeiter, während sich die Manufakturen auf spezifische Warengruppen konzentrierten; Handwerker und Heimarbeiter waren weitgehend von Aufkäufern und Manufakturbesitzern, von Verlegern abhängig. Sehr rasch wurde die in Stadt und Land beheimatete starke Schicht der handwerklichen Produzenten durch vorwiegend dezentralisiert wirkende Manufakturen erfaßt. Einprägsam findet sich das verlegerische Wirken bei Hausherr charakterisiert: «Der Kampf zwischen dem arbeitenden Handwerker, der selten über ein Kapital verfügte, mit dem er sich in Krisenzeiten über Wasser halten konnte, und dem Kapitaleigner, der ihm den Rohstoff kreditierte, war meist kurz und wurde zugunsten des Verlegers entschieden. Diese Bezeichnung rührt daher, daß der Kaufmann in seltenen Fällen bares Geld, meist von ihm gekaufte Wolle, Baumwolle oder Metall (wir setzen noch Häute, fertiges Sämischleder zur Verarbeitung und Chemikalien hinzu — d. Verf.), ‹vorlegte› und damit Bedingungen stellte, die der Handwerker eingehen mußte, wenn er sich erhalten wollte.»

Entsprechend den damaligen Wirtschaftsverhältnissen dürfte Damm kaum Besitzer eines größeren Produktionsunternehmens gewesen sein. Vielmehr erscheint berechtigt, anzunehmen und mit Kulischer zu sagen: Die «ewigen Kriege» und ihre materiellen Erfordernisse «mußten notwendigerweise zur Überleitung des Handwerksbetriebes zu dem vom Heereslieferanten, der zugleich Händler war, geleiteten Großbetrieb führen, wobei der Produktionsprozeß sich jedoch nach wie vor in der Werkstätte des Erzeugers, des Kleinmeisters, vollzog.»

Ohne Zweifel hat der Siebenjährige Krieg die ursprüngliche Anhäufung von Geldkapital in den Tresoren und auf den Konten spezifischer Teile und Schichten des preußischen Bürgertums beschleunigt. Den gesellschaftlichen Erfordernissen seiner Zeit entsprechend, wurde dieses Kapital auch von Damm nur zum Teil, spezifische Relationen fanden sich nicht überliefert, produktiv angelegt. Es ist natürlich nicht unangebracht, die Verwendung beträchtlicher Finanzmittel für Repräsentationszwecke, die Nachahmung des Erbadels zum Beweis der Ebenbürtigkeit des neuen Geldadels, den Erwerb eines respektablen landwirtschaftlichen Besitztums als unabdingbare Schritte zu betrachten, um neues Kapital hecken zu lassen. Eine Darstellung bedeutender Berliner Unternehmer in dem behandelten Zeitraum sucht diese Wechselwirkung auch Damm einschließend zu reflektieren: «Eine noch heute vorhandene Erinnerung an einen Lieferanten des Siebenjährigen Krieges — wenn es sich dabei auch um einen auf begrenztem Gebiet arbeitenden kleineren Unternehmer handelt — bedeutet das bekannte Ermelerhaus, Breite Straße 11. Dieses kaufte der durch Lieferungen von Lederzeug und sonstigem Monturbedarf für das preußische Heer wohlhabend gewordene Peter Friedrich Damm 30. Januar 1760 vom Bankier v. Wylich für 20 000 Tl., ließ es völlig umbauen und machte daraus einen entzückenden Rokokowinkel, in seiner Innenarchitektur das schönste bürgerliche Bauwerk, das Berlin aufzuweisen hat. Namentlich das Treppenhaus und die acht Gesellschaftsräume des ersten Stocks zeugen noch von dem erlesenen Geschmack und der Opulenz des Erbauers. Von den Dammschen Erben kaufte es 1804 der Tabakfabrikant Joh. Heinrich Neumann, von dem 1824 Wilh. Ferdinand Ermeler Haus und Manufaktur übernahm. Damm selbst besaß auch ein Landgut, die nach ihm benannte Dammsmühle bei Schönwalde.»

Das vorstehend herangezogene Werk verweist auch auf den wichtigen Umstand, daß Damm, analog dem Zuckermonopolisten, Waffen- und Metallfabrikanten Splitgerber, am 18. Januar 1763 aus dem königlichen Tresor 150 000 Taler erhielt. Die Zweckbestimmung dieses «Tresors» war, wie der preußische Historiker Koser als profunder Kenner seiner «als eine völlig wüste Masse auf dem Boden des königlichen Schlosses» gefundenen Aktenbestände mitteilte, «die Kosten eines Krieges zu decken, für welche die Einnahmen des Staates nie hingereicht haben würden. Der Schatz von ungefähr 10 Millionen Thalern, den Friedrich Wilhelm I. hinterlassen hatte, war im ersten schlesischen Kriege bis auf 3 Millionen verbraucht worden, den in der Zeit zwischen den beiden ersten Kriegen wieder auf fast 5 3/4 Millionen gebrachten Schatz hatte der zweite Krieg völlig erschöpft».

Nur durch enorme, pünktliche und qualitativ zufriedenstellende Lieferungen konnte Damm in kurzer Zeit das ersichtliche Vertrauen erworben haben. Was sich zu Splitgerbers finanziellen Problemen gesagt findet, dürfte auch auf Damm zutreffen. Zwar ließen die Zahlungen für die

«Kriegsgeschäfte» der jeweiligen Häuser «zuweilen lange auf sich warten und mußten öfters angemahnt werden; auch werden die Sorgen um den Ausgang oft sehr drückend gewesen sein, doch ist schließlich alles beglichen worden», konstatieren die Ökonomiehistoriker Rachel/Wallisch. Auf den Wellenkämmen des Siebenjährigen Krieges schwimmend, wurden städtische Unternehmer sogar bereits zu Gläubigern des landansässigen Adels, wurden die Kriegslieferanten auf Kosten des Staates zu den größten Verdienern. In einem «nicht abgegangenen» Brief des dirigierenden Ministers des dritten Departements im Berliner (preußischen) Generaldirektorium, Friedrich Wilhelm von Borcke, an den Geheimen Finanzrat und Generalproviantmeister Friedrich Deutsch, vom Oktober 1759 finden sich die zweifellos auch auf Damm zutreffenden Zeilen, daß «Eigennutz und Privatabsichten dem Königl. Interesse vorgezogen und S.K.M. überall schlecht gedienet worden». Im Nachlaß Borckes fand sich ein teilweise eigenhändig geschriebenes Konzept, auf dem nachdrücklich betont wird, daß dem König allein während der preußischen Winterquartiere von 1756 und 1757 in Sachsen «gewiß zwei bis drei Millionen hätten erspart werden (können), und ... daß da das ausgegebene Geld ... in weniger Particuliers und Kornjuden Hände» gelangt sei. Aus allem ist zu folgern, daß Damm also sehr vielseitig und auf den verschiedensten Ebenen tätig gewesen sein wird: Zunächst beherrschte er den gesamten Sämischledermarkt. Das umfaßte den Erwerb der erforderlichen Häute, ihre Aufbereitung zum gewünschten Leder durch einen speziellen, «Walken» genannten Arbeitsprozeß — auf eine eigene Walkmühle Damms wird noch einzugehen sein —, bis hin zur Lagerung und vermutlich auch (zumindest teilweisen) Verarbeitung. Sicher wird Damm bemüht gewesen sein, auch hinsichtlich anderer Lederarten Marktanteile zu erwerben. Die Erfolge dieses Geschäftsmannes lassen darauf schließen, daß er die ihm anfangs vom Staat zur Verfügung gestellten und fast gleichzeitig selbst akkumulierten Mittel sinnvoll zur Erfüllung seiner militärischen Aufträge einzusetzen wußte. Er dürfte eng mit den zuständigen Militärbehörden, einzelnen Offizieren, Beamten und Munizipalitäten zusammengearbeitet und bei vorsichtiger Verwendung der damals üblichen Methoden der Korruption und Bestechung maximale Profite erzielt haben. Diese Form der Zusammenarbeit, für die in moderner Zeit der dezente Begriff «Kontaktpflege» erfunden wurde, diente maßgeblich der kontinuierlichen Gewährleistung und Erhöhung der Gewinne durch schonungslose Ausnutzung der Arbeitskraft der rechtlosen und ungeschützten «freien» Lohnarbeiter, Frauen- und Kinderarbeit eingeschlossen. Schonungsloser Druck auf die großenteils auf familiärer Basis (teilweise mit «freien» Gehilfen) in kleinen Heimwerkstätten arbeitenden Lederfabrikanten kann bei Damm wie bei allen Männern seiner Profession vorausgesetzt werden. So findet sich z. B. kurz nach Damms Ableben in einer zeitgenössischen Darstellung vermerkt, daß in der «Köllnischen oder Köpenicker Vorstadt» 1776 die «Lutzische Manufaktur von englischem Leder» bei der neuen Jakobstraße lag. Ebenfalls in der Nähe des Spittelmarktes am sog. wusterhausischem Wehr, welches die Höhe des Wassers am Festungsgraben regulierte, befand sich eine Lederwalkmühle. Nicht wenige Walkmühlen in Berlin und Umgebung werden von Damm als Verleger beherrscht gewesen sein. Möglicherweise dürfte er auch angestrebt haben, in Berlin und in anderen günstig gelegenen Städten und Ortschaften eigene größere Manufakturen zu realisieren. Der gesellschaftliche Großbetrieb in Form von Manufakturen wird spezifisch für das Gewerbe von Damm bedeutet haben, daß er von zentralen militärischen, vermutlich auch städtischen Behörden Aufträge entgegennahm, die er als Verleger über gewerbliche Einzelbetriebe zu realisieren hatte (der Staat als Konsument konnte nicht mit den vielen kleinen Produzenten unmittelbar verkehren); sollte er an der Weiterverarbeitung seines fertigen Leders beteiligt gewesen sein, könnte er über die hausindustriellen Betriebe hinaus zentralisierte Produktionen mit unfreien Arbeitskräften in Zucht-, Arbeits-, Armen-, Waisen- und anderen Häusern eingerichtet haben. Diese Methode gehörte zu den gängigen. Die Tatsache, daß er nicht für den Markt, der Konkurrenzkampf mit sich gebracht hätte, arbeiten mußte, sondern für einen festen Einzelbesteller, garantierte Damm für lange Zeit weitgehend sichere Höchstgewinne.

Damms «berlinische Freiheit»

Die feudale Gesetzgebung zwang die Fabrikanten und Kaufleute, also auch Damm, in den Städten zu leben. Mit wenig mehr als 150 000 Einwohnern war Berlin damals die größte deutsche Stadt, doch den Stadtstatus trugen zu jener Zeit auch Ortschaften mit weniger als 1 000 Einwohner; Belchatow z. B. hatte 1803 nur 59 Einwohner (zählte aber als Stadt) und noch 1816 gab es vier Städte mit weniger als 250 Einwohner. Angesichts auch dieser strukturellen Gegebenheiten Preußens war es für Damm unabding-

bar, weitgehend auf der Basis des geschilderten Verlagssystems zu arbeiten. Nur durch diese Methode, die in größerem Maßstab zuerst im Tuchge-
werbe von Paris angewandt wurde, vermochte er städtische Handwerker,
aber auch Bauern sowie ländliche Arbeiter zu einer größeren Produktions-
organisation zusammenzuschließen. Die Unterstützung durch die Staatsor-
gane war selbstredend gegeben. Zur Zeit Friedrichs II. und noch später
galt die Feststellung des französischen Generals von Caraman: «Die Behörden bewilligen in Berücksichtigung der Bedürfnisse der Landwirte und Fabrikanten viele Ausnahmen. Die Regierung zeigt in diesem Stücke eine
sehr weise Sorgfalt, um die Durchführung dieses weitläufigen Planes mit
den Privat-Interessen zu vereinigen.»

Es ergibt sich, daß die im Interesse Damms und gleichermaßen der
preußischen Militärbehörden tätigen Arbeiter, wo sie gelebt und gewerkt
haben mögen, weitgehend vom Armeedienst befreit waren; denn ihre Arbeit war ja – Armeedienst! Jedes Nachlassen in ihrer Arbeitsintensität
und, insbesondere bei für Offiziere und Generale bestimmten Utensilien,
auch Arbeitsqualität konnte ihre Entlassung, mithin Zwangsrekrutierung
bedeuten: ein wichtiges Pressionsmittel für Fabrikanten, die die Gunst jener Jahre zu nutzen verstanden.

Die Arbeitsqualität dürfte wie für alle Unternehmer auch für Damm ein
ständiges Sorgenkind gewesen sein; es ist überliefert, daß sich die Behörden fortwährend über die ungleiche Beschaffenheit der gelieferten Waren
beklagten und Abhilfe forderten. Qualität und Gedeihen der Manufaktur
hingen also unlösbar zusammen. Daraus zog der preußische Fabrikdirek-
tor Majet in seinem «Mémoire sur les manufactures de Lyon» von 1786
die Schlußfolgerung, daß auf den Arbeiter ständiger Druck ausgeübt werden müsse: damit die Manufakturen gedeihen, dürfte der Arbeiter nur soviel verdienen, als er unbedingt zur Ernährung und Bekleidung nötig hat;
nur bei geringen Löhnen sei der Arbeiter fleißig, genügsam und bescheiden und zugleich die Macht des Unternehmers gesichert. Kraft objektiver
gesellschaftlicher und wirtschaftlicher Einbindung wird auch Damm sein
Gewerbe im Sinne dieser merkantilistischen Neuauflage des altrömischen
Satzes «Muta pecora, prona et ventri oboedienta» betrieben haben, zu
deutsch: «Das Herdenvieh ist stumm, gefügig und gehorcht dem Magen».

Wenn feststeht, daß im Preußen speziell des 18. Jahrhunderts die Tätigkeit des Lohnarbeiters in gewisser Hinsicht eine andere Art des Soldat-

seins bedeutete, und daß Damm gleich seinen «Kollegen» aus anderen Branchen für die unmittelbaren militärischen Bedürfnisse seines Staates wirkte, dürfte nicht ausgeschlossen sein, daß sich die Beauftragten seines Monarchen auch ihm gegenüber ganz direkt mit einem Äquivalent revanchierten, das beiden Seiten zugute kam: dem Soldaten«material».

Es wurde schon darauf verwiesen, daß das wirtschaftlich, hinsichtlich seiner Bevölkerungszahl und seines Gebietsumfangs hinter anderen Staaten rangierende Brandenburg-Preußen nach dem Willen seiner Potentaten an Heeresstärke den anderen Großmächten gleichstehen sollte. Zwei Drittel der Staatseinnahmen entfielen Mitte des 18. Jahrhunderts auf militärische Zwecke. Noch höher waren die Militärausgaben in den 16 Jahren vor dem Siebenjährigen Krieg; sie betrugen damals etwa 83 Prozent der Staatseinnahmen und stiegen während des Krieges auf rund 86 Prozent an. Schon unter Friedrich Wilhelm I. und mehr noch unter Friedrich II. war ein beträchtlicher Teil der Soldaten sogar in der Kaserne für die Manufakturisten, Verleger, oder wie sie sich noch nennen mochten, tätig. Die brutale, heute dieserart kaum faßbare militärische Disziplin schlug sich natürlich in extrem hohen Gewinnen nieder: von Vorteil auch für die Armeebefehlshaber, deren Macht, Einfluß und Möglichkeiten durch die rasche Belieferung mit Ausrüstungsgegenständen in hoher Stückzahl schnell erhöht wurde. Eine Streitmacht, die schließlich fast die Stärke von 200 000 Offizieren und Soldaten erreichte und pausenlos ergänzt werden mußte, bedurfte enormer Mengen von Sämischleder, von den knielangen waschbaren Ledergamaschen bis hin zu einer Vielzahl anderer Ledererzeugnisse, die ebenfalls waschbar sein mußten. Dabei sei nicht vergessen, daß der binnen weniger Jahre schwerreich gewordene, allerhöchst protegierte Geschäftsmann Damm sich gewiß nicht auf die Produktion von Sämischleder allein orientierte, wenn auch sein Privileg solchermaßen gehalten war. Ein Hundsfott, wer sich selbst beschränkt! Hieße anders zu handeln, nicht gegen die Interessen des Staates und damit seiner Majestät zu verstoßen? Produktionssteigerung, stimuliert durch Gewinnstreben, wenn das kein Patriotismus war!

Es ist nicht erwiesen, ob Damms Hirn jemals den Namen des 1724 geborenen preußischen Handwerkersohnes und ersten Vertreters der klassischen deutschen bürgerlichen Philosophie Immanuel Kant in sich aufgenommen hat, obwohl sie doch beide Untertanen eines Königs waren, der sich des Beinamens «Philosoph von Sanssouci» schmeichelte. Hatte er den

Namen Kant dennoch irgendwo einmal vernommen, dann dürfte er aber seine Lehre kaum verstanden haben; zumindest nicht im Sinne der ethischen Seite seiner Grundvorstellungen, die in dem «kategorischen Imperativ» mündeten, der die Interessen der Allgemeinheit über die des Individuums stellte: «... handle nur nach derjenigen Maxime, durch die du zugleich wollen kannst, daß sie ein allgemeines Gesetz werde!» Dieses allgemeine Sittengesetz wird, eindeutiger: muß ihm fremd gewesen sein! Doch das französische Wort Profit kannte er gewiß, und wenn vielleicht auch nur deutschsprachig als Gewinn, Nutzen und Vorteil. Gewissermaßen als die ins Philosophische umgesetzte pragmatische Seite des kategorischen Imperativs. Angesichts des großen Umfanges der einem starken Verschleiß unterworfenen, von Damm zu gewährleistenden, als Endprodukt in seinen Speichern konzentrierten Erzeugnisse ist anzunehmen, daß er sich mit Unterstützung der Kriegs- und Domainenkammer, die in den einzelnen Provinzen von Potsdam und Berlin her entsprechende Weisungen erhalten haben dürfte, ferner durch systematisch gepflegte Verbindungen zu einflußreichen Militärs, Politikern und in der Wirtschaft Tätigen, auch der beurlaubten Soldaten bediente. «Einen weit größeren Umfang (als die Arbeit für Unternehmer in den Kasernen — d. Verf.) hatte aber die Lohnarbeit der Soldaten während ihrer Beurlaubung; denn beurlaubt waren die Soldaten für den größten Teil des Jahres! Das hing mit dem Interesse des Kompaniechefs zusammen, der für die Zeit der Beurlaubung vom Staat den vollen Sold erhielt, aber nur die Hälfte an die Soldaten auszuzahlen brauchte. Für die Unternehmer, an welche die auf halben Sold gesetzten Söldner ihre Arbeitskraft verkauften, war es von besonderem Vorteil, daß die Beurlaubten noch weiter unter der Militärgerichtsbarkeit standen. Darüber hinaus waren im großen Umfang auch die Soldatenfrauen als Lohnarbeiter tätig. Insgesamt machte das Soldatenproletariat, zu dem auch die ehemaligen Soldaten zu rechnen sind, in Berlin und im militärischen Preußen überhaupt einen erheblichen Prozentsatz aus.» (Mottek)

Wird der Aufstieg Damms unter den vorstehend skizzierten Aspekten betrachtet, erscheint es auch angebracht, ihn im Lichte des Schreibens des Dichters G. E. Lessing vom 25. August 1769 über die vielgerühmte «berlinische Freiheit» zu betrachten, gegen die Religion alles zu sagen und schreiben zu dürfen: doch «... lassen Sie einen in Berlin auftreten, der für die Rechte der Untertanen, der gegen Aussaugung und Despotismus seine Stimme erheben wollte, wie es itzt sogar in Frankreich und Dänemark geschieht: und Sie werden bald die Erfahrung haben, welches Land bis auf den heutigen Tag das sklavischste Land von Europa ist».

Im Sinne des von Lessing vertretenen und verfochtenen Humanismus und der verbalen Weṛtungen des Dichters erweist sich Damm als typischer Vertreter der aufsteigenden Bourgeoisie. Seine ökonomischen (und damit auch politischen) Interessen nahm er wahr als Aussauger der Besitzlosen, als Anbeter und Verteidiger des Despotismus im «sklavischsten Land von Europa». Sein kometenhafter Aufstieg ist von dem Gesellschaftssystem, in dem er sich vollzog, nicht zu trennen. Er führte den Sämischleder-Monopolisten zu wachsender gesellschaftlicher Respektabilität. Wohl kaum um diesen Damm wissend, hat Lessing dennoch auch ihn treffend charakterisiert. Natürlich: Wer eine «Emilia Galotti» schuf, erfaßte intuitiv auch noch ganz andere Personen ...

Im Rahmen der in Preußen gegebenen Wirtschaftsordnung dürfte Damm zu jener Personengruppe gehört haben, von der Maurenbrecher generalisierend schrieb: «In ihren Schichten hat daher kaum jemand an Friedrichs Wirtschaftssystem Anstoß genommen; ihnen erschien es gerecht, billig und heilsam.»

Ganz offensichtlich hatte sich Damm in dieser Ordnung zufrieden eingerichtet. Eine wichtige Voraussetzung dafür war seine Anerkennung als Bürger gewesen. Das «Berliner-Intelligenz-Blatt» vom 13. April 1809 (das präzise Datum spielt hier keine Rolle) teilte z. B. mit: «Zum Nutzen und Besten der Publici» werde auf fünf Apriltage verwiesen, wo die Wahl von 102 Stadtverordneten und deren Stellvertretern festgesetzt war, von «denen wenigstens zwei Drittel mit Häusern in der Stadt eingesessen sein müssen.» Der damalige Stadtarchivar vermerkte: «Berechtigt zu wählen war nur, wer ein Haus oder ein Jahreseinkommen von über 200 Thalern besaß, und nur Bürger der Stadt.» Bürger der Stadt waren keine Gelehrten, die zwar in der Stadt wohnten, aber kein städtisches Grundstück besaßen noch ein Gewerbe betrieben; Bürger waren auch keine Verbrecher, Geisteskranke oder Frauenzimmer. Nach den damaligen Statistiken blieben etwas über acht Prozent der erwachsenen Berliner als Wähler übrig — von 150 000 Einwohnern ganze 12 800 Personen. Als Gewerbetreibender und seit dem 30. Januar 1760 auch Besitzer eines prunkvollen Gebäudes zählte Damm zu den echten, bevorrechteten Bürgern dieser Stadt.

Bleibt noch der wichtige Posten «Skrupellosigkeit» bezüglich der Folgen eigener Geschäftigkeit. In einem angesehenen Lexikon ist nachzulesen: «Die Gerbereien sind für die Arbeiter und für die Nachbarschaft in mehrfacher Hinsicht hygienisch ungünstig. Beim Schwitzen der Häute entwickeln sich schwefelammonhaltige Gase, welche Begleiterscheinungen, selbst den Tod herbeiführen können ... Infolge unvermeidlicher Durchnässungen und Erkältungen leiden die Gerber häufig an Lungenentzündungen und Rheumatismen, die Arbeiter in den Lohmühlen erkranken durch den Staub an Katarrhen der Respirationsorgane ... Bei der Verarbeitung von Häuten tuberkulöser und milzbrandiger Tiere ergibt sich Ansteckungsgefahr ... Unter 100 gestorbenen Gerbern befinden sich 40 Schwindsüchtige ... Abwässer aus Gerbereien, welche Wildhäute verarbeiten, können Wiesen auf weitem Umkreis verseuchen.» Natürlich handelte und wirkte P.F.Damm als ein zu gewisser Macht gelangtes Produkt seiner Zeit. Er war ihr Resultat und Mitakteur, insofern auch Mitgestalter. Begünstigt durch die Politik und die ökonomischen Ambitionen Friedrichs II., die seinen Interessen entsprachen, brachte Damm einen spezifischen Zweig der preußischen Lederindustrie zu beträchtlicher Blüte. Sein entsprechender Anteil dürfte unbestritten sein.

Im Kreis der Heeresversorger

In der Lederindustrie kommt dem Walken als einer der ältesten Gerbarten eine besondere Rolle zu. Sein Produktionsprozeß muß das Denken und manufakturistische Handeln Damms maßgeblich bestimmt haben. Über das Walken im allgemeinen wußte ein populärer Zeitungsbeitrag im Jahre 1901 mitzuteilen: «Da die Häute beim Trocknen hart und brüchig werden, müssen sie ... einer Art Gerbung, einer Zurichtung unterworfen werden. Auch müssen sie von dem natürlichen Schmutz und Fett befreit sowie geruchslos und möglichst glänzend gemacht werden. Dies geschieht nach zwei Hauptmethoden, erstens mittels der Walkmaschine und zweitens durch Anwendung von Beizen.» In den Walktrögen würden die Häute «von den auf- und abwärtsgehenden Walkhämmern so lange bearbeitet, bis das Leder geschmeidig und dehnbar geworden ist. Dies kann aber auch durch Bestreichen aus Salz und Alaun, oder Salz und Oleum und anderem erzielt werden.»

Der hier geschilderte Prozeß des Walkens dürfte sich zu Damms Zeiten nicht viel anders abgespielt haben als zu Beginn des 20. Jahrhunderts. Doch Damm war ja vorwiegend auf ein bestimmtes, nämlich Sämischleder spezialisiert, wozu es in der «Real-Encyklopädie» des Brockhaus-Verlages aus dem Jahre 1820 heißt: «Sämischgerberei unterscheidet sich von der Weißgärberei wenig und nur darin, daß die mit Fett und Kalk zubereiteten Häute nicht weiter durch Alaun gegerbt werden, daher auch an vielen Orten die Weißgerber zugleich sämische Leder liefern. Sie benutzten die Häute von Ochsen, Kälbern, Hammeln, vorzüglich von Gemsen, Hirschen, Rehen und Elenthieren. Solche Leder haben eine gelbliche Farbe und dienen wegen ihrer Geschmeidigkeit zu Beinkleidern und Handschuhen.»

In Berlin bildeten zur Zeit seiner Entwicklung zur Hauptstadt der werdenden brandenburgisch-preußischen Monarchie die Walker keine besondere Zunft. Dennoch wäre Damm als nichtpriviligierte Person mit dem Walken Angehöriger eines Teilgewerbes im Rahmen der Lederindustrie und somit Angehöriger einer spezifischen Zunft geworden — oder er wäre entsprechender Schaffensmöglichkeiten verlustig gegangen. «Stellte das Zunftwesen», schreibt Hausherr, «auf jeden Fall ein Monopol auf bestimmte Fertigungen dar, so wurde es beinahe zum Monopol für Meisterssöhne. Auch technische Neuerungen, mit denen sich ein erfinderischer Kopf unter den Genossen über die anderen zu erheben drohte, wurde von den Zünften meist verfolgt, und der Störer der Ordnung mußte froh sein, wenn ihm die Staatsgewalt ein besonderes Privilegium erteilte. Auf diese Weise wurden die Zünfte ein Hemmnis des technischen Fortschritts.»

Nur mit Einschaltung staatlicher Gewalt konnte der Zunftzwang umgangen bzw. durchbrochen werden, sonst hätte er auch die Entwicklung des brandenburgisch-preußischen Militärwesens zu hemmen vermocht. Mit Hilfe eines von Preußen initiierten und erzwungenen Reichsgesetzes von 1731 gelang es insbesondere in Preußen, wo es dem Königtum darauf ankam, den im Westen gewonnenen gewerblichen Vorsprung aufzuholen, bereits Friedrich Wilhelm I., über die zünftlerischen Schranken hinweg, ökonomisch-militärische Hausmachtinteressen landesweit durchzusetzen. Durch die Gewährleistung staatlicher Privilegien in erforderlichen Fällen war es besonders in der Stadt möglich, den konservativen Zunftzwang zu durchbrechen. Insofern gehörten nicht zuletzt im Preußen des 18. Jahrhunderts die Privilegien zu einer der wichtigsten Formen der Förderung kapitalistischer Unternehmen, insbesondere städtischer Manufakturen.

Im Gegensatz zu vielen bürgerlichen und auch adligen Inhabern großer Geldfonds, die sich als Kaufleute betätigten, aber durchaus nicht zu überzeugen und bewegen waren, ihr Geld in Unternehmen anzulegen, also in

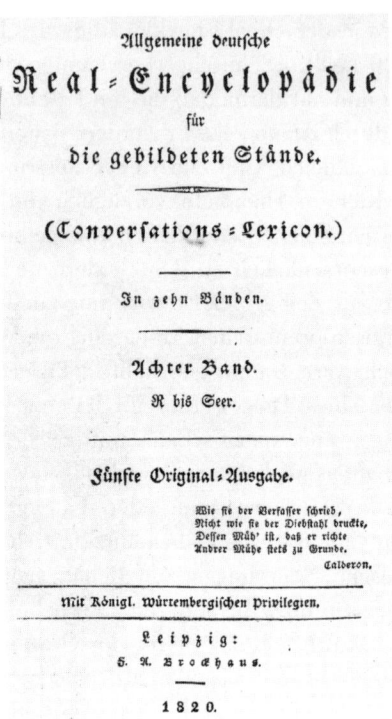

Allgemeine deutsche

Real-Encyclopädie

für

die gebildeten Stände.

(Conversations-Lexicon.)

In zehn Bänden.

Achter Band.
R bis Seer.

Fünfte Original-Ausgabe.

Wie sie der Verfasser schrieb,
Nicht wie sie der Diebstahl druckte,
Dessen Müh' ist, daß er richte
Andrer Mühe stets zu Grunde.
Calderon.

Mit Königl. württembergischen Privilegien.

Leipzig:
F. A. Brockhaus.

1 8 2 0.

industrielles Kapital zu verwandeln, stand Damm. Seiner Herkunft nach hatte er überhaupt keine andere Möglichkeit als die, sein staatliches Startkapital als «Lieverante» — Verleger — Manufakturist zu verwenden.

Von dieser profanen ökonomischen Tatsache her fanden sich die Interessen des Preußenkönigs und die Damms notwendig zusammen, wurde letzterer erst denkbar: durch Privileg zum «Lieveranten». Daß der preußische Monarch und seine Beauftragten sehr rasch auf Damm setzten, mag an der militärökonomischen Zwangslage, aber eben vor allem daran gelegen haben, daß im Brandenburg-Preußen des 18. Jahrhunderts viele Inhaber von Geldfonds (Kaufleute und Aristokraten) keineswegs übermäßige Bereitschaft zeigten, auf die scheinbar sicherste Geldanlage im Waren- und Geldhandel zu verzichten. Teilweise durch Zwang versuchte Friedrich II. z. B. schlesische Kaufleute zur Geldanlage in Manufakturen zu bewegen. Als erfolgversprechend erwiesen sich aber Maßnahmen, die durch

Der Brockhaus 1820 zur Sämischgerberei

Herabsetzung des Risikos und größere Gewinnchancen zur freiwilligen Gründung von Unternehmungen anregten, für die der Staat Interesse zeigte. Die Gewährung eines Monopols durch den Staat für eine bestimmte Zeit bei Unterbindung von in- und ausländischer Konkurrenz (u. a. durch Schutzzölle und Einfuhrverbote) stellte einen besonderen Anreiz dar.

Damm kam in den vollen Genuß dieser auf den Krieg orientierten Wirtschaftspolitik. Seine Entwicklung, die sicher maßgeblich auf Energie und Leistungswillen beruhte, war für einen wichtigen Teil des Ledersektors von noch größerer Bedeutung als die eines gewissen Krautt, der um die Wende vom 17. zum 18. Jahrhundert unter Friedrich Wilhelm I. schon als 25jähriger einen bedeutenden Teil des Hofes und der Berliner Garnison mit Tuch belieferte. Dieser Krautt, aber auch Damm, insbesondere aber die aus dem Siebenjährigen Krieg Honig saugenden, d. h. enorme Kriegsgewinne machenden Berliner Bürger Gottskowski (bekannter Seidenmanufakturist) sowie Splitgerber und Daum (Inhaber eines bekannten, von vornherein auf Heereslieferungen orientierten führenden Berliner Handelshauses), stehen für eine unübersehbare Erscheinung: Die neue bürgerliche Gesellschaft war in ihrer Anfangsphase dadurch charakterisiert, daß sie durch neuartige Wege den Übergang in die moderne Produktionsweise, oft bei erzwungener Duldung und formaler Beibehaltung alter Hüllen und Zöpfe, gewaltsam abkürzte. Das Staatssäckel des absolutistischen Systems erwies sich in diesem Prozeß als ein Kunstmittel zur Durchsetzung des Neuen.

Friedrich II. forderte z. B. auch die Einrichtung von Manufakturen für die Weiterverarbeitung von Leder aus Rußland und England: «Aber das alles erfordert Vorschüsse der Regierung, und das hat mich bisher gehindert, so nachdrücklich vorzugehen, wie ich es gewünscht hätte», schrieb der König in seinem Politischen Testament von 1752, in dem er auch ein Urteil über die Gesamtlage der Industrie abgegeben hatte.

Bei seinen Gedankengängen um russisches und englisches Leder hat das Leder aus Brandenburg-Preußen sicher nicht hintenan gestanden. Schließlich war hier die Schafzucht, wie die Viehzucht überhaupt, recht stark entwickelt und einheimische Häute waren vermutlich billiger als importierte. Es wird also darum gegangen sein, fertiges Leder in genügender Menge, Art und Qualität zu besitzen. Das aber bedingte die zügige Gewährleistung erforderlicher Produktionswerkstätten, und dazu wieder: die kühne Förderung geeignet erscheinender Fabrikanten. Wäre in dieser Situation nicht Damms Name kometenhaft erschienen, dann eben ein anderer. An den Erfolgen der preußischen Lederindustrie hat Damm persönlich Anteil. Überaus schnell erwarb er privaten Reichtum. Er hatte das königliche Privileg, eine gesamte Armee mit Sämischleder zu versorgen, zu nutzen gewußt. Eine Armee, die (das sei geklagt!) unter großen Verlusten zu leiden hatte und deshalb — «Gott sei Dank!» — pausenlosen Nachschub auch von Materialien und Effekten aus Sämischleder bedurfte. Dazu noch anderer Lederarten.

Die ungeheuren Lasten dieser Politik trugen die einfachen Menschen. Riesbeck schilderte aus seiner Sicht als Reisender die Situation so: «Wenn man aus Böhmen nach Sachsen kommt, so fällt einem die Teurung der Lebensmittel in dem letztern Lande stark auf; allein noch viel auffallender ist sie hier (in Preußen — d. Verf.) im Vergleich mit Sachsen. Die Armut des

*Der Bedarf der friderizianischen Armee
an Lederzeug war enorm*

Landes an vielen Bedürfnissen, die ungeheuern Akzise und dann die vielen Monopolien sind schuld daran.»

Die schriftliche Beurkundung einer dieser «Monopolien» lag wohlbehütet im Dammschen Tresor.

Er kaufte also die Neue Mühle

Zur Erinnerung: Am 27. Mai 1755 sah sich der hoch verschuldete Grüwel gezwungen, die Neue Mühle an den «Lieverante» Peter Friedrich Damm

41

zu veräußern. Der binnen weniger Jahre reich gewordene Sämischleder-
produzent erhielt das Recht, neben dem Ankauf der Mahlmühle zusätzlich
eine Walkmühle erbauen zu dürfen, auch erhielt er kostenlos zwölf Morgen Bruchland zur Kultivierung sowie Baumaterial, ferner Zoll- und Akzi-
sefreiheit und das Recht, den Basdorfer Horstgraben in «sein» Fließ umzu-
leiten, wodurch sich dessen Wassermenge und wohl auch Strömungsge-
schwindigkeit erhöhten. Die zwölf Morgen Bruchland waren offenkundig
in einem zeitgenössischen Verzeichnis als «wüste Flecken» bezeichnete
Gebiete, die er «zur Maulbeerplantage und zum Wiesenwachs ausgebe-
ten» hatte.

Als Damm in den Besitz der Neuen Mühle und der Genehmigung zur
Errichtung einer Walkmühle kam, hatte er seine Karriere auf dem Gebiet
der Sämischlederproduktion bereits erfolgreich begonnen. Die Annahme
ist naheliegend, daß die Neuerwerbung der einträglichen Kapitalanlage
und zugleich der Sicherung eines von geschäftlichen Fährnissen weitgehend unabhängigen «Hinterlandes» dienten. Brotmehl für den ständigen
Bedarf der Bevölkerung wurde immer benötigt; auch die kleinen, in den
ländlichen Gebieten dislozierten militärischen Einheiten wollten versorgt
sein, nicht zuletzt die Herren Offiziere, die frisches Mehl gewiß den von
Käfern und Würmern durchsetzten Magazinbeständen vorzogen.

Unter den gegebenen Umständen konnte Damm auf dem Lande auf eigenem Grund und Boden sowie bei selbstverständlicher Ausnutzung jedweder staatlicher Unterstützung prächtige Zusatzgewinne machen; außerdem ließen sich beträchtliche praktische Erfahrungen sammeln, die der
Verlegertätigkeit zugute kommen mußten. Zweifellos war das Ansässigsein
in der Residenzstadt ein gesellschaftliches und juristisches Erfordernis. Es
war für die Erhaltung, Festigung und profitable Ausnutzung des einmal erhaltenen Privilegs unabdingbar, diente aber auch der Abwehr teils offen,
ganz gewiß aber versteckt agierender Konkurrenz. Auf dem Lande jedoch,
ein herrschaftliches Domizil nebst entsprechenden Anlagen zum ungestörten Lustwandeln vorausgesetzt, ließen sich auch vertrauliche, delikate,

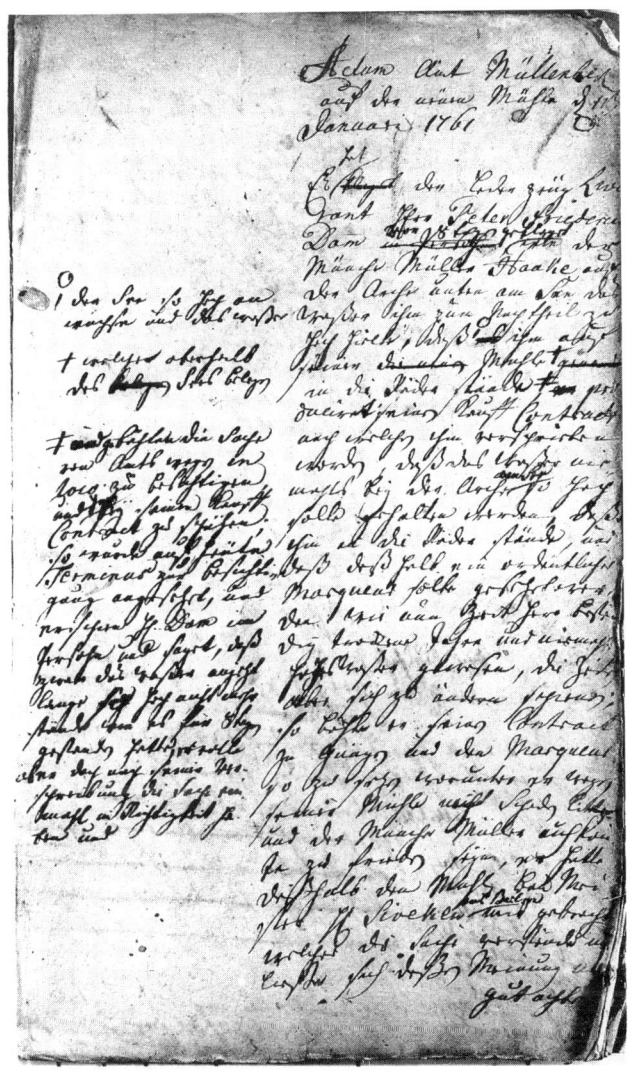

Überlegungen des Amtes Mühlenbeck 1761
zum Antrag des Lederzeuglieferanten Damm,
die Mönchsmühle zu erwerben

nicht für jedermanns Ohren bestimmte Gespräche führen, konnten Adlige und begüterte Herren aus bürgerlichen Kreisen zwanglos und dabei vermutlich unbespitzelt zusammenkommen, ließen sich Geschäfte pflegen und selbstverständlich auch Amouren.

Noch ein weiterer Aspekt sei berücksichtigt: Bereits um das 10.Jahrhundert war den Bauern verordnet worden, nur vom Inhaber der Ortsgewalt bzw. von einer von ihm konzessionierten Person produzierten oder angebotenen Wein zu trinken, den sogenannten Bannwein. Von gleicheinschneidender Bedeutung war der Erlaß, ausschließlich eine bestimmte Mühle, die Bannmühle, zu gebrauchen. Diese sich aus der Ortsherrschaft ergebenden Gebote, die erhebliche Belastungen mit sich brachten, wurden immer drückender.

Als Besitzer der Neuen Mühle wurde Damm auch zum Mahlmonopolisten in «seinem» Rayon, vereinte sich seine gesamtpreußische Monopolstellung mit einer spezifisch territorial orientierten Macht.

In diesem Lichte dürfte auch die Walkmühle zu betrachten sein. Damm saß bereits fest auf seinem Lederthron, als er sich dicht bei Schönwalde ansässig machte. Fließendes Wasser gab es hier genügend, die erforderliche Energiequelle zum Betrieb einer Walkmühle war gegeben. Eine solche Mühle war zur damaligen Zeit bereits eine kleine «Fabrique». Was hier produziert wurde, konnte, entsprechend umgesetzt, der Privatschatulle ein gehöriges Plus bringen. Und Damm war ein Plusmacher! Und sein Umsatz staatlich garantiert!

Weiter oben wurde bereits der Prozeß der Lederproduktion gestreift. Es kann angenommen werden, daß Damm in seiner Walkmühle am Möllichen sowohl frische als auch getrocknete und salzene Häute bearbeiten ließ. Die günstigen örtlichen Gegebenheiten machten es möglich, die Häute in fließendes Wasser einzuweichen: frische Häute nur einige Stunden, getrocknete oder gesalzene wesentlich länger. Das Einweichen ging mit dem Bearbeiten mit dem Streckeisen und durch Walken in der Walktrommel oder durch Hammerwalken einher. Die Bedeutung des durch eine ganze Reihe aufeinanderfolgender Bearbeitungsprozesse gewonnenen Endprodukts für die Armee war überaus groß. Für die Anlage einer Walkmühle war der Möllensee auch deshalb denkbar günstig, weil der nahe gelegene Ort Schönwalde mit seinen zur Spinnarbeit nicht verpflichteten Männern, aber auch mit seinen Kindern und Jugendlichen, genügend Arbeitskräfte zu stellen vermochte. Hinzu kommt der wichtige Umstand, daß sich Damm nicht um die sogenannte «Lieferung» (Sauermilch) sorgen mußte. Kalk konnte er, wenn nicht aus näher liegenden Gegenden, zumindest aus den gleichnamigen Bergen bei Rüdersdorf beziehen.

Durch all diese Faktoren war die billigste Produktion gewährleistet. Als gewiefter Verleger ergriff Damm selbstverständlich die gebotene Chance. Weder ihn noch die anderen Nutznießer des Möllensees schien es gekümmert zu haben, daß das Gewässer durch den Betrieb der Wasserwalkmühle hochgradig vergiftet wurde. Jedenfalls findet sich der Schaden durch Wasser- und Tiervergiftung und damit verbundene Schädigung von Menschen derzeit nirgends verzeichnet.

Damm hatte sich 12 Morgen Bruchland zur Maulbeerplantage ausbedungen. Mit dem Anbau dieser Kulturpflanze entsprach er sowohl seinen eigenen wirtschaftlichen Interessen als auch den Ambitionen seines Königs. Dieser förderte den Anbau dieses Gewächses, weil seine Blätter die Nahrung der Seidenraupen sind. In der Gegend rings um Berlin, auch in der späteren Spandauer-, der Georgen- und Stralauer Vorstadt, gab es mehrere derartige Anlagen. So ließ Friedrich II. ab 1751 durch den Kammerdirektor von Dickhoff an der Ruppiner Dosse, die später zum Ruppiner Kanal erweitert wurde, eine Maulbeerplantage anlegen; eine solche gab es auch bei der Ortschaft Schluft, laut einer Instruktion vom 20. Mai 1753 auch zweireihig längs der Dorfstraße des eben gegründeten Spinnerdörfchens Schönwalde und in oder bei einer Vielzahl anderer Orte.

Angesichts der Bedeutung, die der Anbau von Maulbeerbäumen längere Zeit hindurch auch für Dammsmühle und Umgebung hatte, sei dieser Text aus der Feder des offiziellen Hofchronisten Friedrichs II. zitiert: «Nächstdem liessen Sich Ihro Königl. Majestät gar sehr angelesen seyn, den Seiden Bau in Dero Landen … immer höher zu treiben … wie denn auch die Herren Inspectores befehliget sind, ihre ihnen untergebene Kirchen-Sprengel, oder Diöcesen, alle Jahre, zu Ende eines jeden, zu bereisen, und die Maulbeer-Plantagen in jedem Dorfe zu besehen und zu untersuchen, wie weit von Zeit zu Zeit der Seiden-Bau verbessert wurden; worauf sie nach Berlin einberichten müssen, wie sie die Sache hier und dort befunden haben. Solchergestalt wird nun Jedermann angefrischet, die Hand an solches Werk zu legen, welches viele anfänglich ebenfalls für inpracticabel hielten; zumal solche Landen, wie die Königl. Preus. Provinzen von Natur aus (dazu) beschaffen sind.

Dieser Dokumententext läßt vermuten, daß der Anbau von Maulbeerbäumen auch für die Einwohnerschaft Schönwaldes ein nachhaltiges lokales Ereignis darstellte. Es wird sicher auch den Anwohner Damm nicht unberührt gelassen haben. Als Berliner Geschäftsmann wußte er zumindest über die kommerziellen Aspekte der floralen Würmernahrung einiges mehr als die biederen Untertanen in der Nähe seines Landsitzes. Und die Bekanntschaft mit dem Inspektor und weiteren überlokalen Größen, die die Leute hier «anzufrischen» hatten, dürfte auch nicht nur interessant, sondern auch zweckmäßig, vielleicht sogar notwendig gewesen sein.

Den einmal eingeschlagenen, für richtig und erfolgreich befundenen Weg setzte der König unbeirrt fort. In seiner sechsundzwanzig Jahre später erlassenen Instruktion vom 8. Dezember 1779 wird denn gefordert, «daß mehr Maulbeerbäume gepflanzet und solche Oculiret werden. Wie denn unter andern in der Gegend zwischen Potsdam und Werder eine Plantage von wenigstens 6/m [6 000] Stück Maulbeerbäume angelegt werden kann, die, wenn man den Baum auch nur zu 6 Gr. Nutzen anrechnet, doch immer einen Gewinnst von 15 000 Thlrn. bringt, aus dem Sande, woraus die Leute jetzt gar nichts ziehen können.»

Auch dem kühlen Rechner Damm werden derartige Überlegungen nicht fremd geblieben sein, und weshalb hätte er aus der Freßgier von Seidenraupen keinen Nutzen ziehen sollen?

Leopold von Ranke lenkt unsere Aufmerksamkeit auf eine weitere Gemeinsamkeit zwischen dem Preußenkönig und Verleger Damm, wenn er über die entsprechenden Verordnungen und Maßnahmen Friedrichs II. urteilte: Wie «wichtig es ihm schien, den Maulbeerbaum zu pflegen, der schon einige überaus strenge Winter im Lande überdauert hatte; wie manchen Platz verschenkte er hierzu an Privatleute; die Gemeinden und Schullehrer, die Amtleute bei Erneuerung ihrer Pacht wurden dazu aufgefordert. Er hoffte, die Seide, deren das Land bedürfe, vielleicht einmal innerhalb desselben zu erzeugen; bis es dahin käme — denn die Stadtwirthschaft der Zeit hieß auch solche Manufacturen gut, zu denen man das Material nicht im Lande finde, sondern kaufen müsse —, wurden die Seidenfabriken mit Eifer befördert.»

«… und bauet sich selbst ein Haus»

Als guter Preuße war Peter Friedrich Damm, Urahn und Schöpfer des heute noch immer respektabel anmutenden Bauwerkes, natürlich auch konfessionell gebunden. Es ist dokumentarisch verbürgt, daß er die deutsche Sprache schriftlich beherrschte und somit auch die Bibel, wenn wir von den königlichen Dekreten einmal absehen wollen, zu lesen verstand. In ihr stehen bekanntlich nicht nur solche umstrittenen Verheisungen und Gebote wie die des Lukas vom «Otterngezücht, das dem zukünftigen Zorn nicht entrinnen werde», «von Röcken und Speisen, die man mit den Armen teilen soll», «von der Verwerflichkeit, Gewalt und Unrecht zu tun», sondern auch viel prosaischere und deshalb nützlichere, so bei Macabäer Kapitel 13, Vers 48: «... und bauet sich selbst ein Haus». Das war solide und erdenfest gedacht, selbstredend der noch konkretere Jeremias-Text: «Wohlan, ich will mir ein großes Haus bauen und weite Paläste»; beachtenswert auch der Ratschlag: «Durch Weisheit wird ein Haus gebauet, und durch Verstand erhalten», und auch der: «Durch ordentliches Haushalten werden die Kammern voll aller köstlicher lieblicher Reichtümer».

Es läßt sich nur vermuten, wie Damm es mit dem Otterngezücht, der Selbstlosigkeit und ähnlichen Ermahnungen und Geboten gehalten hat, doch in manchem ist er Macabäus, Jeremias und Salomon sicher vorangestürmt. Schon vor 1760 hatte er sich am Ufer des Möllensees ein für dortige Verhältnisse respektables Fachwerkwohnhaus einschließlich Nebengebäuden errichten lassen; ab 1759 war er zudem noch Besitzer einer Orangerie und eines Gärtnerhauses geworden. «Schloß» Dammsmühle war entstanden; vorerst noch als «großes Haus» im Sinne von Jeremias, und als Palast sollte sich 1760 das Prunkstück in Berlin, Breite Straße 11, das spätere Ermelerhaus, dazugesellen. Der Umbau des städtischen Gebäudes nach Damms Vorstellungen begann vermutlich in eben diesem Jahr und wurde von dem Architekten Friedrich Wilhelm Dieterichs (auch: Dietrichs, Dieterichs) vollzogen. Noch vor 1760 ließ Damm sein Besitztum am Möllichen durch Ölbilder verewigen. Jetzt war er Schloßherr — von des Königs und des Leders Gnaden.

Die große Bedeutung von Dammsmühle im Leben seines Schöpfers zeigt sich nicht zuletzt daran, wie sich dieser Gutshof und Landsitz in der künstlerischen Innengestaltung des Dammschen Hauptwohnsitzes in der Breiten Straße zu Berlin widerspiegelt fand. Eindeutig ist überliefert, daß Damm von all den Gewinnlern, die an Friedrichs Feldzügen wirtschaftlich partizipierten und lukrative Geschäfte machten, sein Berliner Gebäude mit wahrhaft königlichem Kunstsinn zu gestalten verstand. Dieses unter dem Namen seines späteren Besitzers als Ermelerhaus bekannt gewordene Ge-

49

Dammsmühle 1760

bäude gilt noch heute als Kleinod bürgerlicher Baukunst, es gehört zum
Stolz der Berliner Territorial- und Kunstgeschichte.

Der einstige Berliner Genealogie-Dozent Haase-Faulenorth hob in seinem nach offenkundig jahrelangen Forschungen 1934 erschienenen Werk
«Gräfin Lichtenau. Ein Schicksal zwischen den Zeiten» eine «Kette von
herrlich eingerichteten Räumen» des Dammschen Domizils hervor, darunter ein Schlafzimmer. Er charakterisierte es als «die Krone des ohnehin
prächtigen Hauses, (es) stellt eine von Hunderten gemalter Blüten und
Ranken gebildete Rosenlaube dar, durch deren Blumenwerk man, in fabel-
hafter Perspektive weit ins Land schauend, Ausblick auf einen ebenfalls
gemalten Landsitz mit Park, gondelbelebtem See und Gutshof hat:
Dammsmühle, ein Besitz des Hauserbauers».

Allerdings unterschied sich «Schloß» Dammsmühle kaum von ähnlichen Gebäuden, deren Besitzer sich sogar gegen die Bezeichnung Schloß
verwahrt hatten. So ließ Wilhelm von Humboldt zu Beginn des 19. Jahrhunderts in Tegel einen Bau errichten, der ähnlich anspruchslos wie
Dammsmühle war, dabei aber höchstes ästhetisches Gefühl ahnen läßt. Er
wandte sich aber dagegen, daß man das «Haus», wie er sein selbstgeschaf-

50

Dammsmühle 1841

fenes Gebäude nannte, als «Schloß» bezeichnete. «Es hat mich gefreut», schrieb er im Dezember 1825 an Charlotte Diede, «daß die Kupferstiche von Tegel Ihnen Freude gemacht haben, ich hatte das gewünscht und erwartet, aber nicht, daß Ihnen das Haus ein so stattliches Schloß scheint.» In der Gegend habe es einst «das Schlößchen Tegel» geheißen. «Jetzt fangen die Leute an, es Schloß zu nennen. Ich habe das nicht gern».

Damms bereits erwähntes Wohnhaus in Fachwerkbauweise findet sich, mit einem Walmdach versehen, auf einem Aquarell von A. Walter aus dem Jahre 1841; nach wie vor handelt es sich um einen Putzbau von offenkundig gleichen Ausmaßen. Die Hausfront ist durch einfache hervortretende Mauerstreifen (Lisenen) aus Putz gegliedert, die Tür und zwei Fenster des Untergeschosses sind mit geschweiften Verdachungen versehen, über denen sich Putzfelder befinden. Das Innere des Gebäudes wurde durch einen 64,5 Fuß langen und 34 Fuß breiten Saal bestimmt.

Über die ursprüngliche Rolle dieses Saales und fast analoger Räume ist in einer anderen Quelle zu lesen: «Zeitlich genommen liegt der Höhepunkt des Gartensaales etwa um die Mitte des 18. Jahrhunderts.» Ein solcher Saal «findet sich noch bei einer ganzen Anzahl von Herrenhäusern

51

aus der Zeit des Klassizismus bis weit in das 19. Jahrhundert hinein ...»
Spezifisch auf Dammsmühle bezogen, als Schönwalde angesprochen,
schrieb der Autor dann weiter: «Bisweilen wiederholt sich der Gartensaal
im Dach- bzw. Obergeschoß in einem ähnlichen Raume, dem sogenannten
Theatersaale. Hier versuchte man mit mehr oder weniger Glück und Ge-
schick die französischen Gesellschaftsformen in der Aufführung von Ko-
mödie und Schäferspiel nachzuahmen. Diesen Theatersaal finden wir z. B.
im Dachgeschoß von Schönwalde. Hier erkennt man in den kleinen, seit-
wärts liegenden Kammern noch deutlich die Räume, die zum Umkleiden
und Schminken dienten.» Hinsichtlich der Innengestaltung verdient auch
dieser Satz beachtet zu werden: «In Herzogswalde und Schönwalde begnügt man sich noch der Betonung der Decke und des Kamins durch
wuchtigen Stuck; in Meseberg aber werden auch die Wände gegliedert ...»

Für Vermutungen über das Verhältnis zwischen «Repräsentation» und
«Geselligkeit» sowie Ökonomie auf Dammsmühle insbesondere in den
zwanziger bis etwa sechziger Jahren des vorigen Jahrhunderts sowie um
die Wende zum 20. Jahrhundert, in der ein Wollank das Haus regieren
sollte, gibt die Bemerkung Spielraum: «In wenigen seltenen Fällen begnügt
man sich auch nur mit einem angebauten Wirtschaftsflügel (Alt-Madlitz,
Plessow und Schönwalde).»

Unter Berücksichtigung auch der Tatsache, daß das Besitztum Dammsmühle 1840 König Friedrich Wilhelm IV. zum Kauf angeboten worden
war, demzufolge für preußische Begriffe recht ansehnlich gewesen sein
mußte, ist anzunehmen, daß manche der Dammschen Nachfolger, seine
Witwe eingeschlossen, im Sinne der eingangs zitierten Prophetenworte zu
handeln verstanden — zumindest soweit sie den Bau und Ausbau von
Häusern betrafen. Auch durch die Kultivierung von Grund und Boden trugen sie dazu bei, Teile der märkischen Sandwüste umzugestalten.

«Schon vor einigen Jahren», stand in dem 1790 erschienenen Garten-
büchlein des märkischen Landrats Leopold von Reichenbach zu lesen,
«hatte die Mark Brandenburg keine Gärten im guten und verbesserten Geschmack. Königliche und Privatgärten waren durch hohe Mauern eingeschlossen, durch gerade Heckenwände verunstaltet, durch verstümmelte
Bäume entschattet und durch trübes und stehendes Wasser ungesund gemacht.» Jetzt, schrieb Reichenbach weiter, sei das gottlob anders. «Die
Mark Brandenburg verschönert sich jeden Tag und hat schon jetzt einige

vortreffliche Originalanlagen. Herrliche Landhäuser im Geschmack der edlen Baukunst erheben sich schon hin und wieder aus neugeschaffenen Gärten … und sind sichere Beweise, daß der Brenne (Preuße) die schöne Gartenkunst ebenso sehr zu lieben anfängt, als der Brite sie seit einem Jahrhundert geliebt hat.»

Diese bescheiden gehaltene zeitgenössische Würdigung, der erfreulicherweise Selbstgefälligkeit abgeht, sollte im Zusammenhang damit gesehen werden, daß von «einer eigentlichen Entwicklung der Herrenhäuser und Schlösser … jedoch erst seit dem Ausgang des 17.Jahrhunderts, also seit der Barockzeit», gesprochen werden kann. «Italienische, französische und holländische Anregungen», schreibt der Architekt Müther, «die teils durch fremde Baumeister, teils durch die weitgereisten Bauherren vermittelt wurden, führten auch in Brandenburg zur Anlage großzügiger und symmetrischer Kompositionen mit Mitteldiele, auch eigentlich zum axialen Treppenhaus und einem Gartensaal hinter der Eingangsdiele oder neben dieser, bei zweigeschossigen Anlagen zusätzlich zu dem Mittelsaal im Obergeschoß. Entsprechend ihrer Lage bekamen auch die Treppen größere Bedeutung und erfuhren Betonung durch bevorzugte Gestaltung. In den Herrenhäusern stellte man sie meist aus Eichenholz her. Verglichen mit den … Grundrissen ist also die Diele geteilt, und den seitlichen Räumen sind weitere gefangene Zimmer angeschlossen, so zum Beispiel im Schloß Schönwalde … Solche haben sich bis ins 19.Jahrhundert hinein erhalten».

Als im gesellschaftlichen Machtkampf erprobter nunmehriger Schloßherr wird Damm gewußt haben, wie er sich zu präsentieren hatte, nicht zuletzt da es zu jener Zeit bei den «Spitzen» dieser Gesellschaft Mode wurde, die Berliner Umgebung mit ihrer Anwesenheit zu beehren. Dammsmühle, reizvoll gelegen, wurde ein beliebter Aufenthaltsort der Gattin Friedrichs II., der Königin Elisabeth Christine und ihres Hofgefolges, die ansonsten im recht nahe gelegenen, 1704 entstandenen und 1764 zum Lustschloß umgebauten Schloß Niederschönhausen recht frohe Tage verbrachte, wie der des späteren Königs Friedrich Wilhelms IV. Schließlich, aber wohl erst nach Damms Tod im Jahre 1776, der Geliebten König Friedrich Wilhelms II., des Nachfolgers des Großen Königs, der Gräfin Lichtenau. Auf diese Dame kommen wir, da sie eng mit Dammsmühle und gewissen gesellschaftlichen Erscheinungen Berlins verbunden war, bald näher zu sprechen. Die Vorteile, die sich für Damm aus der Verkettung:

Gamaschen des Grenadiers — Lächeln und Taille mit Adelsprädikaten behafteter Zierpuppen und Xanthippen ergaben, sind hoch zu bewerten, wenn auch inzwischen fast vergessen.

In der Nähe ein Spinnerdorf

In Verbindung mit dem Namen Damm tauchte auch das Dorf Schönwalde auf. Diese Ortschaft trat auf Grund eines königlichen Befehls vom 28. März 1753 nach einer vom Kriegs- und Domänenrat Pfeiffer entworfenen, am 20. Mai 1753 von der Kriegs- und Domänenkammer ausgefertigten und am 29. Mai 1753 von Friedrich II. bestätigten und vollzogenen «Erblichen Verschreibung», in der die Pflichten und Rechte des Schulzen und der Gemeinde des Dörfchens festgelegt wurden, offiziell in Erscheinung.

Der Name Schönwalde geht auf den Amtsrat Schönwald zurück, der damals Oberamtmann in Mühlenbeck war und die Gründung des Ortes leitete. Die Vorarbeiten zur Errichtung dieses Dorfes begannen 1750. Zu dieser Zeit hatte das Amt Mühlenbeck zu untersuchen, ob in seinem Bereich Leineweber oder Spinner angesiedelt werden könnten. Nach Vollzug der entsprechenden Studien wurde am 12. Dezember 1752 dem Förster Lemonius befohlen, unweit der Ruinen einer askanischen Besiedlung aus dem 13. Jahrhundert (ein dortiger Feldteil trägt noch heute den Traditionsnamen «Altenhof») einen größeren Posten Erlen und Buchen zu fällen und das gewonnene Holz zum Bau von 50 Doppelhäusern des Spinnerdorfes bereitzustellen.

Als erster Schulze des neuen Dorfes wurde bereits am 30. Januar 1753 Ludwig Meschker durch den Rat Pfeiffer «angenommen und bestellt». Er sollte zugleich das Amt des Spinnmeisters ausüben und erhielt zum «Abmachen der Polizei- und Bagatellsachen» acht Gerichtsschöffen zur Unterstützung.

Die bemerkenswerte Schnelligkeit war geboten; denn bereits im Frühjahr kamen die ersten Ansiedler, durchweg ausländische Kolonisten. Schon im Jahre 1747 hatte Friedrich II. Edikte erlassen, aus denen hervorgeht, daß der Gewinnung ausländischer Fachkräfte besondere Aufmerksamkeit geschenkt wurde. In einem dieser Edikte aus dem Jahre 1748 versicherte der Monarch u. a., «1.) daß alle Fremde mit gutem Vermögen in Dero Länder einziehende Familien und einzelne Personen, nebst jenen Ihrigen, von allen gewaltsamen Werb- und Enrollirungen gänzlich befreyt

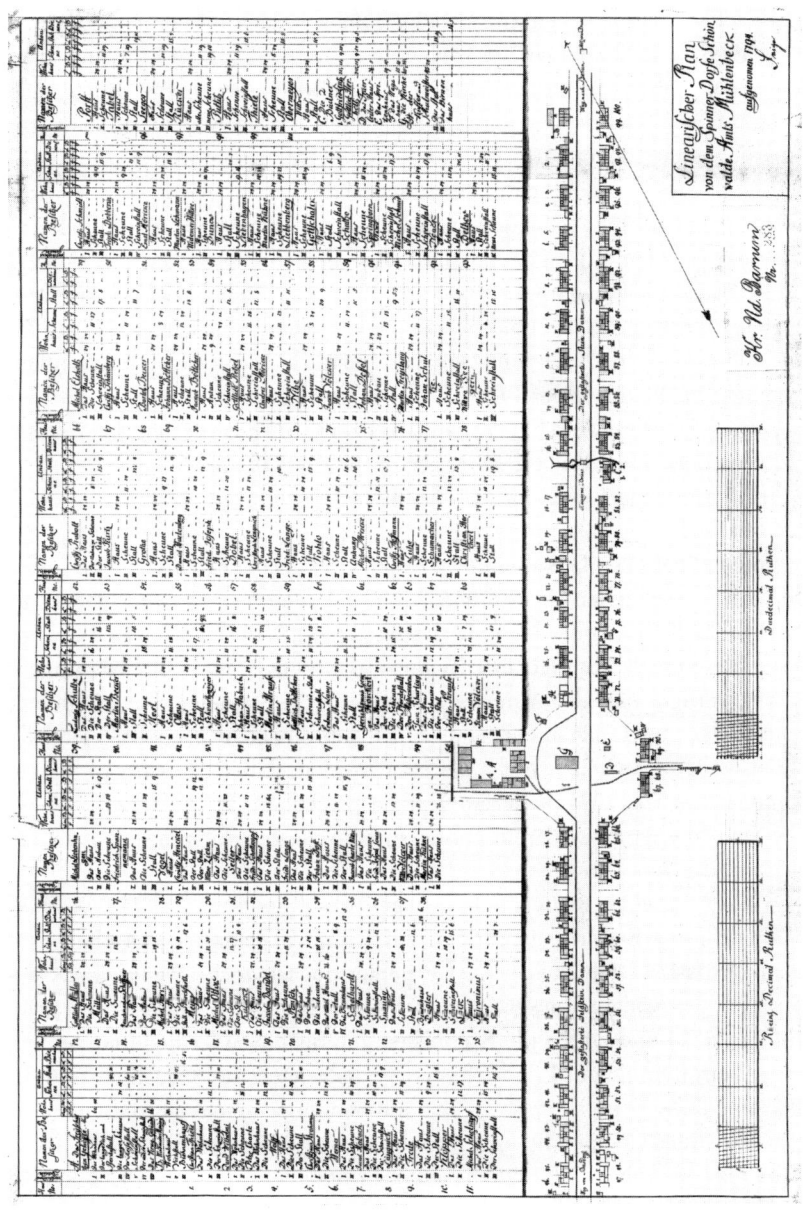

Schönwalde bei Mühlenbeck, Lageplan 1794

seyn sollen. 2.) Sie sollen zwey völlige Jahr von allen bürgerlichen Lasten, sie haben auch Namen wie sie wollen, befreyt seyn. 3.) Und weil auch hierunter sogar die Consumtions-Accise zu verstehen ist: so soll ihnen nach Anzahl der mitgebrachten Personen zugänglich ausgerechnet und der Ertrag davon aus denen Accise-Cassen der Oerter, wo sie sich niederlassen, ein Jahr voraus bezahlt und das andere Jahr solches wiederholt werden, folglich sie dadurch dasjenige, so sie in der Zeit zur Accise tragen müssen, vergütet erhalten. 4.) Sollen auch alle ihre mitgebrachten Haabseligkeiten, so sie zu ihrem eigenen Gebrauch und nicht zum Handel haben, bey dem ersten Eintritt in die Preußische Länder von allen Abgaben frey seyn. 5.) Sie sollen auch frey seyn vom Soldaten-Servis, so lange sie nicht öffentlich Handel und Wandel oder Bürgerliche Nahrung treiben, noch sich mit bürgerlichen Häusern ansässig machen. Thun sie aber dergleichen, so sollen sie dem ungeachtet noch 2 Jahre davon befreyet bleiben.»

In dieser Tonart und mit ähnlichen Versprechungen ging es in diesem Dekret weiter.

Auch in späteren Dokumenten wurden entsprechende Zusagen gegeben. In einer königlichen Instruktion vom 8. Dezember 1779, gegeben in Berlin, hieß es fordernd und argumentierend zugleich: «Endlich ist auch Se. Königl. Maj. Höchste Willens Meynung, wenn Colonisten angesetzt werden, daß der Ministre sowohl wie die Cammer darnach sehen sollen, daß die Leute nicht zu früh zu den Abgaben gezogen, vielmehr ihnen einige Freyheiten mehr gestattet werden, daß sie besser im Stande kommen, sich künftig besser souteniren [zu behaupten – d. Verf.]. Denn Sr. Maj. Idée ist mehr darauf gerichtet, dero Staaten volkreich zu machen, wie auf das Interesse.»

Viele Menschen folgten den Zusagen des Königs und seiner Werber. Manche ihrer Erwartungen trafen ein; Können, Einsatzbereitschaft und auch Anpassungsfähigkeit trugen Früchte; doch manche Sachzwänge, denen sich der König ausgesetzt sah, insbesondere in wirtschaftlichen Fragen, werden auch und zuerst die Kolonisten, die Schönwalder nicht ausgenommen, betroffen haben. Friedrichs Kriege belasteten die Staatsfinanzen; arbeitsunwillige Beamte sträubten sich mit den ihnen gemäßen Methoden gegen die Belastungen, die die obrigkeitlichen Pläne mit dem ins Land geholten «liederlichen Gesindel» mit sich brachten; unter den Kolonisten, die bei der Trockenlegung von Gebieten im Oderbruch und beim Bau des Finow-Kanals eingesetzt waren, machten sich Krankheiten breit; eine nicht unbedeutende Rolle spielte der Neid, der von alteingesessenen Bauern den manchmal bessergestellten Zugewanderten entgegengebracht wurde. Im Interesse der Macht und der Autarkie seines Landes siedelte Friedrich II. viele Facharbeiter, die keine Wohlstandsbürger waren, in geschlossenen Ortschaften an. Die Sicherung und Erhöhung der Macht stand, stellte Leopold von Ranke fest, unter den Interessen des Königs an erster Stelle: so sehr die «Entwicklung der commerziellen Kräfte … auch befördert wurde, war das doch nur ein Bestreben zweiter Ordnung; der Sinn des Ganzen ging vielmehr auf die Hervorbringung der Macht und der unmittelbar für dieselbe erforderlichen Mittel».

Da die Berliner Weber, die einen Großteil der in dieser Stadt ansässigen Arbeiter ausmachten, mehr Garn verarbeiten konnten als sie geliefert bekamen, der Bedarf insbesondere der Armee an textilen Stoffen verschiedenster Art aber enorm groß war, ließ Friedrich II. Spinner- und Weberdörfer wie Adlershof, Alt-Glienicke, Buchholz, Friedrichshagen, Niederschöneweide, Johannisthal, Marienwerder, Sachsenhausen und auch Schönwalde förmlich aus dem Boden stampfen. An der Gestaltung der Ortsbilder waren auch preußische Landbaumeister beteiligt. Nennenswerte Parks, an deren Anlage z. B. Peter Joseph Lenné und andere Meister ihres Faches beteiligt waren, finden und fanden sich in Fredersdorf, Lanke, Oranienburg, Schöneiche, Schönfließ, und bei Dammsmühle. Auch Zinngießer, Glockengießer und Silberschmiede belieferten die neuen ländlichen Gemeinden, suchten Gunst und Verdienst bei den Armen wie den Reichen.

Als die ersten ausländischen Ansiedler erschienen, mußten sie zunächst auf den Mühlenbecker Amt untergebracht werden: ihre Wohnungen waren noch nicht fertig. Die Leute wurden sogleich bei der Fertigstellung der Doppelhäuser (unter jedem Strohdach befanden sich immer zwei nebeneinanderliegende, überaus schlichte Wohnungen) eingesetzt. Die Wände bestanden aus Lehmfachwerk. Eine massive Brandmauer trennte die in der Mitte gelegenen Flurgänge, hinter der sich die Küchenräume befanden, während eine Stube an der Straßenseite und eine Kammer dem Hof zu lag. Kein Doppelhaus durfte mehr als 150 Taler kosten. Zu jedem Haus gehörten eine Scheune, ein Kuhstall und ein Morgen Gartenland. Abgaben auf die Häuser brauchten nicht entrichtet zu werden. Den Besitzern war es nicht gestattet, sie ohne Genehmigung der Kriegs- und Domänenkammer zu veräußern, zu verkaufen, sie zur Hypothek zu setzen oder Geld auf sie aufzunehmen. Raff-, Lese- und Stubbenholz für die Feuerung erhielten sie aus dem Königlich-Mühlenbeck'schen Forst kostenlos, für erforderliches Bauholz brauchten sie nur ein Drittel des üblichen Preises zu zahlen.

Von Anfang an war das Dorf regelmäßig angelegt worden, d. h. eine breite Straße, die in ihrer Mitte rechtwinklig geschnitten wurde, war beiderseits von einfachen Häusern gesäumt. Die Kreuzung war ein achteckiger Platz, in deren Mitte nach Osten hin verschoben sich das Bethaus, die spätere Kirche befand.

Von den eingeschossigen Häusern des großzügig längs der Straße angelegten Dorfes waren bis 1939 nur noch wenige erhalten, und diese z. T. erneuert. Einige waren noch wie zu ihrer Gründungszeit mit Stroh gedeckt und besaßen noch die ursprünglichen einfachen, recht ansprechenden Haustüren.

Den standardisierten und typisierten Charakter dieser Dörfer zeigt ein Vergleich von Schönwalde mit dem Spinnerdorf Sachsenhausen, das ebenfalls 1752/53 im Amt Oranienburg für sächsische, badische und württembergische Siedler errichtet wurde. 1939 waren in seiner ehemaligen Friedrichstraße die meisten Gebäude aus der Gründerzeit noch erhalten. Es waren ebenfalls Doppelhäuser einfachster Art mit Satteldächern; auch die beiden Haustüren lagen nebeneinander in der Mitte.

Schönwalde war dem Amt Mühlenbeck unterstellt. Alle Neuankömmlinge wurden hier geprüft, ob ihre Angabe, Ausländer zu sein, auch stimmte und ob sie erst kürzlich nach Preußen gelangt seien. Das mußten sie durch entsprechende Dokumente belegen. Erst nachdem sie über ihre Pflichten und Rechte eines Kolonisten genau informiert worden waren, wurde ihnen ein Haus angewiesen. Der Zustand des Gebäudes wurde protokollarisch erfaßt und der Kolonist hatte eine entsprechende Unterschrift zu leisten. Daß er seinem neuen Landesherrn den Untertaneneid zu leisten hatte, versteht sich von selbst.

Nur die Frauen waren in Schönwalde zum Spinnen verpflichtet, während die Männer, ihrem Kolonistenstatus gemäß frei, beliebigen Tagelohnarbeiten nachgehen konnten, soweit sie solche fanden. Auch waren Männer, Frauen und Kinder frei von Erbuntertänigkeit, unter der die Bewohner der Nachbardörfer zu leiden hatten.

Vermutlich wird vielen Männern nichts anderes möglich gewesen sein, als ebenfalls dem Spinnen nachzugehen. Überhaupt wurde das Spinnen unter Friedrich II. groß geschrieben: Da z. B. die materielle Lage insbeson-

dere verheirateter Soldaten bei ihrer Löhnung von zwei Talern monatlich
überaus kümmerlich war und ihre in den Kasernen wohnenden Frauen
nur das Recht auf Obdach und eine Bettstelle hatten, nicht hingegen an
Holz, Licht und Bettzeug, betrieben sie in den Garnisonen allerlei Gewerbe, insbesondere die Höckerei. «Auf einen weiteren Nebenverdienst
deutet ein Schreiben des Königs vom 4. Mai 1764 an den General Lölhöf-
fel, Kommandeur des Kürassier-Regiments Nr. 5, worin es heißt: ‹Soldaten-
weiber und Soldatenkinder sollen spinnen, auch die Soldaten, damit sie
sich etwas verdienen›.»

Einige Männer mögen auch bei Damm die Möglichkeit erhalten haben,
für Taglohn zu arbeiten; er wird niedrig gewesen sein, da es an verfügba-
ren Arbeitskräften sicher keinen Mangel gab, wenn auch nicht übersehen
werden sollte, daß die Arbeit in der Walkmühle eine gewisse Anlernzeit
und Anstelligkeit voraussetzte. Über die Frauen und Kinder aber heißt es
in einem Bericht aus jenen Tagen: Sie «sind schlechterdings schuldig, jahr-
aus, jahrein sich mit dem Wollespinnen zu beschäftigen. Der Schulze muß
von demjenigen Fabrikanten, an den er gewiesen wird, immer eine gehö-
rige Quantität Wolle vorrätig haben. Er hat die Wolle auf seine Kosten aus
Berlin zu holen und das Gesponnene wieder dahin zu schaffen. Er hat die
Spinner in Ordnung zu halten und zu beaufsichtigen, daß keine andere als
die ausgegebene Wolle gesponnen und so wenig durch Nässe als durch
Sand verfälscht wird. Die Haspel muß genau 4 Ellen lang sein, und aus
einem Pfund Wolle sind 10—14 Garn zu spinnen. Jeden Freitag hat er den
Spinnern ihr verdientes Geld zu zahlen, und zwar für jedes Stück, wenn es
4 Ellen lang, 20 Fitzen — jede Fitze 40 Fäden — stark, einen Groschen,
für schlecht gesponnenes Garn ist den Spinnern das erste Mal der Schaden, welcher dem Fabrikanten daraus erwächst, vom Lohn abzuziehen;
das 2. und 3. Mal erhalten sie außerdem noch Gefängnis».

Wie sehr ähneln diese sachkundigen Worte denen einer ausländischen
Darstellung. In einem Werk des Bewunderers Friedrichs II. und bedeutenden Politikers der französischen Revolution, des Grafen Mirabeau, über
die preußische Monarchie und «die feinen Lenkseile, welche jenes Räderwerk von Staat zum Erstaunen Aller bewegten», heißt es über das Los der
Spinner: «… welch mühseliges Leben!» Neben seinen vielfachen anderen
Obliegenheiten: er muß «spinnen … und zwar mit größter Beharrlichkeit.
So geht denn der Bauer im Winter um Mitternacht oder ein Uhr zur Ruhe
und steht 5 oder 6 Uhr auf; oder aber er legt sich um 9 Uhr und steht

2 Uhr auf und so alle Tage seines Lebens, abgesehen vom Sonntag. Dies Übermaß von Wachen und Arbeiten verbraucht den Menschen, und so kommt es, daß auf dem Lande Männer und Frauen viel früher altern, als in der Stadt».

Die eingangs erwähnten ökonomischen Zwänge haben um das Spinnerdorf Schönwalde keinen Bogen gemacht. Anfängliche Vergünstigungen wurden Opfer der rasch vergehenden Zeit; häufige Absatzstockungen, Veränderungen der Produktionsprofile, mannigfache Abhängigkeiten von den wenig günstigen territorial-wirtschaftlichen Gegebenheiten führten zu familiären Katastrophen, deren alleinige Nutznießer die Verleger waren, unter ihnen auch der «Fabriquante» Damm, und — die preußischen Steuerbehörden.

Nach einer neuen Reise im Jahre 1831 schrieb der Meisterdichter und Kenner von 29 Ländern Hans Christian Andersen, an einen alten Schulmeister denkend und mit ihm sagend: «Hier ist ein schöner Platz, von dieser Herrlichkeit könnten doch viele Menschen zehren!» Das hätte auch auf das Schönwalde jener Jahrzehnte gemünzt gewesen sein können, wie aber auch jene Worte, die Andersen den angedachten Worten des Lehrers hinzufügte: «Aber wie gering ist doch die Zahl derjenigen, die alle das Prächtige zu sehen bekommen, womit Gott unsere Erde geschmückt hat! Im Grunde ist der Unterschied zwischen dem Menschen und dem Hunde, der, an sein Hundehaus gekettet, nur ein paar Sprünge auf seinem gewöhnlichen Tummelplatz machen kann, doch nur klein.»

Im Schönwalder Archiv befinden sich acht Bücher mit den Namen von etwa 6 000 Verstorbenen dieses Dorfes. Die erste Eintragung hält den Namen der ersten Toten fest: «Rosina Magdalene Stecken, Heinrich Stecks, des Einwohners Töchterlein, starb den 13. Februar 1755, abends 6 Uhr an den Zähnen und wurde den 16. ejusten (August — d. Verf.) beerdigt. N. B. Bei Beerdigung dieser Leiche wurde der neue Gottesacker eingeweiht mit einer Rede über Matth. 27 Vers 7. Sie kauften den Acker zum Begräbnis der Pilger.» Der angegebene Bibelvers lautet: «Sie hielten aber einen Rat, und kauften einen Töpfers-Acker darum zum Begräbnis der Pilger.»

Auffallend an den Gedenkbüchern ist die herauslesbare hohe Kindersterblichkeit in jener Zeit. Noch im Jahre 1856 befanden sich unter 59 Beigesetzten 31 Kinder. In Schönwalde wurde, wie überall in Preußen und anderen deutschen Staaten, wie in Frankreich, England, Österreich, Rußland, die Arbeit der Kinder rücksichtslos ausgebeutet. Unter besonderer

Berücksichtigung der Wollindustrie hebt Mottek hervor: «Stark verbreitet und sogar staatlich gefördert war in Brandenburg-Preußen genau wie anderswo die Ausbeutung von Kindern.» Es erscheint angebracht, dem zitierten 7. Vers des Matthäus den 8. Vers nachzusetzen: «Daher ist derselbige Acker genannt der Blutacker.»

«Betet viel und redet wenig»

Seit 1754 wurden in Schönwalde Kirchenbücher geführt. Um 1778 wurde für die damals etwa hundert Spinner-Familien ein neues Bethaus (Kirche) konzipiert und 1780/82 als Tochterkirche von Bernau errichtet. Es bestand fast völlig aus Holz, trug ein Dach aus steinernen Schindeln und hatte eine Grundfläche von 65:36 Fuß. Erst 1866 wurde Schönwalde selbst Pfarrdorf. Damit bekam es auch Anspruch auf eine Kirchenglocke. Sie wurde 1870/71 vom «Bochumer Verein für Bergbau und Gußstahlproduktion» aus Stahl gegossen, war ornamental geschmückt, besaß aber keine Inschrift, auch nicht den Namen des Gießers. Das Kirchsiegel beinhaltete ein Segelschiff unter Strahlensonne.

Der Bau, wie er sich noch 1939 zeigte, wurde 1843 errichtet: ein nüchterner rechteckiger Saal war im Außenputz durch einfache spätklassizistische Formen gegliedert. Der schlichte Kanzelaufbau vom Ende des 18. Jahrhunderts wurde in den Neubau einbezogen, desgleichen ein aus Oberitalien stammendes Gemälde vom Anfang des 16. Jahrhunderts, eine Muttergottes mit Jesuskind und Johannisknaben darstellend (Öl auf Leinwand, 73:56 cm), ferner: ein Ölgemälde aus der zweiten Hälfte des 18. Jahrhunderts (Kreuzigung, 80:65); ein versilberter Messingkelch aus der Zeit um 1790; zwei Altarleuchter aus Holz mit Messingbeschlägen und Kerzenhalter in Vasenform, um 1800; ein hölzerner Kronleuchter, geschnitzt, vergoldet und bemalt, aus der zweiten Hälfte des 18. Jahrhunderts, dessen Herkunft aus Schloß Dammsmühle für möglich gehalten wird; ein Kronleuchter aus Messing, versilbert und aus Teilen zusammengesetzt, die verschiedenen Zeitperioden anzugehören scheinen: eine der Schmuckformen wohl um 1720 gefertigt; schließlich eine schlichte Tafel zum Gedenken an die Gefallenen des Befreiungskrieges von 1813. Dergestalt dürfte die Kirche von Schönwalde als ein Spiegelbild der bescheidenen Verhältnisse des Dorfes anzusehen sein.

Die schon mehrfach herangezogene Chronik der «glorreichen Taten» des Preußenkönigs wirft auch ein gewisses Licht auf die Funktion, die der protestantischen Religion im Lichte der politischen Interessen des Monarchen beigemessen wurde. Hier sei lediglich das Marginal erwähnt, das Friedrich II. auf einen Bericht seines Kultusministers von Zedlitz kritzelte, in dem dieser einen Feldprediger zum Professor der Theologie an der Univerisät Königsberg vorschlug. Das Marginal lautete: «Ein Theologus ist leicht zu finden, das ist ein Thier sonder Vernunft.» Diese Worte schrieb ein vom Leben schwer gebeutelter, aber noch immer hellwacher und für jene Tage aufgeklärter König am Ende seiner Zeit. Am 15. August 1741 hingegen, also noch zu Beginn seiner fürstlichen Laufbahn, ließ sich Friedrich II., vertreten durch Oberst Heinrich August de la Motte-Fouqué, in der schlesischen Stadt Schweidnitz vom neu eingesetzten Ratskollegium, der Bürgerschaft und der Geistlichkeit beider Konfessionen die Treue geloben. Fünf Tage später fand ein Dank- und Huldigungsfest in der Kirche statt. Dieses Ereignis ist im Hinblick auf das bald entstehende neue Dorf Schönwalde insofern von Bedeutung, als sich Schlüsse auf die, im modernen Sinn formuliert, politische Funktion, die der Geistliche auch in diesem Ort wahrnehmen sollte, ableiten lassen. Der Schweizer Primario (Oberpfarrer) Magister Gottfried Balthasar Scharf hielt die Festpredigt, die anschließend auf drei Quartbogen im Drucke erschien. Den zahlreich versammelten Gemeindemitgliedern legte er nahe: «Betet viel und redet wenig. Fürchtet Gott, und ehrt den König.»

Wer möchte daran zweifeln, daß auch die Schönwalder Kolonisten, des Preußenkönigs neue Untertanen, in ihrer Ortskirche Verse wie der nachfolgende Schluß einer Kantate absangen:

«Wenn wir unsern König nennen,
Müssen wir auch frey bekennen,
Daß er unvergleichlich sey.
Nichts fehlt mehr,
Als unsern Königs lang und Glor= reich Leben.
Um dieses flehen wir GOtt wird es ihm auch geben.
Choral.
Gib unserm König und aller Obrigkeit und Erbarkeit. Amen.»

Mehr konnten eigentlich weder der König, noch der Dorfschulze, der Pfarrer, der Schulmeister (zugleich Kantor), und auch nicht der großmächtige Fabrikant Damm verlangen.

Für die Geschicklichkeit, mit der Friedrich II. vor den Untertanen seine Stellung zum gemeinsamen Herrn zu bestimmen wußte, spricht ein Kir-

Kriegsbeschädigte Büste Friedrichs II.
vom ehemaligen Denkmal im Zentrum von Schönwalde

chengebet, das er während des Zweiten Schlesischen Krieges zuerst bei
der Armee, nachher in allen Kirchen seines Herrschaftsbereiches, einfüh-
ren ließ. Ursprünglich forderte das Gebet: «Insonderheit laß dir, o Gott,
empfohlen sein Ihro Majestät, unsern teuersten König». Während bisher
des Monarchen Name folgte, ordnete der König nach einiger Zeit den klü-
geren, Bescheidenheit bekundenden Chorus an: «Insonderheit laß dir, o
Gott, empfohlen sein deinen Knecht, unsern König.»

Krieg, Armee, Gebet ... Die vermutlich im Volke dominante Stimmung
dürfte wohl ein um 1760 entstandenes Lied wiedergeben, das bat und
klagte:

«Friedrich, o du großer König,
Stecke doch dein Schwert nun ein,
Denn wir haben doch nur wenig,
Was dir könnte dienlich sein.
Alles wüste, alles leer —
Länger geht das so nicht mehr.»

63

Da war doch noch ...

Die Kolonisten brachten nicht nur Kinder mit in ihre neue Heimat, sondern brachten sie naturgemäß auch hier zur Welt. Die erste Geburt in Schönwalde erfolgte am Abend des 30. Juni 1754. Es war Jacobine Dorsten, Kosima Ungers und Jacob Dorstens, eines Einwohners, eheliche Tochter, die zu dieser Stunde ihre ersten Schreie ausstieß. Die Geburtenziffer belief sich in den ersten Jahrzehnten auf durchschnittlich zwanzig im Jahr.

Für die Kinder war bei der Gründung des Dorfes sogleich ein «Schulmeisterhaus» errichtet worden. Es stand direkt neben dem Gebäude des Schulzen.

Der erste Schulmeister hieß Johann Gottlieb Meschker. Er erhielt für seine Tätigkeit als Kantor von jeder Familie 4 Groschen jährlich, ferner 6 Pfennig für jedes Kind, wenn es nur lesen lernte, hingegen einen Groschen, wenn es auch im Schreiben unterrichtet wurde. Da Meschker mit diesen Einkünften nicht auskam, gab er seinen Dienst schon nach wenigen Monaten auf.

Was von einem Schulmeister damals verlangt wurde, geht aus einem Zeugnis für seinen Nachfolger Christoph Ziehm hervor. Hier der Text: «Vorzeiger dieses, der Einwohner und Gärtner zu Schönwalde, Christoph Ziehm, welcher den Küsterdienst ambitoniert, hat sich bei mir zum Tentamine eingefunden. Ich habe denselben im Buchstabieren, Lesen, Schreiben, Rechnen und Singen geprüft und gefunden, daß derselbe in allen Stücken seinen competenten, dem Schuster Herholtz aus Berlin, sehr weit übertrifft und zu seinem Küsterdienst die nötige Geschicklichkeit überflüssig besitzt. Solches kann demselben mit Wahrheit bezeugen. Georg Michael Calow, Diakonus, Bernau 23. Juni 1755.»

Maurenbrecher ließ Friedrich II. «sehr genau» sehen, «wo die schwache Stelle der Dorfschulen seines Vaters lag: die Lehrer erhielten zu wenig Geld, um vom Lehrerberuf leben zu können. Sie gingen als Handwerker oder Tagelöhner ihrem Berufe nach, niemand kümmerte sich darum, ob sie wirklich selber imstande waren, auch nur das Notdürftigste lesen und schreiben zu können.» Das General-Landschulreglement vom 13. August 1763 ordnete deshalb den Prüfungszwang an «und erhöhte das Schulgeld für jedes Kind auf sechs bis zwölf Pfennige die Woche im Winter und zwei Drittel davon im Sommer; es verbot die Unterbrechung der Schule im

Sommer, machte es also dem Lehrer unmöglich, in der Ernte sechs Wochen auf Tagelohn zu gehen, was Friedrich Wilhelm I. gestattet hatte. Nur in den freien Stunden noch sollten die Lehrer ein Handwerk treiben dürfen».

Diese Regelung stieß sowohl beim Adel wie auch bei den Bauern auf Widerspruch. Ein Junker erklärte damals unverblümt: «Je dümmer der Untertan ist, um so eher wird er sich alles, wie ein Vieh, gefallen lassen»; und der Bauer mochte selbstverständlich kein Schulgeld zahlen.

Zum Schulreglement ist zu bemerken, daß es die Dorfschule an die Kirche band. Unmißverständlich schrieb Friedrich II. 1769 über die Zielrichtung seines Reglements: «In der Absicht der Landschulen muß notwendig dahin gesorgt werden, daß die Kinder der Bauern und Landleute einen vernünftigen und deutlichen Unterricht in der Religion erhalten, damit ihr Verstand mehr aufgeklärt und ihnen richtige Begriffe von ihren Pflichten beigebracht werden.» Maurenbrecher konstatierte, daß die hochtrabend auch als «Aufklärung» bezeichnete Lehre, die Friedrich II. verbreitet wissen wollte, die Kunde war, «daß der Bauer dem Herrn zu gehorchen habe». In diesem Sinne setzte das Reglement fest, daß die Dorfschulkinder «‹nicht nur das Nötigste vom Christentum gefasset haben und fertig lesen und schreiben können, sondern auch von demjenigen Rede und Antwort geben können, was ihnen in den von unseren Konsistorien verordneten und approbierten Lehrbüchern beigebracht werden soll.› Diese Konsistorien aber waren kirchliche Behörden.«

Für den König «bestand Aufklärung darin, daß er von allen kirchlichen Lehren sich freihielt«, stellte Maurenbrecher fest. «Für die Dorfschule aber war die Religion und der Pastor ihm gerade recht. Die Religion als Herrschaftsmittel mochte auch er nicht entbehren.»

In Theodor Fontanes märkischen Wanderungen findet sich der Satz eines Pastors Heydemann, der in einer von ihm verfaßten «Geschichte Ruppins» schrieb: «Die Rücken waren damals härter.» Fontane kommentierte diesen Satz, und seine Worte lassen sich wohl auch auf die seinerzeitige Schule in Schönwalde beziehen: «Die Prügelstrafe war allgemein, die Eltern schlugen ihre Kinder, die Lehrer ihre Schüler und wie es beim Nähr- und Lehrstande war, so durfte es ohne viel Aufhebens auch beim Wehrstande sein.»

Vergnügungstouren nach Dammsmühle

Die ungekrönte Königin

Dammsmühle, nicht weit von Berlin entfernt und offenkundig wegen seiner unter Friedrich Wilhelm II. vehement geförderten «freien Sitten» weithin bekanntgeworden, war also bald beliebtes Ziel längerer Ausflüge, die zuweilen auch zu ausgedehnten Aufenthalten auswuchsen. Das traf auf adlige Gesellschaftskreise einschließlich des Hofes, aber auch auf bürgerliche zu. Wie anziehend das idyllisch gelegene Schloß auf Angehörige des Hofes gewirkt haben mag, darauf verweist indirekt, wenn auch nicht diskret die Tatsache, daß zur Zeit des zweiten Friedrich Wilhelm sogar eine in der Dorotheenstraße zu Berlin befindliche gewöhnliche Tanzkneipe, die sich «Onkel» nannte, vom Hofe besucht wurde. Wer sollte oder wollte da gegen eine Lustpartie nach Schloß Dammsmühle gewesen sein?

Es wurde bereits auf den in bizarren Charakter des Geschichtsverlaufs verwiesen. Der Tropus «bizarr» mag nicht völlig dem akademischen Wortgebrauch entsprechen, wohl aber der Realität. Diese besagt beispielsweise, daß der Nachfolger des Großen Königs Friedrich, Friedrich Wilhelm II., ein Schwächling, Egoist, Wollüstling, Heuchler, Angeber, Feigling und welche Prädikate sonst noch herangezogen werden mögen, gewesen ist.

Wie sich in der während der ersten Regierungsjahre Friedrichs II. geschriebenen Lebensgeschichte vermerkt findet, «wurde zu Anfange des 1748 sten Jahres, auf Ihro Majestät hohen Befehl, der junge Prinz von Preußen, Friedrich Wilhelm, der bisherigen Aufsicht der Damen entnommen, und dessen Erziehung dem Herrn Professor Begvelin anvertrauet, ihm auch auf dem Berlinischen Königl. Schlosse besondere Apartements eingeräumet, welche sodann gedachten Prinzens König. Hoheit mit dero zugeordneten Suite bezogen».

Einige Jahre nachdem dieser junge Herr der «Aufsicht der Damen» entzogen worden war, sollte er sich dieser seinerseits — wenn nicht innig, so doch äußerst intensiv und auch produktiv — annehmen. Was in allerhöchsten Kreisen damals süffisant als Liebe bezeichnet wurde, sollte bald sein Dasein bestimmen.

Natürlich hatte dieser charakterschwache, tatenarme, ja tatenfeindliche Friedrich Wilhelm, den seine kaum zählbaren Geliebten unseren «lieben dicken Wilhelm» nannten, nicht kraft eigener Person die Umstände seines

66

elfjährigen Herrscherregiments geschaffen: die Grundlagen dazu waren schon viele Jahrzehnte zuvor gelegt worden, bereits unter Friedrich II. Diese Problematik ist in der Literatur aller Couleur bereits vielfältig behandelt worden. Hier sei nur auf die Tatsache verwiesen, daß Friedrich II., die perfektionistische Art seines Vaters noch übertreffend, alle Seiten des gesellschaftlichen Lebens in seinem Herrschaftsgebiet zu reglementieren getrachtet und dabei eine zu seiner Zeit kaum zu überbietende Spitzenposition erlangt hatte. «Nur in einem hat Friedrich der Berliner vornehmen Gesellschaft die Freiheit gelassen, sich über alle Schranken des Polizeistaates zu erheben, in der Hingebung an geschlechtliche Ausschweifungen stärkster Art» vermerkte Maurenbrecher. «Die geschlechtliche Ausschweifung ist von jeher eine Begleiterscheinung feudalaristokratischer Klassenherrschaft gewesen.» Die Gesamtheit dieser Zustände wirkte auch auf Friedrich Wilhelm II. ein, als er noch Kronprinz war. Aus eigenem Antrieb förderte er den Kult der Begierde und zügellosen lottrigen Schlendrians bis zum Extrem weiter.

Nun gab es einige Geschichtsschreiber, die bemüht waren, dieses Lotterleben nicht der wurmstichigen Gesellschaftsordnung und ihrem königlichen Repräsentanten, sondern einer Frau anzulasten. Fast unvermeidlich erhebt sich die Frage, wer diese Frau gewesen sein mag, die auch Dammsmühle mit ihrer Anwesenheit beehrte und damit (verbleiben wir bei dem gequälten altmodischen Sprachgebrauch) gewissermaßen eine höhere Weihe gab.

Als Friedrich Wilhelm 1765 mit 21 Jahren verheiratet wurde, sollten nur vier Jahre vergehen, bis seine Gattin ihre Freiheit zurückerlangte: der Kronprinz hatte sich in der Kunst des weltmännischen Lebens als zu gewandt und Abwechslung liebend, gleichzeitig aber auch als kurzsichtig und erschreckend trivial erwiesen. Schon nach kurzer Zeit heiratete er wieder. Franz Mehring nannte ihn spöttisch den «dicken Wilhelm mit den doppelten Ehen», womit er wohl die morganatischen Ehen des nimmermüden Königs mit seinen Mätressen Julie von Voß und Sophie von Dönhoff im Auge hatte.

Die «rechtmäßig» angetrauten Gattinnen nahmen im Leben dieses Wollüstlings nur untergeordnete Plätze ein. Entscheidend in seinem Kometenschweif von Geliebten war für Friedrich Wilhelm eine Frau bürgerlicher Herkunft: Wilhelmine Encke. Ihr Vater, ein virtuoser Waldhornist, hatte in dieser Eigenschaft einen großen Teil Europas bereist und war später in die königliche Kapelle aufgenommen worden, wodurch er den Charakter eines «niederen Hofbeamten» erhalten hatte.

Wilhelmine hatte zwei Schwestern. Mit der Ältesten, einer Schauspielerin, unterhielt der Kronprinz anfangs ein Verhältnis.

Für den geschätzten Leser dürfte es vergnüglich sein, die nachstehenden beiden Versionen ein und desselben Begebnisses zur Kenntnis zu nehmen: Wie der wackere Friedrich Wilhelm sich in den Besitz der Wilhelmine setzte oder wie geschickt diese den Kronprinzen an langer Leine zu angeln verstand (der Phantasie des Lesers sind keine Grenzen gesetzt).

Hausbackene Version Nr. 1:

Die hübsche Schauspielerin («Figurantin») Encke, mit der Kronprinz Friedrich Wilhelm — nach einer geschiedenen Ehe und vielen Leib und Seele nachhaltig formenden Verhältnissen — trauten Umgang pflegte, hatte, folgen wir der detaillierten, leicht dümmlich anmutenden Information im «Brockhaus» von 1820, «... ihre Schwester Wilhelmine, ein Mädchen von zehn Jahren, zu sich genommen. Der damalige Kronprinz, der ... das Haus des Grafen Matuschko besuchte, lernte sie hier zufällig kennen. Sie war damals dreizehn Jahre alt. Ihre Schönheit flößte dem Prinzen bald eine schwärmerische Liebe ein, und als beide Schwestern sich entzweit hatten, hielt er es zu ihrem Besten für angemessen, sie in das väterliche Haus zurückzubringen. Seine wachsende Leidenschaft ließ ihn aber dabei nicht stehen bleiben. Er brachte sie nach Potsdam zu einer Vertrauten, übergab sie einer besonderen Aufseherin und geschickten Lehrern, und kam täglich selbst, um ihrem Geiste durch eigenen Unterricht eine feinere Ausbildung zu geben». Der Prinz folgte seinen «vorübergehenden Neigungen» zu der am 19. Dezember 1753 in Dessau geborenen, schickte sie zur «weiteren Ausbildung an Kenntnissen unter der Aufsicht ihrer gräflichen Schwester auf unbestimmte Zeit nach Paris», rief sie aber schon nach sechs Monaten zurück «und entschied sich völlig für sie. Das erklärte Bündnis trat sofort zwischen ihnen ein. Nachdem sie schon früher (dank des Kronprinzen geneigter Mithilfe — d. Verf.) mehrmals Mutter geworden, wurde des äußeren Anstandes wegen, eine Heirat mit einem gewissen Rietz fingirt». Dafür durfte der Kammerdiener Friedrich Wilhelms II. von Preußen seit 1786 den Titel «Geheimkämmerer» tragen.

Ein vergnügliches Geschichtsdetail, mag der verblichene Autor des Brockhaus-Textes gedacht haben; vielleicht etwas frivol, aber die Wirklichkeit läßt sich ja glätten. Wir möchten dem Chronisten Gerhard Herrmann

68

Mostar, der eigentlich G. Herrmann heißt und uns viele köstlich geschriebene, dabei wissenschaftlich fundierte Werke schenkte, ein «Dankeschön!» sagen, weil er uns die antiquarisch verstaubte Version des ehrwürdigen Lexikons wirklichkeitsgetreu aufdröselte.

Moderne Version Nr. 2:

«Es hatte begonnen als rührende Idylle. Friedrichs Neffe und späterer Nachfolger Friedrich Wilhelm der Dicke, der mit zweiundzwanzig Jahren, also noch dünn, bereits eine Ehe und ein ganzes Dutzend Amouren hinter sich hatte, war nicht nur sinnlich, sondern auch sentimental. Als er eines Nachts bei der hübschen Schauspielerin Enke weilte, störte ihn deren zufällig auftauchendes dreizehnjähriges Schwesterchen Wilhelmine bei der Sinnlichkeit; und weil sich die Schauspielerin ebenfalls gestört fühlte und deshalb das unschuldige Kind jammervoll verprügelte, regte sich seine Sentimentalität: er stand sofort auf, zog sich an, ließ die Schauspielerin liegen und brachte die Kleine zu ihren Eltern; es stellte sich heraus, daß ihr Vater Trompeter war und ihre Mutter eine kleine Kneipe unterhielt, denn das Trompeten allein brachte nicht genug ein. Der Kronprinz befahl den erstaunten Eltern, dem Wilhelminchen auf seine Kosten eine gute und moralische Erziehung zu geben, und das war zweifellos eine gute Tat. Er vergaß sie aber wieder, weil er zum zweiten Male heiraten und für Nachkommen sorgen mußte, worauf er sich ausgezeichnet verstand.

Nach einem Jahre jedoch erfuhr er, daß die Schauspielerin den reichen Grafen Matuschka geheiratet hatte und mit ihm nach Venedig durchgebrannt war — und dabei fiel ihm sein vergessener Schützling wieder ein. Er sah sie, er fand sie als blühende Schönheit, als graziles, naives und in jeder Weise dankbares Wesen, schlug ihren Dank nicht aus und brachte sie aus dem Trompeter- und Kneipenmilieu heimlich ins Haus eines Getreuen. Hier indessen war er nicht nur ihr Liebhaber, sondern auch ihr Lehrer; er brachte ihr Geschichte und Erdkunde und überhaupt alles bei, nur nicht Rechtschreibung, denn die beherrschte er selber nicht.

Aber er las mit ihr Rousseau und Shakespeare, wobei, wohl in der Vorahnung seines eigenen Leibesumfanges und seiner sonstigen Allüren, Falstaff seine Lieblingsgestalt war. ‹Unter tausend fürstlichen Mätressen›, schrieb Wilhelmine später selbst, ‹ist vielleicht keine, die sich mit mir vergleichen läßt; sie mögen alle weit schöner und klüger gewesen sein als ich, aber keine ist von ihrem Geliebten selbst gebildet worden!› Indessen er bildete sie nicht nur, er tat noch mehr: mit eigenem Blute schrieb er einen

69

Friedrich Wilhelm II. (1744–1797) König von Preußen (1786–1797)

Zettel: ‹Bei meinem fürstlichen Ehrenworte, ich werde dich nie verlassen. Fr. W., Prinz von Preußen.› Und sie wiederum bestätigte ihm mit ihrem Blute, daß sie ihm bis zu seinem Tode eine treue Freundin bleiben werde. Sie hat ihren Schwur gehalten.

In allem, was er ihr beibringen konnte, hatte sie sich als äußerst anstellig erwiesen; indessen verlangte der verwöhnte Liebhaber noch manches, was nicht er, sondern was nur Paris lehren konnte. Darum schickte er sie für ein halbes Jahr dorthin, und diese sechs Monate genügten, um sie zur vollkommensten französischen Kurtisane zu machen; sie war eben wirklich hochbegabt. Der Prinz soutenierte sie nach ihrer Rückkehr aufs großzügigste, und dabei wäre es geblieben, wenn sie nicht eines Tages im Schloßpark dem alten Friedrich begegnet wäre. Der wußte Bescheid, war aber für Ordnung und fuhr sie an: ‹Sie hat's mit meinem Neveu. Eh bien. Aber sie hat sofort den ersten besten Mann zu heiraten. Für die Aussteuer sorge ich. Adieu, M'selle.›

So hatte es also zu geschehen, und so geschah's. Immerhin muß ihre Schönheit auch den König gewonnen haben, denn der sonst so geizige alte Herr schenkte ihr zu ihrer Hochzeit ein Landhaus und zwanzigtausend Taler. Sie hieß nun Madame Rietz, wobei Herr Rietz, ein Kammerdiener und Günstling des Kronprinzen, die Verpflichtung übernahm, nie mit ihr auch nur unter einem Dache zu wohnen … Frau Rietz aber wurde, mit Friedrichs Einverständnis, vom Kronprinzen weiterhin betreut und gebar ihm einen Sohn und eine Tochter, die nach Friedrichs Tode Graf und Gräfin von der Mark wurden.»

Nachdem Friedrich Wilhelm 1786 König von Preußen geworden war, wurde die Stellung Wilhelmines immer einflußreicher und − angesichts einer unüberschaubaren Zahl von Neidern und Feinden, ständiger Auseinandersetzungen mit Personen, die zum Teil sehr verschiedene Ansichten und Zwecke verfolgten − zugleich zunehmend komplizierter. 1792 reiste sie mit dem König zur Kaiserkrönung, besuchte anschließend Italien und wurde, nachdem sie sich von Herrn Rietz hatte scheiden lassen, zur Gräfin von Lichtenau erhoben. Beiläufig wurden ihr in dem zwei Jahre zurückdatierten Adelsdiplom je vier Ahnen von beiden Elternseiten her verpaßt sowie der Adler und die preußische Krone für das heraldische Wappen mitgegeben. Als nunmehrige Gräfin beschenkte sie der König mit einer aus den Domänen Lichtenau, Breitenwerder und Roßwiese bestehenden Grafschaft. Madame Encke-Rietz-von Lichtenau war für einige Zeit zur einflußreichsten Frau in der Geschichte des Hauses der Hohenzollern geworden und ihr Palast galt fortan als einer der glänzendsten der Stadt Berlin. Es ist kaum als Übertreibung zu werten, wenn Mostar schreibt: «Tatsächlich ist es nichts als eine servile Höflichkeit der Geschichtsschreiber, wenn sie noch immer behaupten, von 1786 bis 1797 habe in Preußen König Friedrich Wilhelm II. regiert. Tatsächlich regierte Wilhelmine I., geborene Encke.»

Gleich nach ihrer Ankunft in Berlin wurde die Geadelte der Königin vorgestellt und vom König für das bisherige sechsundzwanzigjährige Ver

71

hältnis durch ein Kapital von 500 000 Talern, von der Schenkung der Grafschaft abgesehen, «entschädigt». Sie kam weiterhin nicht nur in den Besitz der Hinterlassenschaft ihres 1787 im Alter von neun Jahren verstorbenen Sohnes, des Grafen von der Mark (dessen berühmtes, von Gottfried Schadow errichtetes Grabdenkmal auf bildkünstlerischem Gebiet den Klassizismus in Deutschland eröffnete und nach Fontanes Worten «Schadows erste berühmte Arbeit» darstellte), sondern auch in den Besitz eines Hauses in Berlin und eines pompösen Landhauses, das schon eher ein Palais war, in Charlottenburg. Bis zu seinem Tode schenkte ihr der König seine Gunst.

Rund 90 Jahre vor Mostar hatte der mitunter ebenso neidvoll wie ehrfürchtig als konservativer Staatshistoriker apostrophierte Heinrich von Treitschke aus seiner Sicht eingeschätzt: «Trauriger Wandel der Zeiten: noch erzählte die Welt von den geistsprühenden Gesprächen der Tafelrunde von Sanssouci, und jetzt trieb nahebei in Charlottenburg und im Marmorpalais am Heiligen See der Kammerdiener Rietz mit der Gräfin Lichtenau sein plattes Wesen, und der Nachfolger Friedrichs bestaunte andachtsvoll die Geistererscheinungen im Zauberspiegel des Obersten Bischoffwerder.»

Angesichts ihrer Machtstellung wurde die Lichtenau zuweilen als preußische Madame Pompadour bzw. als «Pompadour Berlins» bezeichnet. Um Informationen zur Durchsetzung ihrer Interessen zu erhalten, bediente sie sich beispielsweise eines Dr. Klindworth als Geheimagenten, den von Treitschke wie folgt charakterisierte: Während eines halben Jahrhunderts wurde dieser Mann von ihr, aber auch von dem «Fürsten Wittgenstein, nachher von Metternich, Guizot, Wilhelm von Württemberg, Manteuffel zu Späherdiensten verwendet», wobei er «sich zumeist in der einträglichen Rolle des Doppelspions wohlgefiel ...»

Die Gräfin Lichtenau beherrschte den König bis zu seinem Lebensende. Sie wußte, wie er zu nehmen war, und verstand ihn in des Wortes doppeltem Sinne: Friedrich Wilhelm konnte sich nicht einmal klar und unmißverständlich ausdrücken, doch sie entschlüsselte seine Infinitivsätze wie: «Was denn das sein? Doch meine Schwägerin sein. Die Andern auch nicht nütz sein! Die Andern kein Haar besser sein!» Die Gräfin «nahm» den König aber auch in der Hinsicht, daß sie nicht kategorisch darauf bestand, seine einzige «Gunstdame» zu bleiben. Dummheit und sexuelle Zügellosigkeit des Thronbesitzers zog sie auf lange Sicht immer überlegt ins Kalkül. Sein Hofprediger Zöllner war sich z.B. nicht zu schade, ihm seine Mätresse Julie von Voß, die Gräfin von Ingenheim genannt wurde, als zweite Ehefrau anzutrauen. Als sie bald darauf im ersten Wochenbett verstarb, beeilte sich derselbe Zöllner, ihm die Gräfin Sophie Dönhoff zur «linken Hand» zu vermählen; kaum zu zählen war die Zahl der flüchtigen Augenblicksverbindungen, die dieser Monarch im Stil seiner Prinzenjahre einging. Gerade weil die Lichtenau ihrem königlichen Liebhaber überlegen und nüchtern durch die Finger sah, vermochte sie ihre Stellung zu behaupten, blieb ihr der König verbunden, kehrte er immer wieder zu ihr zurück.

Wenn hier soviel Unschönes über König Friedrich Wilhelm II. festgehalten werden mußte, wenn auch nur als Auswahl aus einem Distelfeld, zudem mit Worten, die seinerzeit als Verbalinjurien gewertet wurden, so soll doch nicht unerwähnt bleiben, daß dieser Monarch sehr fleißig Edikte erließ, mit denen immer neue Steuern und Zölle eingeführt wurden, die von muckerischer Frömmelei strotzten, die Zensur verschärften und das einfache Volk zunehmend bedrückten. Natürlich machte er sich auch um das Militärwesen verdient. Der liebenswürdige Leser mag diesen unfreiwilligen Scherz wohlgemut zur Kenntnis nehmen: «Unter Friedrich Wilhelm II. (1786—1797) gab es verschiedene Neuerungen. Westen und Hosen worden durchgängig weiß. Der Hut wurde durch das Kaskett, einen zweiklappigen Hut abgelöst. Die Granaten in den Ecken der Patronentaschen verschwanden. Die Infanterieregimenter nannte man jetzt Musketierregimenter; besonders Füsilierbataillone wurden errichtet und dienten als leichte Infanterie, die Grundfarbe ihrer Uniform war grün. Um 1795 schwärzt man das Lederzeug und trug es gekreuzt.» Die mit Sicherheit einwandfreien Zeilen finden sich in einem Antiquitätenkatalog.

Über 100 Jahre vor der Abfassung dieses hier kurios anmutenden Textes hatte Theodor Fontane nach einer Betrachtung der Veränderungen, die seit dem Regierungsantritt Friedrichs II. bis zu Friedrich Wilhelm III. an den preußischen Uniformen vollzogen wurden, eingeschätzt: «Dies wird genügen, um zu zeigen, daß die sogenannte ‹alte Armee› wie in ihrem Wert so auch in ihrer Erscheinung keineswegs immer dieselbe war. Das, was 1740 entstand und 1806 begraben wurde, war inzwischen durch viele Phasen gegangen und stellte nicht ein Bild, sondern viele Bilder dar.» Damit scheint gleichzeitig ausgedrückt, daß auch dieser Umstand zur ständigen Auftragserteilung an die Produzenten von Uniformzubehör aus Sämischleder beitrug.

Friedrich Wilhelm III. (1770–1840)
König von Preußen (1797–1840)

Treffpunkt illustrer Gesellschaftskreise

Auf dem Höhepunkt ihres (fast) königlichen Lebensweges, der als solcher allerdings zeitlich recht kurz bemessen war, fuhr Gräfin Lichtenau häufig nach Dammsmühle. Den Quellen zufolge ab 1776, dem Tode Damms, des Schloßbesitzers. Seine Witwe starb erst im Jahre 1802 und dürfte ihren Besitz konjunkturgünstig verwertet haben. Wilhelmine Encke wird als Geliebte des Kronprinzen und späteren Preußenkönigs bereits als gewöhnliche Bürgertochter in bevorzugter Stellung mit ausgewählten Hofleuten oder als Gast des Prinzen selbst oft in Dammsmühle gewesen sein. Zeitweilig mögen auch die Damen Voß und Dönhoff das Besitztum aufgesucht haben, weitere königliche Gelegenheitseroberungen nicht ausgenommen; auch die Kinder der Lichtenau dürften nicht gefehlt haben. Zu den weiblichen Brillanten kamen, sozusagen als Einfassung, sicher noch blaublütige Herren bester Güte hinzu, ferner wohlsituierte Vertreter bürgerlicher und künstlerischer Kreise. Daß wir das nur rotblütige Bedientenvolk verschiedener Chargen lediglich und notgedrungen, und auch da nur schamhaft, am Rande erwähnen, versteht sich wohl von selbst.

Hingegen dürften zwei echte Königinnen nicht unerwähnt bleiben: die Gattinnen Friedrichs II., des Großen also, und Friedrich Wilhelms III. Erstere, Elisabeth Christine, weilte in den siebziger Jahren mit den Damen und Herren ihres Niederschönhausener Hofes recht gern auf Dammsmühle. Was hätte sie mit ihrer vielen freien Zeit auch anfangen sollen? Sie war dem Kronprinzen Friedrich von seinem Vater, König Friedrich Wilhelm I., aufgezwungen worden. Friedrich, in jungen Jahren dem weiblichen Geschlecht durchaus nicht abgetan, hatte keinen Zweifel aufkommen lassen, daß er diese Prinzessin zwar ihrem Rang gemäß, doch niemals als seine Gattin behandeln werde. So hielt er es dann auch; zum Beispiel bekam sie zeitlebens das Lieblingsdomizil Friedrichs II., Schloß Sanssouci («Ohne Sorge»), nie zu Gesicht, eine Schöpfung, über die verlautbart wurde: «Nächstdem bezogen Ihro Maj. schon den ersten May (1748 – d. Verf.) Dero ganz neu erbauetes überaus prächtiges Sommer-Palais, so Sie Sans souci, d. i. ohne Sorgen, genennet ... Es ist nunmehro dieses Palais, welches auch mit herrlichen Gärten gezieret, worinnen allerhand, auch rare, Früchte zeitig hervor gebracht werden, vorjetzo der angenehmste Aufenthalt des Monarchen, wohin Sich Se. Majestät begeben, wenn Sie von Dero vielen abmattenden Beschäftigungen ein wenig ausruhen wollen.»

Gewiß mag dieses der Königin verwehrte Schloß zu Dammsmühle im Verhältnis gestanden haben wie die Sonne zum Erdtrabanten. Doch diesen Mondboden konnte sie betreten.

Ein Teil der Geschichtsschreibung war fast durchweg bemüht, Königin Elisabeth zu idealisieren. Einer der prominentesten Verherrlicher Friedrich II. im 19. Jahrhundert, Franz Kugler, schrieb z. B.: «Seine Gemahlin lebte in ihrer stillen Zurückgezogenheit, ihre Tage nur mit Wohltun, wissenschaftlicher Beschäftigung und kindlicher Frömmigkeit bezeichnend.»

Dammsmühle als Ort zur Übung kindlicher Frömmigkeit darzubieten, dürfte ein Widerspruch in sich selbst sein oder ein Vorschlag zur Verwirklichung der Quadratur des Kreises.

Auch die als Königin Luise bekannte Gemahlin des Königs Friedrich Wilhelm III. von Preußen weilte möglicherweise ebenfalls auf Dammsmühle. Die Vermutung stützt sich darauf, daß auf einem Wandbild von Dammsmühle eine Reihe kleiner Bäume zu sehen ist. Sie entwickelten sich im Verlaufe der Zeit zu einer Platanenallee, die noch heute zu bewundern ist. Der Königin Luise sei diese Baumstraße so lieb gewesen, daß sie zum Vorbild der Allee am Mausoleum in Schloß Charlottenburg wurde. Da nähere Angaben fehlen, kann die Frage, ob die Königin, von Geschichtsklitterern zu einer beliebten, die Hohenzollernlegende stützenden Figur in Lese- und Bilderbüchern für jedes Lebensalter verkitscht, tatsächlich auf Dammsmühle weilte, nicht eindeutig beantwortet werden. Seit 1797 gab es kaum noch Bemühungen des Königspaares zu Kontakten mit Bürgern und Künstlern, wie sie zuvor von Damm und seinen Kreisen repräsentiert wurden. Andererseits möchte aber nicht unbeachtet bleiben, daß Luise sechs Jahre jünger als ihr Gatte und lebenslustig dazu sowie Dammsmühle ein zu ihrer Zeit sehr beliebtes Ausflugsziel und damit zugleich Gesprächs- und Klatschstoff der Hofkreise gewesen ist.

Schließlich soll noch vermerkt werden, daß auch Friedrich Wilhelm IV. vor seiner Thronbesteigung auf Dammsmühle weilte. Er lobte die Abgeschiedenheit «ohngeachtet der Nähe der Residenz», lehnte aber den ihm 1840 angebotenen Kauf dieses Besitzes ab.

Mangels weiterer Quellen lassen sich über das besondere Interesse, das die Gräfin Lichtenau für Dammsmühle aufbrachte, nur Vermutungen äußern. Beeinflussend dürfte die damalige Mode gewesen sein, besonders das Beispiel des französischen Hofes, und Frankreich war seit Friedrich II. ungeachtet verschiedener Vorbehalte das tonangebende Land, sich in die Natur zu flüchten. Natur natürlich im Sinne der damaligen höfischen Modeauffassungen: Luxus auf kleinen, «bescheidenen» aristokratischen Ansprüchen genügenden, auf «ländlich» drapierten Meierhöfen und kleinen Wirtschaften, die vielleicht dem sarkastischen und kritischen Wort Montesquieus entsprachen: «Ich habe Beschreibungen vom Paradies gesehen, für die sich rechtschaffende und verständige Leute bedanken werden.» In diesem Sinne war das Interesse der Lichtenau und der Alt- und Jungadligen sowie gewiß auch gutsituierter Bürger um- und neben ihr nicht an die

Landarbeit, an Feld, Weide und Stall geknüpft, sondern galt einer zu ihren Toiletten passenden, mit viel Mühe und Schweiß gestalteten Pseudonatur, etwa der erwähnten Allee entsprechend, an deren Ende ein Sarkophag stand. Hier handelte es sich also um eine Modeerscheinung, himmelweit entfernt von modernem Naturempfinden. In den deutschen Fürstentümern äußerte sich diese Mode in vielfältigster Weise. Preußische Formen, wie z.B. Schloß und Park Pfaueninsel – in den neunziger Jahren des 18.Jahrhunderts entstanden – gingen auf persönliche Pläne und Anregungen der Gräfin Lichtenau zurück; die Einrichtung des Schlosses beeinflußte sie bis in die Einzelheiten. Der Historiker Löschburg äußerte die Vermutung, daß «diese Vorschläge in der Abgeschiedenheit von Dammsmühle entstanden oder doch von dem dortigen Leben ihre Impulse erhielten». Sollte diese Annahme zutreffen, muß Dammsmühle zeitweilig eine bedeutende gesellschaftliche Rolle gespielt haben. Nicht geringe Eindrücke mag die Lichtenau auch während ihrer verschiedenen Aufenthalte in mehreren anderen Häusern, so in Damms Berliner Domizil in der Breiten Straße, empfangen haben, bevor sie für ihre Liebe und Beständigkeit ihr eigenes, vortrefflich ausgestattetes Palais Unter den Linden vermacht bekam. In Dammsmühle und in der Breiten Straße empfing die Lichtenau auch ihre Gäste, angesichts ihrer – und damit des Königs – Großzügigkeit dürfte deren Zahl nicht klein und der Zusammensetzung nach wohl recht unterschiedlich gewesen sein.

Der bereits zitierte Autor Haase-Faulenorth äußerte die Vermutung, daß eine Reihe der herrlich eingerichteten Räume des ab 1776 von Damms Erben genutzten Berliner Hauses eigens «aus besonderem Anlasse, eben für den Aufenthalt Wilhelmines, eingerichtet» wurden. Die folgende Schlußfolgerung des Historikers sei hier wörtlich wiedergegeben, da ihre Adaption zu Sinnverlust ohne Vertiefung der vom Autor gewünschten Aussage führen könnte: «Das letzte Zimmer dieses Traktes endlich zwingt förmlich zu der Annahme einer Beziehung zu ‹Frau Ritz›. Unvermittelt umgibt uns, die wir eben aus der Rosenatmosphäre verspielten Rokokos treten, der Hauch klassischer Formen und leitet zwangsläufig die Gedanken zu Friedrich Wilhelm II. Unter dem Fries läuft eine aus stilisierten Adlern geformte Borte, und einer dieser Vögel schwebt, keck hingepinselt, auf einem Wandgemälde mit badenden Mädchen. Wobei sich der Maler den Scherz erlaubte, diesem Adler unverkennbar die Form des preußischen Wappentieres samt seinen – später übermalten – Emblemen zu geben, wie denn auch eine der Badenden durch später hinzugefügte Pinselstriche verändert zu sein scheint. Hatte der Maler seine Keckheit bis zur Ähnlichkeit mit bestimmten Personen getrieben? Gewiß, die Beweise sind nicht bündig. Und doch möchte man den feinen kleinen Zug eines Aufenthaltes von Wilhelmine auch in diesem Hause als reizvolle Arabeske in ihrer Lebenschronik nicht missen.»

Tod mit vorausgesehenen Konsequenzen

Im Sinne des Wortes fast schlagartig war es damit Schluß, als der König, seit langem an Wassersucht leidend, plötzlich starb. Selbst erkrankt, schlief Gräfin Lichtenau während des Hinscheidens ihres neun Jahre älteren Liebhabers. Der König verschied, fast ein makabrer Treppenwitz, in den Armen seines Kämmerers Rietz. Ein Oberst überbrachte der Gräfin in Potsdam die Nachricht vom Tode des «alten» Königs und verhaftete sie zugleich im Auftrage des neuen, Friedrich Wilhelms III.

Das war einfach folgerichtig. Angesichts ihrer Stellung beim König hatte sie seit langem eine einflußreiche Fronde gegen sich. Ihr Hauptfeind war der Kronprinz, der einen tödlichen Haß gegen sie hegte, den er mit seiner Frau, der Kronprinzessin, teilte. Vor seiner Rache war sie bereits von Friedrich Wilhelm II. gewarnt worden, der ihr sogar zur rechtzeitigen Flucht geraten hatte.

Mit welchem Haß feudale Nichtsnutze, Vertreter des sogenannten Uradels, die «unebenbürtige» Lichtenau und natürlich auch ihre Tochter, die Gräfin von der Mark, beobachteten und bereits zu Lebzeiten Friedrich Wilhelms II. verfolgten, zeigt folgendes Beispiel, das auch Fontanes Interesse erweckte: Am Tage des kirchlichen Aufgebots des Grafen Stollberg-Stollberg mit der Gräfin von der Mark und zur selben Stunde (!), wo in der Stadtwohnung der Lichtenau eine Theateraufführung stattfand, wurde «... im Charlottenburger Palais der Lichtenau ein Einbruch ausgeführt. Diebe, die keine Diebe waren, sperrten den Kastellan ein und begingen ein Werk der völligen Zerstörung, ohne daß auch nur eine Nadel entwendet worden wäre. Dagegen ließ man Karten zurück mit den heftigsten Beschimpfungen und Schmähworten gegen die Lichtenau». Begreiflicherweise sei der König «voll Entrüstung über einen Hergang, der sich doch gegen ihn selber richtet».

Vermutlich kurz nach der Verhaftung der Lichtenau erschien ein Flugblatt mit einer Karikatur von ihr, versehen mit der Unterschrift: «Ihr glaubt, wenn sie noch so herrlich geschmückt ist, den Rest einer Grazie mit dem Kopf einer Hyäne zu sehen und verabscheut sie umso mehr, da die Raubgierige sogar ihre Hände nach dem Zepter ausstreckt.» Ein anderes zeitgenössisches Spottbild zeigte die Gräfin in einer Teufelskutsche, umgeben von verschiedenartigen teufelsähnlichen Gestalten. Der Stich, vermutlich in Kupfer, trug die Unterschrift: «Reise einer verwünschten Prinzessin von W (folgende Buchstaben überwiegend unleserlich – d. Verf.).

Nach ihrer Arretierung wurde die Gräfin nach monatelangen Schikanen auf die Festung Glogau geschickt und ihr Barvermögen nebst Liegenschaften und Häusern beschlagnahmt. Erst nachdem sie sich der erpresserischen Forderung Friedrich Wilhelms III. gebeugt hatte, auf alle ihre Ansprüche zu verzichten, konnte sie nach drei Jahren die Festung verlassen. Zum Trost erhielt sie eine jährliche Pension von 4 000 Talern. Nach zehn Jahren setzte Napoleon I. eine Entschädigung für sie durch. 1811 bekam sie einen Teil ihrer Güter zurück, allerdings mußte sie auf die ihr bis dahin ausgesetzte Pension verzichten.

Zu etwa dieser Zeit heiratete sie den Schauspieler, Autor und Theaterdirektor Franz Holbein, dem sie den Adel verschaffte. Die Ehe war sehr kurz und insgesamt unglücklich. Die Gräfin lebte noch bis 1820; sie starb am 9. Juni in Berlin. Holbein überlebte sie um 35 Jahre.

Der große Kenner und literarische Darsteller preußischer Verhältnisse Theodor Fontane versuchte, zeitgenössische Reaktionen auf den Tod der Lichtenau zu reflektieren. In seiner Erzählung «Schach von Wuthenow» läßt er die Mutter seiner Heldin, Frau von Carayon, das Marmorpalais in Potsdam besuchen. Ihr Begleiter erklärt: «‹Das ist das Palais, in dem weiland seine Majestät König Friedrich Wilhelm der Zweite seiner langen und schmerzlichen Wassersucht allerhöchst erlag ... Und da ist auch dasselbe kleine Zimmer, worin sich eine Figur von Frau Rietz oder, wie manche sagen, von der Mamsell Enken oder der Gräfin Lichtenau befindet, das heißt, nur eine kleine Figur, so bloß bis an die Hüften oder noch weniger›. Frau von Carayon dankte. Sie war ... nicht in der Laune, das Allerheiligste der Rietz oder auch nur ihre Portraitbüste kennenlernen zu wollen.»

Es ist nicht anzunehmen, daß Gräfin Lichtenau nach Friedrich Wilhelms II. Tod nochmals nach Dammsmühle kam, die für sie widrigen Umstände sprechen dagegen.

Dem Vorurteilsfreien sind pauschale Verurteilungen ebenso fremd wie

Glorifizierungen. Beides ist unseriös, politisch anrüchig, moralisch selbst-diskriminierend. Immer kommt es auf eine in das konkrete geschichtliche Gesamtbild eingebettete, differenzierte Betrachtungsweise an. Hinsichtlich der Gräfin Lichtenau scheint sich die Mehrheit der Geschichts- und Stük-keschreiber auf eine vorwiegend dem Eros zugewandte Betrachtungsweise geeinigt zu haben: durch die Patina der Zeit fast gerechtfertigt, vom Gegen-stand her vielleicht herausgefordert, dem vielberufenen Publikumsge-schmack entgegenkommend, und schließlich: vermarktungsfähig! Das Pompadur-Bild dieser seinerzeit vielbeachteten und gewiß über Jahre hin-weg beachtenswerten, ebenso besungenen wie verleumdeten Frau bedarf keiner Retuschen. Es fragt sich nur, ob dieses Bild auch in allen erforderli-chen Farben gemalt ist. Eine Frau, die «unebenbürtig», weil «niederer Herkunft», sich in einer wahrlich nicht eben als edel einzuschätzenden Ge-sellschaft durchzusetzen, einzurichten und mit den in ebendieser Gesell-schaft gebräuchlichen Mitteln auch jahrelang zu behaupten verstand, hat gewiß noch andere Qualitäten als die vorwiegend herausgestellten beses-sen. Der unbestechliche Fontane kam beispielsweise zu dem Schluß: «Die Lichtenau dillettierte in Kunstsachen und nicht ganz ohne Talent. Esprit und Geschmack zählten zu den Vorrechten der Damen aus der Schule der Laïs.» Die Geschichte verzeichnet den Einfluß dieser Frau auf den jungen Schadow und auf den Architekten Langhans, den Erbauer des Branden-burger Tores. Ihrer Förderung erfreuten sich Mozart und Beethoven, dem nachgesagt wurde, ein Nebenprodukt des dicken Wilhelm zu sein, und auch der taubstumme Maler Georg Andreas Hoffmann, der in ihrem Auf-trag in Rom Raffaels Bild «Schule von Athen» kopierte, hatte ihr manches zu verdanken. Nicht minder nachweisbar hinterließ sie Spuren bei der Ge-staltung von Gebäuden und Anlagen im Raum von Berlin. Fontane be-trachtete es als sicher, daß sie die Vorstellungen ihres Wilhelm in die Rich-tung des künstlerisch Sentimentalen lenkte und dem Architekten Brendel, einem Potsdamer Tischlermeister, verschiedene Anregungen gegeben hat. Der berühmte Kunstforscher und Archäologe Hofrat Prof. Aloys Hirt, der 1833 mit einem in Fachkreisen bald berühmten Werk hervortreten sollte, hatte die Gräfin Lichtenau auf ihrer Italienreise begleitet und, wie zuvor schon Goethe und Herder, durch die Altertümer der Stadt Rom geführt; er zeigte sich im Kreis seiner Freunde und Bekannten nicht nur von ihrer ge-winnenden Art, sondern auch von ihren vitalen künstlerischen Auffassun-gen beeindruckt.

Angesichts der breitgefächerten Luxusinteressen des oberflächlichen Friedrich Wilhelm II. wird Dammsmühle für ihn nur ein Amüsierdomizil unter vielen gewesen sein; seine Freundin Wilhelmine hingegen scheint hier, gedacht sei an die Parkgestaltung, Eindrücke entgegengenommen, vielleicht auch das Gesicht hiesiger Anlagen beeinflußt zu haben. Genaueres ist kaum noch nachzuvollziehen.

Insgesamt dürfte es für die weitere Erforschung der Geschichte von Dammsmühle nicht abwegig sein, nach zusätzlichen Spuren des Wirkens der Gräfin zu suchen. Natürlich nicht aus solcher Sicht, wie sie sich in einem Buch postuliert findet, daß ausgerechnet den Titel «Die deutsche Frau» trägt. In ihm wird dem Friedrich Wilhelm nicht nur angekreidet, daß er «seine Mätresse hatte – die Lichtenau war bürgerlich dazu, und von ganz kleinem Format». Es habe Dinge gegeben, meinte die Autorin, mit denen der König «dem preußischen Staat mehr geschadet» habe «als eine ganze Armee gutmachen kann». Nun wissen wir es: Wilhelm war ein Staatsverbrecher! «So, wenn er seinen Sohn zum Handkuß bei der Lichtenau zwang, oder diesem ganz minderwertigen Geschöpf den Vortritt vor den Damen des Hofes ließ.» Das zu den derart düpierten «Damen des Hofes» auch die im Auftrag des Königs von der wackeren Lichtenau beschafften Mätressen Voß und Dönhoff gehörten, macht diese Philippika besonders amüsant.

Die Sicht der promovierten Dame auf «die deutsche Frau» entspricht in manchem der Feststellung Fontanes zu Beginn der fünfziger Jahre des vorigen Jahrhunderts, «daß man auch in den gebildeten Kreisen Berlins den Schwerpunkt nicht in die Persönlichkeit, sondern in Rang, Titel, Orden und dergleichen Nipps» legte. Aus solcher Perspektive ist einem Damm als Begründer des märkischen Anwesens natürlich nicht beizukommen; aus diesem Blickwinkel kann auch der Rolle des späteren Gastes auf Dammsmühle, der Gräfin Lichtenau, nicht entsprochen werden. Volle Geltung dürften die vorstehenden Worte des Dichters, auf Dammsmühle bezogen, seit dem Ende des 19. Jahrhunderts finden. Mag der Leser beurteilen, ob die nunmehr hier herrschende Person die geschichtsüblichen Attribute einer Persönlichkeit im Sinne Fontanes für sich beanspruchen konnte.

Sturzweg zum Lokal

Einige vorangegangene Jahrzehnte lassen sich vielleicht als Interregnum umschreiben. Nach dem Tode Peter Friedrich Damms im Jahre 1776 blieb seine Witwe bis 1802 Herrin über Schloß Dammsmühle und seine Ländereien sowie über das palastähnliche Gebäude in Berlin, Breite Straße 11. Alles spricht für die Annahme, daß beide Objekte bis zum Tode der Witwe weiterhin wohlhabenden Herrschaften zum Pläsier dienten. Eine gewisse Kontinuität wird sich gleich in Zusammenhang mit dem preußischen Kronprinzen und späteren König Friedrich Wilhelm IV. zeigen, ungeachtet aller Abneigung, die sein königlicher Vorgänger gegen Dammsmühle gehegt haben mag.

Drei Jahre nach dem Tode der Witwe Damm, im Jahre 1805, brannte der Herrensitz nieder. Der Brand ist allerdings nicht im Zusammenhang mit den napoleonischen Siegen über die verbündeten Preußen und Sachsen bei Jena und Auerstädt am 14. Oktober 1806 zu sehen. Am 25. Oktober befanden sich die Sieger in Berlin; am 28. Oktober begrüßte Glockengeläut Napoleon, als er durchs Brandenburger Tor in die Hauptstadt einzog. Daß Glockengeläut und Brandschatzungen einanderhergingen, genauer: Brände dem Geläut vorausgingen und Glockenklang auch Brände begleitete und klagend folgte, ist geschichtsnotorisch, tangiert aber nicht den Brand auf Dammsmühle. Einwohner der nahegelegenen Dörfer Schönwalde und Mühlenbeck halfen auf Dammsmühle beim Löschen. Zum Dank erhielten die beiden Ortschaften je einen alten Kronleuchter in Form eines farbenprächtigen Blütenkorbes. Die Freude der Gewürdigten findet sich nicht überliefert.

Die Damms hinterließen Erben. Nachdem sie bereits 1804 das Berliner Haus an J. H. Neumann verkauft hatten, ging auch Dammsmühle durch Erbschaft in andere Hände über. Dieser Besitz kam an den Londoner Kaufmann Johann Christoph Hesse. Seine Neuerwerbung bestand aus zwei zweistöckigen Wohnhäusern (das eine war massiv, das andere im Fachwerkstil gebaut), einer Wassermühle, einer Orangerie und der in einem lichten Hain gelegenen Eremitage, die auch von Gästen gern aufgesucht wurde.

Das eindrucksvolle Anwesen wechselte — nachdem es 69 Jahre Eigentum der Familie Damm gewesen war — in der Folgezeit häufig seine Besitzer. Allein in der zweiten Hälfte des 19. Jahrhunderts sollten es deren acht werden. Seit 1832 gehörte es Johann Jacob Th. Schaeffer. Um 1840 besuchte auch König Friedrich Wilhelm IV. erneut den Landsitz, den er schon als Kronprinz schätzen gelernt hatte. Als er Gefallen an Dammsmühle äußerte und dessen günstige Lage zwischen den Hügeln und Seen,

Friedrich Wilhelm IV. (1795–1861) König von Preußen (1840–1861)

auch seine Abgeschiedenheit «ohngeachtet der Nähe der Residenz», hervorhob, bot ihm Schaeffer gegen Weihnacht 1840, allerdings vergeblich, das Ganze zum Kauf an.

Mit jedem neuen Besitzer wird sich das Bild des gesellschaftlichen Lebens auf Dammsmühle geändert haben. Da keiner der neuen Eigner wirklich seßhaft wurde, kam das Grundstück zunehmend zu Schaden. An dem häufigen Besitzerwechsel können vielfache Ursachen oder Begleitumstände beteiligt gewesen sein: so die unsichere pekuniäre Situation der Eigentümer; die wirtschaftliche und politische Gesamtsituation zur Zeit der

Napoleonischen Fremdherrschaft, der Befreiungskriege und der Revolution von 1848/49; die nachfolgenden militärischen Auseinandersetzungen in Europa.

Spezifisch auf die einstige Produktion von Sämischleder bezogen, erscheint beachtenswert, daß Damms Gewerbe besonders von den Kriegen Friedrichs II. profitiert hatte. Eine 1898 publizierte statistische Studie verweist darauf, daß nach «den Befreiungskriegen ... die blühende Berliner Gerberei (besonders feinerer Lederarten − d. Verf.) zum großen Teil zusammen(brach) infolge der überlegenen Konkurrenz der rheinischen Gerbereien, denen ihr altes französisches Absatzgebiet plötzlich versperrt war. Es wurde dann in Berlin vorwiegend Brandsohlenleder produziert». Die Berliner Lohgerberei erlitt «einen schweren Stoß infolge des Eintritts von Hannover in den Zollverein, dessen Lohgerbereien vermöge der billigeren Eichenrinde niedrigere Produktionskosten hatten. Seit Anfang der 1860er Jahre ... hatten die kapitalkräftigen Großbetriebe einen erheblichen Vorsprung erlangt ... An Stelle der im 19.Jahrhundert ständig zurückgegangenen Lederproduktion ist in Berlin ein großes Lederverarbeitungsgewerbe entstanden».

Für den Zeitraum 1801 bis 1856 findet sich nachstehende aufschlußreiche Tabelle, in der sich die wechselhafte, insgesamt aber problematische Situation Dammsmühles ebenso widerspiegelt wie der kontinuierliche bauliche Aufschwung und das Anwachsen der Einwohnerschaft von Schönwalde, was für die damaligen Arbeitsmöglichkeiten im häuslichen Gewerbe, in der Land- und Forstwirtschaft sowie in nähergelegenen Manufakturen und Industriebetrieben sprechen dürfte.

Offensichtlich haben objektive und subjektive Faktoren dazu beigetragen, Dammsmühle stark herunterzuwirtschaften. Um 1890 wurde der Besitz schließlich zu einem Vergnügungslokal.

In der Zeitschrift eines märkischen Heimatgeschichtsvereins von 1907/08 heißt es über diese Gaststätte: Es ist «kaum ein Menschenalter her, daß die Berliner so gerne Kremserfahrten nach Dammsmühle, jenem so idyllisch zwischen Wald und See gelegenen Gasthause an der Mühlenbecker Forst unweit Summt unternehmen». Die Wirklichkeit süßlich verklärend, ein wohl nur mäßigen Gewinn abwerfendes Vergnügungslokal in ein «trauliches Gasthaus» umfunktionierend, fuhr der Autor fort: «Die idyllische Lage am Wald und See lockte gar bald die Berliner, ... Dammsmühle war eine beliebte Erholungsstätte, wo auch der Magen zu seinem

Namen der Ortschaften	Eigenschaften der Ortschaften	Es waren darin vorhanden								Namen der jetzigen Besitzer
		1801		1816		1837		1856		
		Häuser	Einwohner	Häuser	Einwohner	Häuser	Einwohner	Häuser	Einwohner	
Dammsmühle auch Neue Mühle bei Mühlenbeck	Wassermühle	1	10	*) —	21	1	7	2	14	Mühlenbes. Altner

Namen der Ortschaften	Eigenschaften der Ortschaften	Es waren darin vorhanden								Namen der jetzigen Besitzer
		1801		1816		1837		1856		
		Häuser	Einwohner	Häuser	Einwohner	Häuser	Einwohner	Häuser	Einwohner	
Schönwalde b. Bernau	Kolonie, 1754 als Spinnerdorf angelegt	54	618	*) —	600	111	878	*) —	1 037	Domäne

*) Die Fehlanzeigen unter Häuser lassen annehmen, daß entsprechende Erhebungen entweder nicht durchgeführt oder nicht festgehalten wurden.

Dammsmühle als Ausfluglokal

Rechte kam, wo Kahnfahrten auf dem See und ein Tänzchen auf schlichter Diele der Jugend nicht fehlten.»

Tatsächlich mögen die von Berlin verhältnismäßig weit entfernte und gleichzeitig recht abgeschiedene Lage dieses Lokals, vielleicht auch jahreszeitlich bedingte Umsatzschwankungen und auch das magere Einkommen der in den umliegenden Ortschaften lebenden Bevölkerung dazu beigetragen haben, daß diese Gaststätte sich bald als nicht genügend rentabel erwies bzw. lukrativere Angebote zu ihrer Aufgabe verlockten.

Doch dann kam ein neuer Chef

Im «Grundbuch Mühlenbeck von der Königl. Forst Schoenwalde» findet sich unter den Rubriken «Eigentümer. Grund des Erwerbes. Verzicht» amtlich eingetragen: «Der Leutnant der Landwehr Adolf Wollank in Ber-

86

lin Oranienburger Straße 54. Aufgelassen am 2. und eingetragen am 3. Juli 1894. gez. Jacobi Ihlenfeldt.» Das Grundstück Dammsmühle hatte somit einen neuen Besitzer gefunden. Das Mobiliar der bisherigen Gaststätte dürfte bald abtransportiert worden sein. Anstelle des letzten Lokalinhabers führte nunmehr ein Leutnant der Landwehr das Kommando. Dieser Dienstgrad verdient zunächst beachtet zu werden, denn das Grundbuch führt keine weitere Berufsbezeichnung des neuen Eigentümers an. Im Volksmund wurde der unterste Offiziersdienstgrad durchweg mit dem Begriff Schulden in Beziehung gesetzt, Herr Leutnant Wollank war aber Chef eines teuren Anwesens.

Reichlich vier Jahre nachdem sich dieser Leutnant auf Dammsmühle niedergelassen hatte, äußerte ein offensichtlich heimatkundiger Herr Hillberger in den monatlich erscheinenden «Mittheilungen des Touristenklubs für die Mark Brandenburg» über eine am 6. November 1898 durchgeführte Wanderfahrt, das nächste Ziel sei Dammsmühle gewesen, «dessen Herrenhaus mit seinem stattlichen Thurm einen würdigen Abschluß dieses reizenden Bildes» geboten habe. Dann ging der Korrespondent ins Detail: «Dammsmühle ist vor vier Jahren von einem Sprossen der wohlbekannten alten Berliner Familie Wollank, Herrn Leutnant Wollank, käuflich erworben worden, der hier mit bedeutenden Kosten sich einen der schönsten Herrensitze der Mark schafft. Das gesamte 112 Morgen umfassende, mit alten Bäumen bestandene, zwischen einem prächtigen gemischten Wald (Nadelholz und Buchen) und dem Mühlenbecker See gelegene Areal eignet sich wie kaum ein anderes zu einer solchen Anlage. Der Eintritt war uns freundlich gestattet, und Herr Obergärtner Lehmann, der die dankbare Aufgabe hat, hier mit den reichen Mitteln seines Chefs den Herrensitz neu auszugestalten, übernahm in liebenswürdiger Weise unsere Führung. Eine große Fischzucht wird angelegt. Neun nebeneinander liegende, mit einander verbundene Teiche, die zur Belebung des Landschaftsbildes wesentlich beitragen, bergen die zu Tausenden bezogene Forellen- und Karpfenbrut. Das Fließ, das diese Teiche speist und für fortdauernden Wasserwechsel, den die Forellen brauchen, sorgt, wird in einem Tunnel durch das Schloß geführt und liefert auch die Kraft für die elektrische Beleuchtung. Ein Rosenparterre mit etwa 1 000 hochstämmigen Rosen, edle Nadelhölzer, Obstkulturen — 24 Morgen sind jetzt schon mit den verschiedensten Sorten besetzt — umfangreiche, mit Weinreben bepflanzte Anlagen lassen erkennen, was hier geschaffen wird. Zu statten kommt der gan-

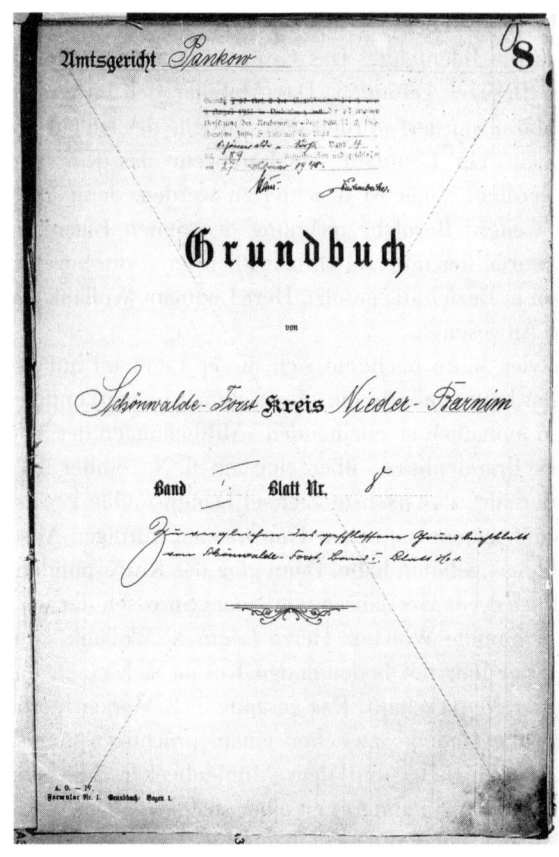

zen Anlage der nachbarlich gelegene, gerade hier so herrliche Königliche Forst mit seinem gemischten Baumbestande.»

Aus dieser Schilderung geht hervor, daß hier schon seit über vier Jahren und auf lange Sicht intensiv gearbeitet wurde. Wollank schien seine Arbeit mit Energie und beträchtlicher Initiative begonnen zu haben. Schon hatte sich ein fester Personalstamm herausgebildet, wofür auch das Wirken eines Obergärtners sprach. Die «reichen Mittel» des neuen Chefs finden sich erwähnt und auch der «gerade hier so herrliche Königliche Forst mit seinem gemischten Baumbestande». Über diesen Forst noch später, zunächst dürften wohl Wollank und zwangsläufig auch seine «Dynastie» von

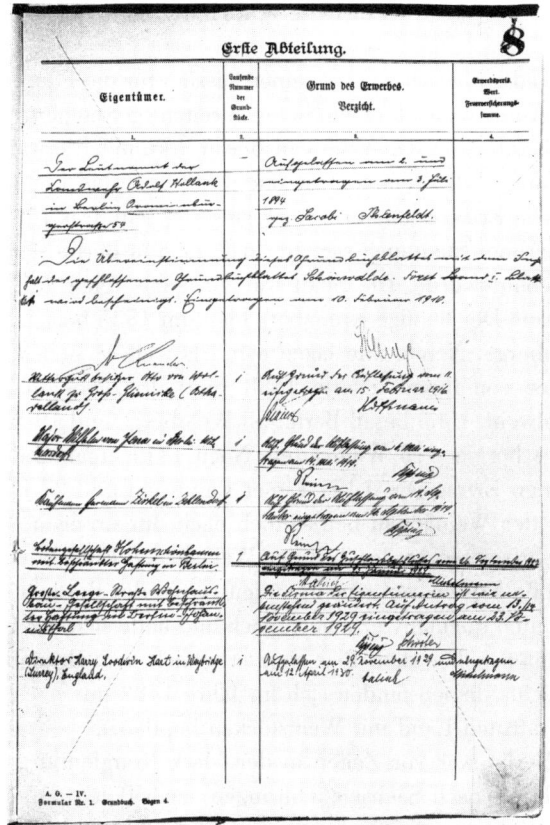

Im Grundbuch vermerkt: Leutnant Adolf Wollank

Interesse sein. Immerhin: Über vier Jahre hinweg ein derart großes Besitztum kultivieren und gleichzeitig «einen der schönsten Herrensitze der Mark» erbauen lassen, von dem vorangegangenen käuflichen Erwerb des Grundstücks ganz abgesehen, dazu noch «die mit Weinreben bepflanzten Anlagen», die Rosenzucht, die Obstkulturen, die Forellen ... Das kostete Geld, viel Geld.

Vielleicht kommen wir von den im Wein liegenden Interessen des Leutnants Wollank, überhaupt vom Wein her unserem Informationsbedürfnis ein Stück näher.

«Im Wein liegt Wahrheit ...»

... weiß ein Lied zu berichten. Mit seiner Passion für die Pflege des Weinanbaus folgte Adolf Wollank einem bereits breit ausgetretenen Pfad. Schon im Jahre 1173 gab es in der Nähe von Berlin urkundlich erwähnte Weinberge, so bei der Stadt Brandenburg, und 1258 auch bei Lehnin, Chorin, Oderberg ... Die Erträge sollen reichlich gewesen sein. Das 1391 bis 1393 geschaffene Berliner Stadtbuch sagt aus, daß auch in Berlin schon frühzeitig Wein angebaut wurde. Die Stadt war einstmals reich an Weingärten und Weinbergen. Der heutige Kreuzberg hieß um 1535 beispielsweise der «Runde Weinberg». Neben ihm lagen ostwärts weitere sieben Hügel des Bacchus. Einer von ihnen lieferte 1588 rund dreizehneinhalb Tonnen Weiß- und Rotwein. 1565 besaß Berlin 55 Weinberge und 19 Weingärten; 1735 waren es bereits 116 Weingärten. Noch 1711 ergaben die Berliner Weinberge einen Ertrag von 1 157 Eimer Landwein und 27 Eimer Most. Ab 1740 ließ der Weinanbau beträchtlich nach. Im strengen Winter desselben Jahres erfror ein großer Teil der Weinstöcke. Eine Wiederanpflanzung hätte große Kosten verursacht; zudem stand der Berliner Wein dem anderer Gegenden qualitativ erheblich nach und hatte sich der Geschmack der Konsumenten neben dem Bier ganz erheblich dem Branntwein zugewandt. Angesichts dessen fanden sich im Jahre 1782 nur noch 9 Morgen und 41 Quadratruten Land mit Weinstöcken bepflanzt.

Wein aus Berlin war vor Zeiten in der Mark Brandenburg billiger als Bier. Er wurde bis nach Sachsen, Thüringen, nach Polen und selbst nach Rußland ausgeführt. An die einstige Weinstadt Berlin erinnerten bzw. erinnern noch heute Straßennamen wie Weinstraße (zwischen Gollnowstraße und Friedrichshain), die Weinmeisterstraße (genannt nach der 1699 durch den Garten des Weinmeisters Stohse gelegten Weinmeistergasse), und der schon zur Zeit des Dreißigjährigen Krieges bestehende Weinbergsweg. Letzterer führte während der Übergangszeit vom 19. zum 20. Jahrhundert über den ehemaligen Wollankschen Weinberg zum Rosenthaler Tor, zur Kastanienallee. Zu diesem Weinberg heißt es in einer Pressebetrachtung: «Im Norden der Stadt besaß zur Zeit des Großen Kurfürsten der Feldmarschall Graf Sparr einen ausgedehnten Weinberg, auf dem er ein anmutiges Sommerhaus, ein ‹Belvedere›, errichten ließ, und zu dem die Weinbergsgasse, der jetzige Weinbergsweg, hinaufführte. Später bürgerte sich für das Grundstück der Name Wollanks Weinberg ein.»

Auch der Weg vom Weinberg der gräflichen Familie Sparr zu den Wollankschen Weingärten auf Dammsmühle hat seine Aufenthalte. Nachdem besagter Weinberg sich bis 1650 im Besitz einer Familie Engel (genannt die «Engelschen») befunden hatte, ging er an den Reichsgrafen Generalleutnant und Feldzeugmeister Ernst Jürge(n) v. Sparr über. Nach dessen Tod 1666 ließen seine Söhne, Wlatislaw und Johan(n) Ernst, das Besitztum (mehrere Grundstücke, Gebäude und Weinpresse) abschätzen. Die daraufhin gefertigte Urkunde vom 6. September 1666 fixierte einen Gesamtwert von 1 000 Taler. Noch im selben Jahr übernahm Generalfeldmarschall Otto Christoph v. Sparr den Weinberg mit allem Zubehör. Dieser Soldat gehörte zu den bemerkenswertesten Vertretern eines alten märkischen Adelsgeschlechts; er hatte sich 1649 nach Diensten bei kaiserlichen und kurkölnischen Truppen dem Kurfürsten Friedrich Wilhelm von Brandenburg zur Verfügung gestellt, speziell dessen Artillerie organisiert, hatte am 30. Juli 1656 den Sieg bei Warschau errungen und war 1657 zum Generalfeldmarschall ernannt worden. Nach dem Tode dieses Mannes im Jahre 1668 erwarb der Freiherr Christoph Caspar v. Blumenthal im selben Jahr den Weinberg einschließlich aller Baulichkeiten für 1 500 Taler Bargeld.

Unter der Regierung Friedrichs II. findet sich als Besitzer dieses Weinberges der Feuerwerker Johann Fr. Weikgenannt (auch Weickgenandt geschrieben) verzeichnet. Durch königliches Dekret vom 16. Oktober 1749 wurden ihm die Weinberge sowie einige angrenzende «wüste Plätze» erbeigentümlich überlassen und am 11. Februar 1750 angewiesen. Die «wüsten Plätze» waren zur Anlage einer Maulbeerplantage gedacht, die bis etwa 1825 betrieben worden ist.

Schon 1763 gelangte der Weinberg durch Kauf an den Bürger und königlichen Lieferanten Carl Friedrich Mollarn, der dort ein vielbesuchtes Kaffeehaus einrichtete. Zweiunddreißig Jahre später erwarb der Inspektor Johann Friedrich Wilhelm Münnich dieses Grundstück für 3 000 Taler. Wie sein Vorgänger erhielt auch er die Berechtigung, auf dem Weinberg eine Gaststätte zu betreiben.

Im Jahre 1801 schließlich erwarb ein Handelsagent namens Ribbe von der Witwe des Inspektors Münnich den Weinberg und die Maulbeerplantage für den Rendanten George Wollank. Dieser überließ das Besitztum seinem Bruder, dem am 4. Mai 1771 in Berlin geborenen Seidenwirker und Seidenwarenhändler Gottlieb Friedrich Wollanke (der sich später

Wollank schrieb) für 50 000 Rheintaler. Wollank(e) wohnte am Schloß-
platz — Ecke Breite Straße.

Es bedarf keiner historischen Akrobatik zu der Annahme, daß dem Sei-
denproduzenten und -händler Wollank(e) der Name des verblichenen Sä-
mischledermanufakturisten Damm und der seiner 1802 verstorbenen
Witwe bekannt gewesen ist. Auch gesellschaftliche Beziehungen zwischen
den Angehörigen dieses überschaubaren Kreises königlich privilegierter
Produzenten und Lieferanten dürften nicht ausgeschlossen gewesen sein,
und nicht minder, daß der Name Damm und der seiner einstigen Wir-
kungsstätte am Möllichen auch weiterhin zum Gedächtnisschatz der Familie Wollank gehörte. Das Wissen um die Möglichkeit einer solchen in der
Familie verhafteten Erinnerung macht erklärlich, wie etwa 90 Jahre später
einer der Wollankschen Ableger ausgerechnet wieder auf Dammsmühle
stoßen und hier heimisch werden sollte.

Gottlieb Friedrich Wollank(e) fügte noch vor 1805 seiner Erwerbung im
Wert der genannten 50 000 Rheintaler größere Flächen Ackerland hinzu:
das waren 51 Morgen 118 Quadratruten Acker zwischen der späteren
Brunnenstraße und der Bergstraße bis hinauf zur Bernauer Straße sowie
29 Morgen 28 Quadratruten im Gebiet des späteren Bahnhofes Gesund-
brunnen. Im Jahre 1806 schloß er einen Erbpachtkontrakt über 124 Morgen 121 Quadratruten Land von der Brunnenstraße bis zur Schwedter
Straße und der Lortzingstraße. Dieser Rechtsakt wurde durch König Friedrich Wilhelm III. bestätigt. 1822 hatte Wollank außer dem Weinberg noch
206 Morgen Ackerland in Besitz. Direkt am Weinberg und zugleich am
Weinbergsweg lag ein langgestrecktes Gutshaus. Erst 1912 wurde es abge-
rissen. Bis dahin befand sich in einem Teil des Hauses die Piano-Fabrik
von Emil Laemmerhirt und im Erdgeschoß das Restaurant «Zum Weinberg», Inhaber Paul Wolff. Der alte Wollank wohnte in einem einstöckigen
Zwischengebäude. Seine geräumigen Wein- und Obstkeller waren unter
dem hohen Giebelhaus des Gesamtkomplexes zu finden. 1825 löste sich
G. F. Wollank (der «alte») von der Verpflichtung 1 300 Maulbeerbäume auf
seinem Grundstück zu halten. Außerdem ging das Besitztum nunmehr in
sein freies Eigentum über, d. h. er konnte es auch selbständig weiterver-
kaufen. Über die Zeit um 1850 wird davon berichtet, daß Wollank im
Weinberg Konzerte veranstalten ließ. Es ist anzunehmen, daß diese Dar-
bietungen im ehemaligen Kaffeehaus von C. F. Mollarn, der späteren Gaststätte von J. F. W. Münnich, die schließlich gleichzeitig als Vorstadttheater

92

diente, stattfanden. Das «Vorstädtische Theater in Wollanks Weinberg» wurde besonders von Arbeitern und Handwerkern als preisgünstige Unterhaltungsstätte bis 1870 gern aufgesucht.

Am 13. April 1851 starb der alte Wollank. Einer seiner Söhne, Adolf Friedrich Wollank, geboren am 28. Februar 1833 in Berlin im Haus am Weinbergsweg, besaß schon zu Lebzeiten seines Vaters das Bernouillische Gut in Pankow, Breite Straße 116 — eines mancher Zeugnisse für den insbesondere durch Grundstücksspekulationen erworbenen und systematisch angehäuften Reichtum der Familie Wollank. In Pankow wirkte er viele Jahre auch als Amtsvorsteher.

Es liegt nahe, die immer intensiver und gewinnbringender werdenden Grundstücksspekulationen bis zu der Zeit der Weinanbau-Katastrophe des Jahres 1740 zurückzudatieren, in deren Folge Weinberge, wie z. B. ein bei Schöneberg gelegener, sogar regelmäßig Schießplatz bei Übungen der Berliner Garnison wurden. Das plötzliche Freiwerden größerer Ländereien fiel dabei mit neuen ökonomischen Entwicklungen und Bedürfnissen zusammen. Wer zu jener Stunde ein angemessenes finanzielles Polster besaß, die Gunst der Situation erkannte und sie geschäftsmäßig zu packen verstand, hatte Aussicht auf Erfolg. Die Wollanks gehörten offenkundig zu den kühn Entschlossenen.

A. F. Wollank übernahm die Besitzung seines Vaters und baute das Gutshaus zu einem großen Komplex aus. Nach seinem Tode am 19. November 1877 ging aller Besitz an den Bruder Karl über.

Ohne Zweifel kam dem raschen ökonomischen Aufschwung der Familie Wollank, von eigenen kommerziellen Fähigkeiten abgesehen, auch die günstige territoriale Lage ihres Besitztums zugute. Nicht zuletzt in ihrer Gegend entstanden um die Mitte des 18. Jahrhunderts die ersten Massenquartiere für zuwandernde Handwerker der verschiedensten Gewerke; der rasche Bau trostloser Wohnkasernen für die entstehenden Familien war die Folge.

Ein Zeitgenosse noch von A. F. Wollank, der konservative Staats- und Literaturwissenschaftler Prof. Wilhelm Heinrich Riehl, schrieb 1853 in einem mehrbändigen Werk zur deutschen Sozialpolitik, dessen erster Teil 1894 (also im Jahr des sichtbaren Auftretens von Adolf Wollank in Dammsmühle) seine neunte Auflage erlebte: «In Berlin ... aber nehmen (gemeint ist ab 1784 — d. Verf.) Tagelöhner und Gesinde zu ... Schon kann für die Überzahl der einzelnen Arbeiter und Taglöhner in den Groß-

93

städten nicht mehr Raum geschafft werden, weil sie als Mieter den Häuser-
spekulanten nicht genügend Profit bieten. In Berlin droht diese Mietfrage
bereits zur ‹sozialen Frage› zu werden, und in kurzem wird man in solchen Städten von Gemeinde wegen Proletarierkasernen bauen müssen,
man mag wollen oder nicht ...».

Die Wollanks wollten: das brachte ihnen Millionen ein. 1894 starb Karl
Wollank. Er war kinderlos und hinterließ u. a. eine 1875 entstandene ge-
räumige Villa am Weinbergsweg 15, die in das Eigentum der Wollankschen Familienstiftung überging. Während der Kriegsjahre 1914 bis 1918,
dieser geschichtliche Parforceritt sei verziehen, wurde diese Villa durch
den nächstältesten Bruder des verstorbenen Karl, Willi Wollank, aus den
Mitteln der Familienstiftung in ein Militärlazarett umgestaltet. Diese Einrichtung besuchte Kaiserin Auguste Viktoria am 28. März 1916, begleitet
von Willi Wollank und seiner Gattin. Karl Wollank hatte eine Familienstiftung in Höhe von vielen Millionen hinterlassen. Mit ihren Zinsen sollten,
wir folgen den Mitteilungen von Otto Behrend als Lokalhistoriker und zugleich Zeitgenossen des letzten von Klio erfaßten Wollank, «alle männlichen Nachkommen seines Vaters Gottlieb Friedrich und seines Großva-
ters, in 2. Linie nach dem Aussterben dieser alle männlichen Träger des
Namens Wollank, soweit sie verwandt sind, in 3. Linie alle sonstigen Personen mit Namen Wollank, in 4. Linie alle Armen Berlins bedacht werden ...» Über die von der Familienstiftung berührten verwandschaftlichen
Verhältnisse findet sich mitgeteilt:

«Von seinem Bruder, dem Gutsbesitzer Adolf Wollank, stammen vier
Kinder ab: 1. Der Rittmeister Otto v. Wollank auf Groß-Glienicke bei
Spandau, geadelt 1912; 2. Luise, vermählt mit dem Herrn Major v. Zolliko-
fer-Altenklingen; 3. Adolf Wollank (der Jüngere) auf Dammsmühle, der
1915 unverheiratet gestorben ist; 4. Katharina, die Gemahlin des Herrn
Hauptmann und Grafen Waldemar v. Pfeil und Klein-Ellguth, Herrn auf
Deutsch-Kessel und Wilhelminental in Schlesien.

Der Herr Rittmeister Otto v. Wollank nennt drei Kinder sein eigen: Ma-
rie, Ilse und Horst. Herr Willi Wollank gehört einer seit 1912 anerkannten
Seitenlinie an, welche durch den raschen Nachwuchs an Söhnen die Zukunft der Familie Wollank sicherstellt. So knüpft sich denn an den Namen
‹Wollanks Weinberg› ein bemerkenswertes Kapitel der Entwicklungsge-
schichte der Stadt Berlin ...»

Die (zumindest hier) im Wein liegende Wahrheit hat uns damit zu Adolf

Wollank zurückgeführt. Er gehörte der genannten zweiten Linie im Rahmen der Wollankschen Familienstiftung an. Somit war er gemeinsam mit seinem Bruder Willi wichtigster Nutznießer des sich ständig vergrößernden Gesamtvermögens. Einen beträchtlichen Teil konnte er in sein 1894 erworbenes Grundstück Dammsmühle anlegen. Eine steile und gleichzeitig recht mühelose Karriere war vorgezeichnet. Die Wahrung und Pflege fester Familienbeziehungen und enger Bindungen zu einflußreichen Freunden und Bekannten konnte der pekuniären und gesellschaftlichen Stellung und Erfolgen nur dienlich sein.

Ein Träger des «höchsten Titels» wird neuer Besitzer

Die Uhr der Weltgeschichte zeigte den 2. Juli 1894 an, als der bis auf die Stufe eines Vergnügungslokals heruntergewirtschaftete Besitz Dammsmühle in die Hände des Leutnants Adolf Wollank überging. Als Sproß der vorgestellten alten Pankower Familie, die in den «Gründerjahren» Berlins an den 5 Milliarden Francs betragenden französischen Kriegskontributionen partizipiert hatte und sich durch Grundstücksspekulationen enorm bereicherte, war es dem Herrn Leutnant möglich geworden, den Besitz nicht nur zu erwerben, sondern bald wieder in einen der stattlichsten Herrensitze der Mark umwandeln zu lassen.

Bevor näher darauf eingegangen wird, einige Worte zu dem «Leutnant» und seinen Hauptbeschäftigungen.

Wollank trug die Dienstgradbezeichnung gewissermaßen als ständiges Synonym für die eines nicht vorhandenen Berufes. Nun gab es zweifellos Offiziere, die gewissermaßen «im Dienst ergraut» waren, wenn zuweilen auch nur im Leben ihrer Garnison, im Kasino und beim Courschneiden. Nichts von alledem beim Wollank. Die «Rangliste der Königlich Preußischen Armee ...» von 1901 weist ihn als Leutnant der Landwehr 2. Aufgebots der Feldartillerie aus. Mit dieser mageren Angabe wollen wir uns aber nicht begnügen.

Die Landwehr war ursprünglich eine militärisch progressive Einrichtung, eine im Februar 1813 zuerst in Ostpreußen aufgestellte, auf Grund der von Scharnhorst entworfenen Landwehrordnung auf ganz Preußen ausgedehnte milizartige Organisation zur Landesverteidigung. Sie umfaßte alle wehrfähigen Männer vom siebzehnten bis zum vierzigsten Lebensjahr,

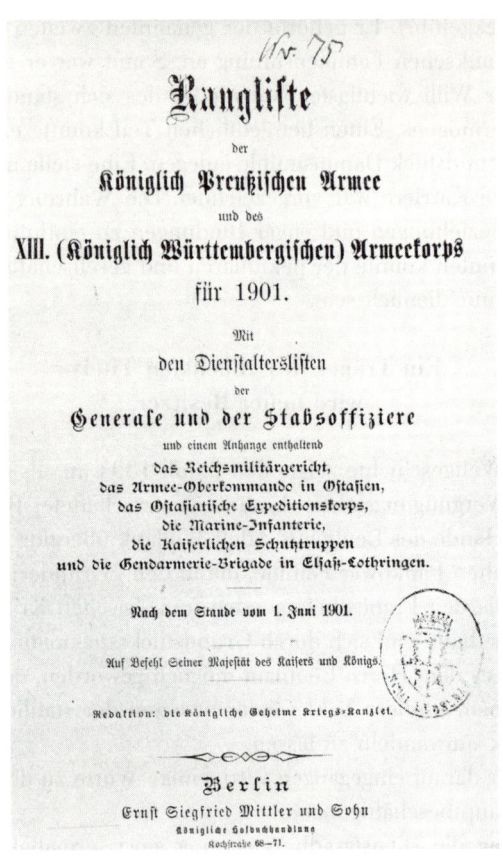

Rangliste

der

Königlich Preußischen Armee

und des

XIII. (Königlich Württembergischen) Armeekorps

für 1901.

Mit

den Dienstaltersliften

der

Generale und der Stabsoffiziere

und einem Anhange enthaltend

das Reichsmilitärgericht,
das Armee-Oberkommando in Ostasien,
das Ostafiatische Expeditionskorps,
die Marine-Infanterie,
die Kaiserlichen Schutztruppen
und die Gendarmerie-Brigade in Elsaß-Lothringen.

Nach dem Stande vom 1. Juni 1901.

Auf Befehl Seiner Majestät des Kaisers und Königs.

Redaktion: die Königliche Geheime Kriegs-Kanzlei.

Berlin

Ernst Siegfried Mittler und Sohn

Königliche Hofbuchhandlung
Kochstraße 68—71.

soweit sie nicht im stehenden Heer dienten, und war in Bataillone und Brigaden gegliedert. Hingegen umfaßte der lt. Kabinettsverordnung vom 17. März 1813 im Rahmen der allgemeinen Volksbewaffnung gegen die Napoleonischen Invasoren gebildete Landsturm alle wehrfähigen Männer zwischen dem 17. und 50. Lebensjahr, die nicht dem stehenden Heer oder der Landwehr angehörten.

Etwas über 80 Jahre waren seit der Landwehrgründung vergangen, als sich Herr Landwehr-Leutnant Wollank auf Dammsmühle niederließ. Als Angehöriger des zweiten Aufgebots wurde er nicht mehr zum aktiven Dienst herangezogen, den Kriegsfall ausgenommen. In solcher Situation

Feuerwerfsoffiziere:
Frw. Oblt. Schmidt [FW3] *LD1*

2. Aufgebot.

Jäger:
| Hptm. Mechow ⚔4 *LD1* | Hptm. Hammer- schmidt *LD1* | Oblt. Pernice *LD2* |
| | Oblt. Karitzky *LD2* | = v. Oehlschlaeger |

Kavallerie:

Maj. v. Reubell ⚔1
⚔1 ⚔3 ⚔2 ✠ *LD1*
BZ1 BM2b MK1b
OV2b GSF1 HSH1
WK1 FE3 JM1 JK1
ÖEK2 ÖFJ1 RSt1
TM1
= v. Wedell⚔ ⚔mKr
⚔2 ✠Ehr.-C *LD2*
HEK1 AB1 BZ1
BCV1BrH1HP1mKr
SA1mgStGSF1SLH1
WK1GE1JM1NL1
ÖL1 PL1 RumSt1
RWHc. SN1 SE1
SJ1 TO1
Rittm. Karchow *LD1*
MMV2
= Martini *LD2*
= v. Hahn

Rittm.Landaur⚔3 *LD2*
BM2 HSH3b PV3
SC2a SJ1
= Wrede ⚔4 ⚔4
LD2
= Giesecke *LD2*
= Dotti *LD2*
= Nitzsche *LD1*
= Gr. Strachwitz v.
Groß-Zauche u.
Camminetz
Oblt. Meyer *LD2*
= v. Jedlin *LD2*
= v. Ramele *LD2*
= Hecht *LD2*
= Badewitz *LD2*
= Bothmann *LD2*
= Hempel *LD2*
= Willmann *LD2*
= Hoffmann *LD2*

Oblt. Frhr. v.Eckhardt-
stein *LD2*
= v. Rathusius *LD2*
= v. Bonin
= v. Fifenne
= v. Simson *LD2*
Lt. Stemrich ⚔4 ⚔G
LD2
= Kaufmann ⚔4
= Voswinckel *LD2*
= Gr. v. Dönhoff
LD2
= v. Pilgrim ⚔4
LD2
= v. Quast *LD2*
= Wollant
= Stoecker *LD2*
= Ende *LD2*

Feldartillerie:
Hptm. Greulich *LD1*	Oblt. Hahn *LD2*	Lt. Thulde *LD2*
RSt3	= Reizert *LD2*	= Bertram *LD2*
= Lange *LD2*	= Frankfen *LD2*	= Lund *LD2*
= Große-Leege *LD1*	= Woehlte *LD2*	= Jüngling *LD2*
= Rabenau	= Mecke *LD2*	= Beckmann
Oblt. Reuter *LD2*	Lt. v. Langen *LD2*	
= v. der Decken	= Görz ⚔4 *LD2*	
(Friedrich)	*BZ3a*	

Fußartillerie:
Oblt. Raps *LD2*

Pioniere:
| Hptm. Voellerling⚔4 | Hptm. Muetzell | Oblt. Dittrich *LD2* |

Train:
Rittm. Böker *LD2*	Oblt. Kiesling	Oblt. Engelhardt *LD2*
= v. Eltester	= Buhlers *LD2*	
Oblt. Lucas *LD2*	= Mofer	

Zeugoffiziere:
Zeug-Lt. Koeller [FW3]

Feuerwerfsoffiziere:
Frw. Lt. Hagemeister [FW3]

Abg. Verf.: St. Arzt Dr. Friesheim als Ob. St. Arzt, f. Huf. R. 15; Oberlt v. Seydlitz
Kurzbach f. J. R. 26. Ueberw.: Lt. Lehmann b. L. Bez. Stralfund, Obell b. L. Bez.

In der Rangliste vermerkt: Leutnant Adolf Wollank

sollte das zweite Aufgebot Garnisonsdienst in den Festungen leisten, um dadurch die Linientruppen und das erste Aufgebot für Feldoperationen freizumachen.

Einem Beitrag des Ende des vorigen Jahrhunderts sehr bekannten Militärschriftstellers Bernhard Poten ist zu entnehmen, daß Wollank sich in einer militärisch exquisiten Situation befunden haben mußte. «Wie der Landwehroffizier», schrieb Poten, «gehört der Reserveoffizier zum Offizierskorps desjenigen Landwehrbezirkes, welchem er überwiesen wird ... Im Dienst erscheinen Reserve- wie Landwehroffiziere stets in Uniform. Während der Beurlaubung dürfen sie dieselbe bei feierlichen Gelegenheiten, insbesondere bei Festen der Kriegervereine sc. anlegen. Sie unterliegen den ehrengerichtlichen Bestimmungen.»

Weiterhin wußte Poten mitzuteilen: «Die Einberufung der Offiziere der Landwehr ersten Aufgebots richtet sich nach ihrer Mobilmachungsbestimmung ... Offiziere des zweiten Aufgebotes haben eine solche Verpflichtung nicht. Die Beförderung von Landwehroffizieren erfolgt nach ihrem Dienstalter in den zugehörigen Kavalleriedivisionen, der gesamten Fußartillerie sc.»

Nicht unwichtig für die Beurteilung des Leutnantspiels von Wollank ist auch Potens weitere Information: «Eine äußerliche Anerkennung langer, über das gesetzliche Maß hinaus und mit besonderem Interesse geleisteter Dienste erfolgt durch die Verleihung eines Ehrenzeichens der ‹Landwehr-Dienstauszeichnung›. Es gibt zwei Klassen derselben. Die erste, ein silbernes Kreuz, können Offiziere und Sanitätsoffiziere des Beurlaubtenstandes erhalten, welche mehr als zwanzig Jahre dem stehenden Heere und der Landwehr ersten Aufgebots angehört haben; die zweite Klasse ‹die Schnalle›, ein farbiges seidenes Band mit eiserner Einfassung, wird an Personen verliehen, welche nach Erfüllung ihrer Dienstpflicht im stehenden Heere und in der Landwehr ersten Aufgebots einen Feldzug mitgemacht oder noch drei Monate aktiv gedient haben.»

Ein Blick in die erwähnte «Rangliste ...» zeigt, daß 23 Offiziere des 2. Aufgebots (Feldartillerie) im Landwehrbezirk IV Berlin Träger der «LD 2» waren; fünf Offiziere sind ohne jede Auszeichnung aufgeführt. Zu letzteren gehörte auch Wollank.

Aus alldem kann geschlossen werden: Wollank dürfte keine lange aktive Dienstzeit hinter sich gebracht haben, was sich aus seinem untersten Offiziersdienstgrad sowie dem Fehlen jedweder Militärauszeichnung ergibt; W. hatte keinerlei dienstliche Verpflichtungen, wohl aber das Recht, Uniform zu tragen, mit seinem Dienstgrad zu prunken und auf diesen zu pochen; oder in Parenthese: «Jahrelang haben sich die Offiziere der Armee sowohl in ihrer dienstlichen Stellung wie außerhalb derselben in sehr anmaßender Weise benommen gegenüber der Zivilbevölkerung ... Es hat viele Fälle gegeben in Deutschland, wo Offiziere, die einen leichten Disput hatten mit Zivilisten, den Zivilisten augenblicklich heruntergehauen haben.» Der vor und während des ersten Weltkrieges in Deutschland amtierende amerikanische Botschafter James W. Gerard, der dies schrieb, ist ein aufmerksamer Beobachter gewesen.

Auch die Tatsache, daß Wollank den in militärischen und Gesellschaftskreisen als zweitrangig eingeschätzten Dienst bei der Feldartillerie geleistet hatte, muß nicht gegen seine Hochachtung für das Militärwesen sprechen; sie steht deshalb nicht in Widerspruch zu der Achtung, die er für seinen Dienstgrad gefordert und gefunden haben mag: von der «kameradschaftlichen» Anbiederung bis zum gemeinsamen hurrapatriotischen Krakeelen.

Wenn auch kein direktes Zeugnis des Lebens und Treibens von Adolf Wollank während seiner aktiven Militärdienstzeit zu finden war, so scheinen doch die folgenden Worte der als Adlige aufgewachsenen späteren Schriftstellerin Lily Braun (geb. v. Kretschmar) auf unseren Helden zugeschnitten zu sein: «In meines Vaters (Brandenburger – d. Verf.) Regiment war ich die einzige meiner Art, und daß alle Leutnants dem Regimentstöchterlein huldigten, war eigentlich selbstverständlich. Sie waren zumeist Berliner Kaufmannssöhne …, weil ihnen trotz reichlicher Zulage die Garde verschlossen blieb und sie sich doch nicht zu weit von der Vaterstadt entfernen wollten … Das Offizierskorps der weiß-blauen Kürassiere dagegen setzte sich aus dem alten Adel Brandenburgs und Pommerns zusammen, und zwischen ihnen und den Füsilieren bestanden vor unserer Zeit so gut wie keine gesellschaftlichen Beziehungen. Die einen verkehrten auf den Rittergütern der Umgegend, mit deren Besitzern Familienbeziehungen sie verbanden, die anderen zogen den gewohnten Gesellschaftskreis der Kaufleute und Fabrikanten vor.» Erwähnenswert auch in Hinblick auf Wollank, den sie um nur ein Jahr überleben sollte, ist auch ein Verweis auf «jene unausrottbare neidvolle Bewunderung des Bürgerlichen für den Aristokraten, die oft die Miene des Hochmuts trägt, meist aber kein anderes Ziel kennt, als selbst unter demütigender Selbstverleugnung im Kreise der Bewunderten Aufnahme zu finden».

Einen literarischen Kontext finden wir in Heinrich Manns im Jahre 1911/12 verfaßtem «Untertan». Die Schwester des Romanhelden Diederich Heßling, ein Fräulein namens Emmi, wird von einem Leutnant von Brietzen geschwängert. Von Heßling zur Rede gestellt, erklärt der Leutnant, daß man ein «Mädchen, das ihre Ehre nicht mehr» hat, «nicht zur Mutter seiner Kinder» machen könne. Auch versprach er «dem Koofmich von seinem Burschen die Fresse einschlagen zu lassen», was Diederich erschreckte und das Feld räumen ließ, aber: «Diederich freute sich, trotz allem, des frischen und ritterlichen, jungen Offiziers. ‹Den macht uns niemand nach›, stellte er fest».

Den preußischen Leutnant «macht uns niemand nach!» Diese apodikti-
sche, einstens weithin akzeptierte Behauptung läßt sich auch aus der ab-
schließenden Bemerkung in dem bereits zitierten Aufsatz von B. Poten her-
aushören: «Schon fragt man bei dem jungen Manne aus den höheren
Ständen, welcher nicht Offizier ist: ‹Warum ist er es nicht?› Des Kaisers
Rock ist der höchste Titel, mit dem der Offizier der Reserve und der Landwehr an seinem Ehrentage sich schmückt; auch nach seinem Austritt aus
dem Dienst wünscht er denselben zu tragen; für ihn bedeutet ‹Wehrlos —
ehrlos!›»

Ein Leutnant dieser Façon scheint auch Adolf Wollank gewesen zu sein.
Am 28. November 1929 brachte das Hugenbergorgan «Berliner Lokal-An-
zeiger», das als Leib- und Magenblatt der mit dem «System» nicht immer
konform gehenden kleinbürgerlichen Kreise der Hauptstadt gelten konnte,
einen Beitrag von Adolf Stein. Dieser, ein als Journalist und Schriftsteller
posierender, bereits auf die Hitlerpartei eingeschworener Vielschreiber,
der in seinen gedruckten Ergüssen dem «Dritten Reich» den Weg bahnen
half, ließ das Berliner «Landwehrkasino» hochleben, wo vor seinem Tode
während des ersten Weltkrieges vielleicht auch Herr «Leutnant» Wollank
so mancher Flasche Sekt, oder worauf er sonst «gestanden» haben mag,
den Hals gebrochen hatte. Mit «Damen» sicherlich, sonst hätte er nicht
Adolf Wollank heißen dürfen. Hier «war man ganz unter sich», schrieb
Stein. «Überall schwere Möbel und gute Bilder, Widmungsgeschenke
wohlhabender Kameraden oder ganzer Offizierskorps. Der ranghöchste
Berliner Reserveoffizier, der einzige Oberstleutnant d. R. im ganzen Heere,
war der Fürst Radziwill; der reichste wahrscheinlich der Rittmeister d. R.
Bankier v. Schwabach. Nach dem Kriege ist das Haus der Mittelpunkt für
Zusammenkünfte der Offiziere aller Art geworden, überhaupt der Kriegs-
teilnehmer, nicht nur der Offiziere des Beurlaubtenstandes. Ein gutes Dut-
zend von größeren und kleineren Sälen steht für die Regimentsabende zur
Verfügung und ist im Winterhalbjahr nahezu ständig belegt. Nur der große
Kaisersaal oben hat, um das Landwehrkasino rentabel zu erhalten, in ein
Theater umgewandelt werden müssen … Hier haben die Bilderstürmer
des neuen Deutschlands noch keine Gewalt.

Im Treppenhause steht ehern Friedrich Wilhelm III., grüßt die Landwehr von 1813 von den Wänden, und im Restaurant hängt ein mächtiges,
sprechend ähnliches Bild Wilhelms II. in Admiralsuniform.»

«Rumpelstilzchens» Hinweis auf die Standfigur Friedrich Wilhelms III.

läßt fast unvermeidlich an seinen Vorgänger Nr. II denken und an seine Freundin Lichtenau, in deren Glanzzeit Dammsmühle zum beliebten Treffpunkt der Spitzen der sogenannten Berliner «Gesellschaft» geworden war, besonders wenn sie sich «blauen» Blutes erfreute. Unter Adolf Wollank sollte diese Tradition wieder aufleben. Natürlich so stilvoll, wie es den Vertretern jener Macht, denen nach den Worten ihres «herrlichen Kaisers» der «Platz an der Sonne» gebührte, zukam. Sie hätten auch auf Wollank gemünzt gewesen sein können, die Sätze des ehemaligen Reichskanzlers Fürst von Bülow vom «unvergleichlichen deutschen Offizierkorps» und dem «Militarismus …, der das Fundament unseres Staatswesens und die Gewähr unserer Zukunft ist». Herr Leutnant Wollank hatte diese Worte nicht mehr lesen können; denn im Jahr vor ihrem Erscheinen in gedruckter Form war er an den Folgen zügellosen Lebenswandels gestorben. Einen gewissen Hinweis auf diesen Lebensstil gab im Jahre des Beginns der Hitlerherrschaft über Deutschland Fritz Dalichow in einem Kalenderartikel mit der Überschrift «Der schwimmende Tanzsaal bei Schloß Dammsmühle».

In gezwungen-unbekümmert anmutender Manier verherrlichte er darin die Familie Wollank, die lange Zeit Besitzer dieses Anwesens — Schloß, Umgebung, «schwimmender Tanzsaal» — gewesen sei. Für eine sagenhaft hohe Summe hatten sie einen schwimmenden Palast errichten lassen, der den ordinärsten Lustausschweifungen von Teilen der Prominenz diente. «Lustig ging es damals hier zu, die Wollanks hatten Geld, viel Geld, von dem sie einen tüchtigen Batzen in Schloß Dammsmühle steckten», schrieb Dalichow. «Manche Jagd, manches Mahl, manches Sommerfest, manche italienische Nacht gab es hier. Mancher berühmte Mann, manche schöne Frau verbrachte hier als Gast der Wollanks einige frohe und ruhige Sonnentage. Das Herrlichste aber und das, was den Ruhm von Dammsmühle weithin und bis in unsere Zeit hinein begründete, war das schwimmende Schloß oder, wie es die Bevölkerung der Umgebung nannte und nennt, ‹der schwimmende Tanzsaal›, eine märchenhafte Villa in byzantinischem Stil, mit Bogen und Zwiebeltürmen, mit geschwungenen Fenstern und Freitreppen, alles ganz aus Holz. Diese Villa schwamm — und sie schwimmt heute noch — auf dem Wasser; man machte sie dort auf dem kleinen See, auf dem sie steht, oder an seinen Ufern fest, wo sie gerade paßte. Wollte man sich die Sonne früh ins Fenster scheinen lassen, so drehte man die ‹Insel› entsprechend; wollte man Sonne am Nachmittag ha-

Das schwimmende orientalische Märchenschloß

ben, so bedurfte es nur einer Drehung. Die Villa war herrlich eingerichtet. Eine italienische Nacht auf dem von Hügeln eingebetteten kleinen See, bunte Lampions und Raketen, die Musik eines Zigeunerprimas und das Lied eines Gondoliers ließen die märkische Nähe vergessen und versetzten in ferne Lande.»

Es war also wieder fast wie vor hundert Jahren: Wer zur «guten Gesellschaft» gehörte, fuhr auch oder insbesondere nach Dammsmühle. Männer und Frauen, erstere gewiß freiwillig oder weil ihr Prestige es so verlangte, letztere – wenn nicht um des «Vergnügens» willen – so doch als Frauen ihrer Männer. «‹Und was bedeutet denn das, gute Gesellschaft›», zitierte Ludwig Renn, geborener Arnold Vieth von Golßenau, einstmals Leutnant im I. Königlich Sächsischen (Leib-) Grenadier-Regiment Nr. 100, seine Tante. «‹Es bedeutet, daß wir Frauen ein völlig unnützes Leben führen müssen! Ich will dir mal aufzählen, was wir adligen Fräulein tun dürfen! Zum Tee gehen, auf Bälle gehen – und dort natürlich nur mit ganz bestimmten Leuten tanzen, nicht etwa mit einem Arzt oder jemand, der was gelernt hat und darüber zu sprechen weiß, sondern nur mit den albernen Leutnants, denen man ebenso albern antworten soll! Das ist eure gute Gesellschaft!›

‹Ja›, rief Fräulein von Schimpff, ‹Kälber zu werden, das erlaubt man uns!›»

Der adlige Offizierskamerad und journalistisch dem zeitgenössischen Illustriertenniveau sich annähernde Fedor von Zobeltitz – schon 1900 hatte er sich mit «Besser Herr als Knecht» als Schriftsteller vorgestellt – wußte es da natürlich besser: «Schlüsse zu ziehen auf die moralischen Anschauungen innerhalb unseres Offizierskorps, hat man deshalb noch lange nicht nötig.» Welche «Schlüsse» hätten auch gezogen werden sollen? Die Moralauffassungen des Zobeltitz und der «Helden» seiner journalistischen Ergüsse, sicher auch die Wollanks, dessen Lustspielort Dammsmühle in seinen publizistischen Erzeugnissen Erwähnung fand, waren in ihren Kernstücken einheitlich: «Nicht um das Recht kämpft ihr alle, ihr Gerechten, sondern darum, daß euer Bild vom Menschen siege», hatte Friedrich Nietzsche treffend zu sagen gewußt. Ob Leutnant Wollank sich über sein Bild vom Menschen überhaupt Gedanken machte, wissen wir nicht; aber er hat es vorgegeben. Vielleicht nicht so brutal wie Nietzsche, der eine hausbackene Albernheit mit dem Säbelhieb zerfetzte: «Im Naturzustande gilt der Satz nicht: ‹was dem Einen recht ist, ist dem Andern billig›, sondern da entscheidet die Macht ... Menschenrechte gibt es nicht.» Vielleicht läßt sich unter dieser geistigen Vorgabe auch der von Wollanks Offizierskameraden v. Zobeltitz unter dem 15. August 1910 notierte Satz einordnen: «Nietzsche hat schon recht, wenn er sagt, daß die Masse immer eine Bestie sei, die sich nur am Stachelhalsband führen lasse.»

Prosaisches Baugeschehen

Dieser Leutnant Wollank betätigte sich auf seinem 28 Hektar, 06 Ar und 30 Quadratmeter großen Grundstück, das im Jahre 1910 lt. Grundbuch aus «Hofraum, Schloß, Gebäude und Hausgarten» bestand, als eifriger Bauherr. Darin unterschied er sich deutlich von seinen Vorgängern. Diese hatten Dammsmühle offensichtlich aus vorwiegend spekulativen Gründen erworben. Auch der häufige Besitzerwechsel dürfte weitgehend auf Spekulationssucht zurückzuführen sein: schließlich haben in der zweiten Hälfte

Um die Jahrhundertwende gab Adolf Wollank
dem Schloß seine Grundgestalt

des vorigen Jahrhunderts siebenmal die Eigentümer gewechselt, bis das Herrenhaus am 2. Juli 1894 für reichlich zwanzig Jahre in den Besitz von Adolf Wollank gelangte.

Während sich in den letzten etwa fünf Jahrzehnten vor dem Erwerb dieses Objektes baulich kaum wesentliches verändert haben dürfte, zumindest nicht zum Positiven, hat Wollank die Umwandlung des einst höchstens als Herrensitz charakterisierbaren Besitztums (seine schließliche Rolle als Vergnügungslokal tut dem keinen Abbruch) in ein märkisches Schlößchen kurzfristig eingeleitet und durchgesetzt. Die alte Bausubstanz, das alte Wohnhaus mit seiner klaren einheitlichen Gestaltung, einbeziehend, ließ er daneben ein neues Bauwerk errichten. Indem er die einzelnen Gebäude durch einen Turm verband, vermochte er ein Schloß in neubarockem Stil zu schaffen. Die Dachform wurde beim Um- und Aufbau geschickt der des

neuen Hauptgebäudes angeglichen. Dazu mußte ein zusätzliches Geschoß aufgebaut werden, daß mit seinen dachstubenähnlichen Räumlichkeiten bereits Bestandteil des eigentlichen Daches war. Das führte zu einer gewissen Angleichung der beiden Gebäudeteile, ohne eine völlige architektonische Harmonie zwischen ihnen zu erreichen. Es scheint, daß damals erst die Jahreszahl «1768» bzw. «P.F.D. MDCC LXVIII» über den beiden Haustüren angebracht worden ist.

Unzweifelhaft hat Adolf Wollank, natürlich in den Geschmacksvorstellungen seiner Zeit befangen, sehr viel für die äußere und innere Gestaltung des Schlosses und der Parkanlagen getan. Bauliche Uneinheitlichkeiten, unausgewogene Proportionen und Stilbrüche, die bei genauer Betrachtung den Eindruck des Gestückelten hervorrufen, sind aus der viele Menschenalter anhaltenden Gesamtbauzeit, sich wandelnden Stil- und Geschmacksrichtungen, unterschiedlichen Anforderungen, aber auch verschieden gela-

gerten ökonomischen Möglichkeiten sowie dem schlagartig auch dieses Objekt erfassenden parvenühaften Protzentum des wilhelminischen Zeitalters zu erklären. Die Zurückführung der Schloßgestaltung auf weitgehend ursprüngliche Einfachheit, seine Einpassung in die Gesamtästhetik ähnlicher märkischer Bauten bei Beachtung und Wahrung seiner einmaligen Spezifik ist deshalb als schöpferische Leistung zu werten. Natürlich schließen Schöpfertum und Selbstgefälligkeit einander aus.

Im Innern des Schlosses zog eine im Stil des 18. Jahrhunderts ansehnlich gestaltete, geschweifte Holztreppe in dem kleinen durchgehenden Saal in der westlichen Haushälfte die Blicke auf sich. Sie und ein ihr damals ge-

Vestibül des Schlosses im Stil der Jahrhundertwende

genüber eingebauter Kamin, unmittelbar rechts zur Tür der heutigen großen Veranda befindlich, dürften noch zur Dammschen Einrichtung gehört
haben. Die Überlieferung will wissen, daß auch die an anderer Stelle bereits erwähnten holzgeschnitzten Kronleuchter, die den Kirchen von
Schönwalde und Mühlenbeck für die Hilfe von Einwohnern bei der Be-
kämpfung des Brandes von 1805 zum Dank übereignet wurden, Stücke
aus der alten Einrichtung des Dammschen Hauses sind. Wollank verschö-
nerte den 150 Jahre alten Park durch die Anpflanzung wertvoller neuer
Baumarten, wodurch sein Plänterwaldcharakter noch zunahm, ließ einen

107

Rosengarten anlegen und schloß das Ganze zur Straße hin durch schmiedeeiserne Gitter mit einem Hirsch- und Puttentor ab. Mittels neuangelegter Fischzuchtteiche, Obstgärten und in einem großen Gewächshause gezogenem Wein suchte er auch zum positiven Finanzkonto des Besitztums beizutragen. In der 1939 erschienenen detaillierten Übersicht «Die Kunstdenkmäler der Provinz Mark Brandenburg» wurde festgestellt: «Die bei den Herrenhäusern des 18. Jahrhunderts gelegenen regelmäßigen Ziergärten wurden schon seit Anfang des 19. Jh. umgewandelt im Sinne freier Landschaftsparks; in diesem Zustand haben sie sich, wenn auch vielfach arg beraubt und vernachlässigt, oft noch heute erhalten.» Neben dem Dahlwitzer Park, wurde weiter betont, liegen weitere «nennenswerte Parks … in Fredersdorf, Lanke, Oranienburg, Schöneiche, Schönfließ und bei Dammsmühle».

Konkrete Angaben über eine bemerkenswerte Bautätigkeit in den Jahren nach dem Ableben von Adolf Wollank in den Jahren 1915 bis 1939 liegen nicht vor. Es bleibt nur zu erwähnen, daß Trink- und Brauchwasser mit Hilfe einer sogenannten «Windrose» gepumpt wurde. Ein Teil des durch Windkraft geförderten Wassers wurde in einen Graben geleitet und den Kulturen in den Gewächshäusern zugeleitet.

Unter dem Schloß befand sich ein Durchfluß, der vom Schloßteich zum Mühlenbecker See verlief. Mit der Kraft seines Gefälles wurde eine Wassermühle betrieben, die der Stromversorgung des Schlosses diente. Sie ließ sich mechanisch im Schloßkeller in Gang setzen und vermochte eine Batterie für die Gleichstromversorgung aufzuladen, die sich ebenfalls im Schloßkeller befand. Das Aggregat konnte sicher betrieben werden, weil die Wassermühle und der Abfluß weit unter dem Wasserspiegel des Schloßteiches lagen.

Auf dem Gelände befanden sich in den 20er und 30er Jahren ferner ein kleines Gebäude, in dem ein Dieselmotor und eine Lichtmaschine betrieben werden konnten. Ein Verwaltungs- und Wirtschaftsgebäude, in dem sich auch die Küche für das Personal befand, verstand sich von selbst. Es stand dicht bei den Treibhäusern, den Garagen und dem Pferdestall.

Etwas ganz Wesentliches sei nicht vergessen: Die Küche für die «Herrschaften» hatte im linken Teil des Schlosses ihr Domizil.

Wenn die Grundbücher nicht wären

Die Spuren, die Adolf Wollank uns hinterließ, sind insgesamt recht dürftig. Ein Vergleich der gedruckt über ihn vorliegenden Materialien ergibt, daß die meisten Autoren einander über die Schultern schauten und ihre Texte nur gelegentlich durch kleine Funde, Anekdoten oder Kombinationen angereichert haben. Auch manche Darstellungen aus jüngerer Zeit lassen sich als fleißige Arbeiten charakterisieren, die einander oft, ohne deshalb Plagiate zu sein, bis zu den Formulierungen ähneln, weil ihnen die schmale Quellenbasis gemeinsam ist.

Lobenswert sind da die alten Grundbücher. Sie zeichnen sich durch die Akkuratesse der preußischen Bürokratie aus und bestätigen das Wort Maximilian Hardens vom historischen Begriff Preußens als den einer vollen Tintenflasche: exakte Aktenführung zwecks höchster Steuereinnahmen. In den Grundbüchern ging (und geht!) es um bares Geld, und in Geldfragen — wir erinnern uns des Ausrufs des rheinischen Großunternehmers David Justus Hansemann vom Juli 1848 —, «in Geldfragen hört die Gemütlichkeit auf!»

Durch dieses Wissen gegen spontane Fehlurteile gewappnet, greifen wir zur Wochenzeitschrift «Die Mark». In ihr finden wir eine recht umfangreiche Betrachtung über die Historie unseres Schlößchens. Gleichzeitig stoßen wir auf ein recht frühes Foto. Es trägt den Titel: «Kaiserliches Jagdschloß Dammsmühle». Sollte allen bisherigen Forschern etwas entgangen sein? Gehen wir den nachfolgenden Text Wort für Wort durch. Die Mixtur des Stils in der Art einstiger Jungmädchenromane möge dabei nicht stören: «Der bekannte, vor einigen Jahren verstorbene Gutsbesitzer Wollank hatte es erbauen lassen und benutzte es als Sommersitz. Der Mühlenbecker See und ein großes Stück der umliegenden Uferländereien waren in seinen Besitz übergegangen. Dammsmühle war fortan den Berlinern verschlossen, es geriet in Vergessenheit. Mehr und mehr sank es in den Dornröschenschlaf, harrend des Prinzen, der es wieder erwecken sollte.

Und der Prinz kam. Unser jetziger Kaiser war's, der das stille, träumerische Herrenhaus am Mühlenbecker See entdeckt hatte, und dem es gefiel. Er kaufte es Wollank für eine beträchtliche Summe ab, und Dammsmühle wurde ein kaiserliches Jagdschloß. Seit der Plan, den Grunewald in einen Volkspark umzuwandeln, greifbare Formen angenommen hat, ist sein gesamter Wildbestand in die ausgedehnten Oranienburger Forsten überführt

worden. Und die Zeit ist nicht mehr ferne, da Dammsmühle wieder tage-
lang erwachen wird aus seinem Schlafe, widerhallend von fröhlichem Jagd-
lärm und lustigen Hörnerschall. Alljährlich wird es dann Ausgangspunkt
der Hofjagden sein, und auch die den Berlinern noch so wohlbekannte
Hubertusjagd wird dann hier ihren Anfang nehmen … Durch ein Wildgatter betreten wir das Kaiserliche Hofjagdrevier … Wenige Minuten weiter,
und das weiße, stattliche Jagdschloß stieg mit seinem zierlichen Turm hinter dichten Laubwipfeln vor unseren Blicken empor. Dammsmühle! …
Lange standen wir sinnend und überlegend am Parkgehege, bis wir uns
endlich zu einem Entschluß aufrafften: ein kühnbeherzter Sprung und wir
standen drinnen, im Kaiserlichen Park … Da hatten wir genügend Gelegenheit, den Unternehmungsgeist des ehemaligen Wollank zu bewundern,
Treibhäuser von riesenhafter Ausdehnung und große Fischbassins sahen
wir, alles im großen Stil angelegt.

Dort aus dem See in der stillen Bucht erhebt sich ein neu erbauter, blen-
dend weißer Pavillon in Gestalt einer Moschee. Wirkungsvoll hebt sich
dieses zierliche Bauwerk von dem Hintergrunde ernster Kiefern ab, uns
Bilder orientalischer Pracht phantasiereich vor die Seele malend … Die
niedersinkende Abendsonne blitzte schon in den Fenstern des Jagdschlos-
ses und übergoß den See mit feurigen Tinten, als wir wieder die Schritte
zurücklenkten … Wir schwangen uns wieder über die Umzäunung und
wanderten draußen am Park entlang. An einem schönen Portal mit zwei
Seitentoren, von einem goldenen W gekrönt, gelangten wir vorbei in den
Wald hinein.»

Soweit Herr Paul Boy, fast ein märkischer Old Shatterhand, der es gewagt haben wollte, sich klammheimlich kühn über fremde Zäune zu
schwingen, um diesen Frevel anschließend mannhaft zu bekennen. Darob
erschüttert, doch gefaßt erinnern wir uns der von Karl Wollank hinterlasse-
nen Familienstiftung. Diese besagte eindeutig, daß dieser Karl einen Bruder namens Adolf Wollank (den Älteren!) besessen hatte, von dem aber
nicht vermerkt ist, daß er Dammsmühle erwarb. Auch sein Nachfolger
Karl hatte Dammsmühle nicht gekauft, sondern − Adolf Wollank (der Jüngere!). So spricht das Grundbuch über den Erwerb und Besitz dieses
Landsitzes. Dieser jüngere Adolf besaß dieses Grundstück von 1894 bis
zu seinem Tode 1915. Ganz offensichtlich war die Redaktion des übrigens
recht interessant gestalteten Heimatblattes «Die Mark» einem beträchtlichen Irrtum aufgesessen:

«Der ... vor einigen Jahren (!?) verstorbene Gutsbesitzer Wollank hatte es erbauen lassen ...»;

«... benutzte es als Sommersitz»;

«Dammsmühle ... geriet in Vergessenheit»;

«... sank ... in den Dornröschenschlaf»;

harrte «des Prinzen, der es wieder erwecken sollte»;

unser «jetziger Kaiser (entdeckte) ... das stille, träumerische Herrenhaus am Mühlenbecker See»;

er «kaufte es Wollank für eine beträchtliche Summe ab»;

«... Dammsmühle wurde ein kaiserliches Jagdschloß»;

«... ein kühnbeherzter Sprung und wir standen drinnen im Kaiserlichen Park ... Da hatten wir genügend Gelegenheit, den Unternehmungsgeist des ehemaligen Besitzers Wollank zu bewundern»;

«An einem schönen Portal mit zwei Seitentoren, von einem goldenen W gekrönt ...»

Nachdem sich die Schmunzelfalten geglättet haben, bieten sich Überlegungen an wie diese: Dammsmühle grenzte unmittelbar an das kaiserliche Jagdrevier; auch für Außenstehende waren auf Dammsmühle umfangreiche bauliche und auch forstwirtschaftliche Aktivitäten erkennbar; zu gewissen Zeiten war das Schloßgelände von einem Leben und Treiben herrschaftlichen Zuschnitts gezeichnet; es verbreitete sich die Fama von exquisiten Lustbarkeiten bei den Wollanks ... Da konnte ein Mensch, der sich gern gedruckt sehen wollte, schon auf den Leim gehen. Sicherlich hatte die Überlieferung auch bewahrt, was voreinst Friedrich Wilhelm II. und die Gräfin Lichtenau mit Dammsmühle verband, ferner daß Friedrich Wilhelm IV. mit dem Grundstück geliebäugelt hatte; schließlich — Wollanks stilisiertes goldenes W am Zugangsportal! Konnte diese Versalie nicht für Wilhelm stehen, für Kaiser Wilhelm II.? War es abwegig, solcherart zu sinnieren, da doch Dammsmühle und das kaiserliche Jagdgebiet, seine Forst, Nachbarn waren?

Uns verbleibt, die in das reputierliche Heimatblatt gelangten Spekulationen als interessantes Beispiel für die Kraft der Legende und Phantasie zu vermerken. Begnügen wir uns mit der profanen handschriftlichen Auskunft der Kanzleimitarbeiter Jacobi und Ihlenfeldt, daß Herr Leutnant der Landwehr Adolf Wollank besagte märkische Perle am 2. Juli 1894 erwarb und bis zu seinem Tode behielt.

Im Spiegel des Kaiserlichen Jagdreviers

Von Adolf Wollank ist zur Genüge überliefert, daß er sich nicht im Luftreich des Traums, sondern, gebrauchen wir das sarkastische Wort Heinrich Heines, «auf platter Erde» entwickelte. Ein konkretes Beispiel mag nochmals dafür zeugen und die exklusive Lage von Dammsmühle illustrieren. Der uns vertraute Fedor von Zobeltitz teilte den vorwiegend gutbetuchten Lesern der «Hamburger Nachrichten» unter dem 8. November 1910 mit, daß soeben eine Hofjagd zu Ehren des Zaren Nikolaus II. von Rußland, der als Gast Wilhelms II. in Deutschland weilte, stattgefunden hatte. Tatsächlich befand sich der Zar in Begleitung des erst im selben Jahr zum russischen Außenminister ernannten Sergej Dmitrijewitsch Ssasonow in Potsdam, wo der russische und der gleichfalls erst kürzlich zum neuen deutschen Außenminister ernannte Alfred von Kiderlen-Wächter Verhandlungen führten. Im Prinzip waren beide Staaten bemüht, günstige Positionen angesichts des bald zu erwartenden offenen Kampfes um die Neuaufteilung der Welt zu erreichen. Den deutschen Vertretern ging es dabei um ein Abrücken Rußlands von der Entente. Fast zwangsläufig endete dieses Treffen wie das Hornberger Schießen.

Auch die beiden Kaiser schossen, womit wir wieder nach Dammsmühle, zumindest einer seiner Begrenzungen, zurückkehren. Nun waren Jagden gewiß ein vergnügliches Teilstück diplomatischen Umgangs, als angenehme Begleiterscheinung des diplomatischen Verkehrs bis in die heutigen Tage auf der ganzen Welt ausgeübt. Für Wilhelm II. besaß das Jagen einen weiteren Stellenwert: «Um der Arbeit noch gründlicher zu entfliehen, hat er ein vorzügliches Mittel: das Reisen ... Neben den Reisen ist das Hauptvergnügen die Jagd. Aber Jagd besteht aus einem bloßen Zusammenschießen des vorbeigetriebenen Wildes. Unter Waidmännern gilt er als ‹Aasjäger› », schrieb der Historiker Ludwig Reiners in seinem Werk «In Europa gehen die Lichter aus».

Ein zu Weihnachten 1905 abgeschlossener Reiseführer schilderte die Gegend, in der fünf Jahre später die «Hofjagd» stattfinden sollte, wie folgt: «Der Weg nach Briese beginnt unmittelbar hinter dem Bahnübergange in Lehnitz und zwar geht derselbe rechts ab. Nachdem wir das Wildgatter durchschritten haben, führt uns der Weg bald durch schönen Hochwald, der als Unterholz unzählige Wacholderbüsche trägt. Nach etwa einstündigem Marsch erreichen wir die Kolonie Briese, welche in einem anmutigen

Tal liegt, das von der Briese durchflossen wird. Diese mündet bei Birkenwerder in die Havel. Briese ist der Abfluß einer Seenkette, die sich fast bis nach Bernau hinzieht. Diese Kette wird aus folgenden Seen gebildet: Liepnitzsee, dreiheiligen Pfühlen, Wandlitzsee, Stolzenhagener See, Rahmer See und Lubowsee. Das Briesetal ist als ehemaliges Bett eines Schmelzwasserstroms aus der Eiszeit anzusehen. In Briese befinden sich zwei Restaurants. Auch im Forsthause sind Erfrischungen zu haben. Von Briese aus können wir als nächste Bahnstationen Birkenwerder und Borgsdorf bequem erreichen. Wer Zeit und Lust zum Marschieren hat, dem ist eine Wanderung an der Briese aufwärts zur Elsenquelle zu empfehlen. Wer weitergeht, gelangt zur Steinernen Brücke, über welche der Weg nach Summt führt, woselbst das kaiserliche Jagdschloß gebaut werden soll, nach dem Forsthause Wensickendorf ... und noch weiter an die Liebenwalder Chaussee, an welcher das Forsthaus Zühlsdorf liegt.»

Hatte Wilhelm II. bereits im Januar 1902 gezählte 50 000 «Kreaturen» aller Art abgeknallt und seine Untertanen über solcherart Heldentaten gebührend in Kenntnis setzen lassen, so wußte acht Jahre später sein Lobschreiber von Zobeltitz (ein Verfasser nicht nur von durchsichtiger politischer Publizistik für den Tag, sondern auch von verklärenden Romanen aus der Adelswelt und dem Offiziersleben, von Dramen und Erinnerungen) der erwartungsvollen gleichgesinnten Mitwelt auch einiges über das neue Jagdrevier mitzuteilen. Nach der üblichen Denunzierung einer Protestversammlung gegen «Willis» bzw. «Schulzes» Gehabe, die ihm «die Röte der Scham ... ins Antlitz steigen ließ», schrieb er weiter: «Das neue Jagdrevier, in dem die Hofjagd zu Ehren des Zaren stattfand, umfaßte eine meist aus Nadelwald bestehende Forst von über fünftausend Hektar, die der Oberförsterei Oranienburg unterstellt ist. Bei einem Besuche Oranienburgs im letzten Frühjahr bin ich stundenlang am Gatter herumgestreift, das sich vom Sanatorium Birkenwerder nördlich über die Briese, am Bahnhof vorüber dicht an die Bahn nach Forsthaus Lehnitz und bis an die Nordoststrecke des Lehnitzsees hinzieht. Im Osten berührt er das Forsthaus Wensickendorf, die Steinerne Brücke und Dammsmühle, im Süden Forsthaus Summt und Bergfelde. Das Wild wurde Mitte der neunziger Jahre zumeist aus dem Grunewald hierher überführt und ist bisher sorgfältig geschont worden, so daß es sich stark vermehrt hat.» Zobeltitz erwähnte weiter, daß das ganze Gebiet umlappt war und zahlreiche Wildkanzeln für die Jagdgäste errichtet wurden. Interessant ist seine Schilderung des Jagdgebietes auch deshalb, weil es sich teilweise noch in unseren Tagen wiedererkennen läßt. Eigentlich hätte der Zeitchronist damals nur den Park von Dammsmühle zu durchstreifen brauchen, um genügend Eindrücke für seinen Zeitungsbericht zu sammeln. «Es trägt nicht den eigentümlich melancholischen Charakter unserer märkischen Kiefernforsten, den Willibald Alexis in seinen vaterländischen Romanen so köstlich zu schildern weiß. Weil überall zwischen dem Nadelgrün versprengtes Buchen- und Eichenlaub schimmert, astlos bis auf den breit ausladenden dunklen Wipfel, kann man bei gewissen Beleuchtungen, zumal im Brand der Abendsonne und beim Mondschein, an ein italienisches Landschaftsbild denken. Am Flußlauf steigt überall die wild angesämte kerzenschlanke Else empor, und zwischen den Farren knäult sich blaugrüner Wacholder zusammen, hie und da in phantastischen Formen, zuweilen auch zypressenähnlich oder wie die Pyramiden des Lebensbaumes. Für das Getier ist das neue Jagdrevier ein idealer Aufenthalt.»

Der Autor kam dann auf eines seiner Lieblingsthemen zurück, beachtenswert hinsichtlich der politischen Verhältnisse im Raum Dammsmühle; «Daß die Absperrungen mit ziemlicher Genauigkeit vorgenommen wurden und werden mußten (! — d. Verf.), ist erklärlich, wenn man an die Hetzarbeit der Sozialdemokratie denkt. Sie waren, der Umsicht und dem Entgegenkommen des Landrats Grafen Rödern zudank, aber immerhin nicht so, daß das Publikum an den Einfahrtsstellen den Zaren und die übrigen fürstlichen Gäste nicht hätte bequem sehen können. Und da war es denn wiederum wie ein Protest gegen das widerliche Gebaren der Roten, daß die Menge die beiden Kaiser mit hellen Rufen begrüßte.»

Über die hellen Rufe der Menge will des Sängers Höflichkeit schweigen; nur vier Jahre später wurde anders gerufen, gebrüllt! In den Memoiren Wilhelms II. findet sich diese Jagd mit den Worten gewertet: «Der russische Herrscher fühlte sich bei uns anscheinend wohl und nahm an der zu seinen Ehren veranstalteten Jagd, bei der er sich als passionierter Waidmann zeigte, lebhaften Anteil.»

Etwa drei Jahre nach dieser kaiserlichen Hofjagd sah sich der sozialdemokratische Führer Philipp Scheidemann während der Verhandlungen im Reichstag, die am 4., 5. und 6. Dezember stattfanden und der Zabern-Affäre gewidmet waren, veranlaßt, zwischen den bedrohlichen militaristisch-nationalistischen Machenschaften im Elsaß und dem Kaiser auch dergestalt eine Beziehung zu konstatieren, daß der Monarch «zu eifrig mit Jagen und Festlichkeiten beschäftigt sei, um für so triviale Dinge, wie die Zabern-Affäre, Zeit aufwenden zu können».

Es kann als sicher angenommen werden, daß die Wildhege auch während des Krieges nicht eingeschränkt wurde. Die kaiserliche Jagdleidenschaft stand immer mit an der Spitze der Prioritätenliste. Ein Reiseführer aus dem Jahre 1916 vermerkt: «In der Nähe von Briese, im kaiserlichen Jagdrevier, begegnet man öfter großen Rudeln von Wild.» Schon ein flüchtiger Blick auf die Karte bekundet, daß Dammsmühle und Kaisers Jagdrevier fast eine territoriale Einheit bildeten, der zitierte märkische Freund des Winnetou hatte das auf seine Weise bezeugt.

Über die Landschaftsgestaltung im Raum um Dammsmühle schrieb Paula Foerster in einem nach 1933, aber vor dem zweiten Weltkrieg herausgegebenen vielbändigen Werk: «Man kann die Wanderung vom Bahnhof Schönwalde, besser aber von Basdorf oder Zühlsdorf beginnen. In jedem Fall hat man nach Dammsmühle am Mühlenbecker See einen etwa einstündigen Wanderweg zurückzulegen. Die Heide, die sich um den Mühlenbecker See schlingt und teils dem Oranienburger, teils auch dem Schönwalder Forst angehört, vermag das Auge des Naturfreundes zu unterhalten. Da gibt es rote warme Heidekrautteppiche und Massen von Blaubeeren und Preißelbeeren. Der Kiefernforst hat strenge hohe Formen und ist an fluchten Stellen umwebt von allerlei Laubgehölz. Zu überladener Pracht steigert sich die Vegetation aber, wenn wir Dammsmühle erreichen. Früher befand sich hier eine Gaststätte und Ausspannung an der Poststraße, heute erhebt sich ein Schlößchen am Ende des Mühlenbecker Sees. Rings um das Schloß, dessen Turm sich nadelförmig emporhebt, ist ein Park angelegt, der an Großartigkeit schwerlich überboten werden kann … Der Park erstreckt sich bis an das Nordostende des Mühlenbecker Sees und überträgt seine Pracht auch auf die Stille des Wassers, die ihm zum Spiegel dient …»

Zum moorigen Bodencharakter des Territoriums um Dammsmühle, spezifisch auch des Schloßparks, findet sich in einem Spezialwerk vermerkt: Unterhalb des Dorfes Stegelitz nehme das Flüßchen Tanger den Karrenbach und den Dollgraben auf. «Das Doller Tal beginnt am Südrande der Salchauer Geschiebemergelplatte in der Nähe der alten Dorfstelle Sibow als Trockental. Erst westlich von Dolle wird es wasserführend. Der Dollgraben zieht dann am Ostrande der Heide über Burgstall und an Vehthof, Mahlpfuhl und Schönwalde vorbei.»

Willi und Nikki auf der Pirsch

Nachdem wir uns der Geschichte von Dammsmühle bereits von mehreren Seiten her, zuletzt der territorialen, genähert haben, bietet es sich an, einigen von Dammsmühle in den Bereich der «großen Politik» hinführenden Spuren zu folgen. Fast zwangsläufig drängt sich zum Beispiel die Frage auf, warum der russische Zar, als er 1910 nach Potsdam reiste, zwar in den Raum von Dammsmühle, nicht aber nach Berlin kam. Ein Zufall? Da die politische Welt von Zufällen recht wenig bestimmt wird, kommen nach genauerer Prüfung immer wieder politisch-wirtschaftliche und andere Kalküle in Betracht. Damit ist natürlich keinem geschichtlichen Fatalismus oder politischen Selbstlauf das Wort gesprochen; der subjektive Wille von Persönlichkeiten und Gestalten, die in gegebenen Zeiten an den legendären Schalthebeln der Macht sich befinden, gibt dem Aktuellen, Zeitgenössischen vielfach das Gepräge.

Das kleine Dammsmühle — unter solchen Auspizien betrachtet? Doch was heißt hier groß, was klein? Da lag ja nicht nur die kaiserliche Forst, waren nicht nur die Jagdstände zur Befriedigung der Lust dieses Wilhelm am Knallen aufgebaut. Das war nur die eine Seite der Medaille. Ihre andere war die politische Situation. Deutlich standen sich die großen Blöcke Deutschland — Österreich/Ungarn und England — Frankreich — Rußland gegenüber. Noch gab es hektisches Tauziehen, diplomatische Erwägungen, Tricks und Spiele, militärische Sicherheitserwägungen, dynastische Wehwehchen, divergierende Meinungen über Richtung und Höhe von Kapitaleinsätzen, Zukunftsbefürchtungen, Rüstungslücken, innenpolitisches Magendrücken und Albträume — nicht zuletzt vor unkalkulierbaren Reaktionen der von den Parlamenten Betrogenen. Auch das eventuelle Verhalten der USA war immer wieder in Betracht zu ziehen, und nicht zuletzt das der sich immer stärker akzentuierenden «dritten Welt».

So zeichnete sich die internationale Lage bereits um die Jahrhundertwende ab, als die Welt unter den Großmächten aufgeteilt war. Damit dringen wir aber bereits zur Antwort auf die Frage vor, weshalb Nikolaus II. jeden Besuch von Berlin mied und sich auf Potsdam und Umgebung beschränkte. Der scharfsinnige Beobachter seiner Zeit Maximilian Harden, ein bekannter und einflußreicher Publizist, hatte bereits 1901 erkannt und eingeschätzt: Daß Nikolaus «nicht gern kommt, hat er ja deutlich gezeigt. Berlin hat er, seit er Kaiser ist, überhaupt noch nicht betreten, den Besuch

*Wilhelm II. (1859–1941) letzter deutscher Kaiser
und König von Preußen (1888–1918).
In Jägermontur mit Gemahlin Auguste Viktoria*

unseres Herrn also nicht erwidert. Oder bist Du etwa zufrieden, hältst Du
eine Fortsetzung des Verkehrs auch nur für möglich, wenn eine Nachbarin,
der Du den ersten Besuch gemacht hast, Dir, statt sich innerhalb der An-
standsfrist in Kressin einzufinden, vorschlägt, Ihr solltet Euch nächstens
mal in der Kreisstadt treffen? ... Das war nicht, wie man uns vorschwin-
deln wollte, vorher vereinbart.» Der Zar, konstatierte Harden abschließend, mied «Berlin wie einen Seuchenherd ...»

Etwa ein Jahrzehnt später hatte sich die Situation noch bedeutend zuge-

117

Nikolaus II. (1868–1918) letzter russischer Zar (1894–1917)

spitzt. Als der deutsche Botschafter in Rußland, Graf Pourtales, sich am 17. März 1909 in das russische Außenministerium an der Sängerbrücke in Petersburg zu Außenminister Iswolski begab, wußte er um eine vorangegangene Beratung bei Wilhelm II., an der auch der Chef des deutschen Generalstabes teilgenommen hatte. Die an dieser beteiligten Herren waren fest überzeugt, «daß ein Krieg Rußland endgültig auflösen und zugrunde richten werde. In Deutschland kannte man diese Verhältnisse zu gut, um nicht auf dem einmal eingeschlagenen Weg entschlossen vorzugehen». Wie die ganze Welt wußte auch der Zar, daß einer der tonangebenden

Männer in Berlin, der Chef des Reichsmarineamtes, Großadmiral von Tirpitz, der England den Kampf bis zum letzten (geplanten!) Schlachtschiff androhte, auf eine uferlose, die Kräfte des kaiserlichen Deutschlands weit übersteigende Seerüstung gesetzt hatte. Es scheint auch zweckmäßig, sich zu vergegenwärtigen, daß am 14. Juli 1909 der bisherige Staatssekretär im Reichsamt des Innern, Stellvertreter des Reichskanzlers und Vizepräsident des preußischen Staatsministeriums, Theobald Friedrich Alfred von Bethmann Hollweg, zum Nachfolger des bisherigen Reichskanzlers Fürst Bernhard von Bülow ernannt wurde.

Eine unvorteilhaftere Wahl, so meinen nicht wenige Kenner der Geschichte dieser Zeit, hätte kaum getroffen werden können. Bethmann Hollweg erwies sich als unfähig, den Anforderungen der hochexplosiven Vorkriegssituation zu entsprechen. Natürlich war er, was sich für einen Mann auf seinem hohen Posten fast von selbst verstand, auf eine militärische Auseinandersetzung mit den Mächten der 1907 endgültig formierten Tripleentente (England, Frankreich, Rußland) orientiert. Wilhelm II. lobte seine Treue und meinte, er sei «ein kolossaler Arbeiter, auch sei er schneidig... Übrigens habe Ich bei ihm Meinen ersten Rehbock geschossen».

Es läßt sich zusammenfassen: Bethmann Hollwegs Vorfahren waren bürgerlicher Herkunft. Sie hatten ihr Geld als weltbekannte Bankenchefs gemacht. Der Vater Felix war Herr auf Niederfinow in der Mark und mit Dreißig schon Landrat von Freienwalde. Die eigene Laufbahn vollzog sich durchweg in preußischen Staatsdiensten. Mit 40 war er Oberpräsidialrat von Potsdam. Drei Jahre später war er Regierungspräsident in Bromberg. 1900 wurde er Oberpräsident der Provinz Brandenburg, dann preußischer Minister, 1905 Reichsstaatssekretär des Innern und schließlich 1909, wie wir bereits wissen, Reichskanzler.

Immer wieder verweisen uns diese Angaben auf den Raum Potsdam bei Berlin, und das veranlaßt uns, den Blick auf einen Mann zu richten, der Bethmann Hollweg in seiner Alltagsarbeit entscheidend beherrschte — Alfred von Kiderlen-Wächter. Dieser bestimmte maßgeblich das außenpolitische Spiel. Bereits seit Februar 1879 stand er im Dienst des Auswärtigen Amtes. Er war in den diplomatischen Vertretungen des Reiches in Kopenhagen, Petersburg, Paris und Konstantinopel tätig gewesen und hatte als Vortragender Rat Wilhelm II. in den Jahren 1888—1898 auf dessen Auslandsreisen begleitet. Der Monarch hatte an Kiderlen-Wächter Gefallen gefunden. Dieser Mann entsprach seinem Geschmack: Er hatte eine geschmeidige, anpassungsfähige Art, verstand sich eine burschikose Note zu geben, wie sie auch Wilhelm zu pflegen liebte, versuchte aber nie das Licht seines erlauchten Herrn in den Schatten zu stellen, erzählte vortreffliche Geschichten: war überhaupt ein vorzüglicher Unterhalter, wußte auch Zuzuhören (der Kaiser war sich selbst sein bester Erzähler); erwies sich schließlich als unüberbietbarer Trinkkumpan. Wie selten einer vermochte sich Kiderlen-Wächter der Imponiersucht, dem schnoddrigen Gerede, der Impulsivität und Sprunghaftigkeit, der grenzenlosen Überheblichkeit des «Imperators» — von seiner Motivation bis zum Gehabe — anzupassen.

Zeitweilig in Ungnade gefallen, wurde er schließlich am 27. Januar 1910 doch Staatssekretär des Auswärtigen Amtes. Zur Zeit vor dem Kaisertreffen am 4. und 5. November 1910 war sein Einfluß auf Bethmann-Hollweg bereits derartig groß, daß Kiderlen-Wächter Bethmann herablassend, fast verächtlich als «Buß- und Bethmann» bezeichnete und dieser gelegentlich sogar nach Kiderlens Diktat schrieb. Diese Tatsache verstärkt das Bild vom übermächtigen Einfluß des Staatssekretärs. Der englische Historiker Chamier bemerkte: «... es kann sein, daß Kiderlen oder dessen Nachfolger Jagow (Kiderlen-Wächter starb am 30. Januar 1912 — d. Verf.) dafür verantwortlich waren, jedenfalls wurden die Berichte des Auswärtigen Amtes und möglicherweise auch andere Dokumente, die dem Kaiser vorgelegt wurden, zu Bethmanns Zeit oft ‹abgekürzt› oder ‹leicht abgeändert›». Der Engländer betonte, «daß Holsteins Schüler Kiderlen-Wächter im Auswärtigen Amt regierte».

Unter der maßgeblichen Mitregie dieses Mannes fand das Treffen des deutschen Kaisers mit dem Zaren statt, dessen «absolute Unzuverlässigkeit und Schlappheit einem jeden Einfluß gegenüber» Wilhelm II. arrogant rügte und mißbilligte.

Spezifisch zeitbezogen drängen sich folgende Überlegungen auf: Dammsmühle unter dem Zepter eines Adolf Wollank und das dort gepflegte gesellschaftliche Leben dürfte so recht den Ambitionen des Staatssekretärs entsprochen haben. Daß auch er und sein Anhang dieses Schlößchen und seinen für damalige Begriffe traumhaften Pavillon auf dem Mühlenbecker See mit ihrer Anwesenheit beehrten, kann als fast sicher angenommen werden.

Aus der Stellung Kiderlen-Wächters zu Bethmann Hollweg und des letzteren (aber auch, vielleicht sogar insbesondere Kiderlen-Wächters) zum

Kaiser ergibt sich jedoch, daß dieser um das Schloß, den Pavillon und die herrlichen Parkanlagen wußte (von allen anderen Informationsquellen, zu denen gewiß auch der Oberbefehlshaber in den Marken, Generaloberst von Kessel, gehörte, ganz abgesehen). Und ziehen wir zudem noch die oberflächlichen, eitlen, selbstherrlichen Allüren dieses Monarchen, des Herrn über 2 000 Eigenuniformen, wie überliefert ist, in Betracht ...

Um die gesellschaftliche Stellung, besser den gesellschaftlichen Stellenwert von Dammsmühle zur gegebenen Zeit wissend, und auch erinnernd, daß die kaiserliche Forst sich hier befand, daß Wilhelm und Nikolaus überaus sicherheitsbedürftig waren und sich gewiß auch unter vier Augen (soweit protokollarisch möglich) auszusprechen trachteten (es mußte ja nicht immer die Weltpolitik sein), erscheint die Vermutung nicht unangemessen, daß Dammsmühle gegen Ende des Jahres 1910 nicht nur Grenzgebiet zum kaiserlichen Jagdgebiet gewesen ist. Allerdings ist eine geäußerte Vermutung, Wollank habe die beiden Monarchen persönlich zur Hofjagd nach Dammsmühle eingeladen, angesichts der starren Regimeverhältnisse in der kaiserlichen Hofbürokratie und der traditionellen Etiketteregelungen als extrem spekulativ einzustufen.

Die beiden Herrscher trafen sich konkret am 4. und 5. November 1910 im Jagdrevier, das unmittelbar an der Grenze zu Dammsmühle gelegen war. Eine gleichzeitige Begegnung in dem günstig gelegenen, komfortablem Schloß erscheint da sehr wahrscheinlich. Daß dieses sicherheitsmäßig vortrefflich abgeschirmt werden konnte, versteht sich von selbst. Die panische Furcht des letzten russischen Zaren vor Attentaten war sprichwörtlich und Gegenstand selbst von Karikaturen. Somit könnte der im Abschnitt zuvor zitierte Aufsatz aus der Zeitschrift «Die Mark» durchaus zeitgeschichtlich relevante Bezüge haben; der erwähnten Phantastereien und Spekulationen braucht nur heiter gedacht zu werden. Als wesentlich erscheint hingegen, die konkrete Rolle von Dammsmühle in den letzten Jahren vor dem ersten Weltkrieg zu beachten.

Resümierend wird aus den Lebenserinnerungen des letzten deutschen Kaisers zitiert, daß sich der «russische Herrscher ... bei uns anscheinend wohl(fühlte) und ... an der zu seinen Ehren veranstalteten Jagd ... lebhaften Anteil» nahm. Es bietet sich an, diese vornehmen Zeilen mit denen einer Vorfahrin des zweiten Wilhelm, der Königin Louise von Preußen, aus dem Jahre 1802 an ihren Bruder Georg zu vergleichen. Hier ging es um ein Treffen ihres Gemahls und Königs Friedrich Wilhelm III. mit dem Zaren Alexander von Rußland im Sommer 1802: «Die Memeler Entrevue war göttlich, die beiden Monarchen lieben einander zärtlich und aufrichtig, gleichen sich in ihren Grundsätzen der Gerechtigkeit, Menschenliebe und der Beförderung des Guten. Alles ging erwünscht und gut und wird immer so sein.»

Die gepriesene Deckungsgleichheit der Monarchenliebe sei zum Schluß dieses Exkurses mit den dann einander folgenden Entwicklungen konfrontiert: 1910 wurde ein allgemeines grundsätzliches Einvernehmen über den Verzicht Deutschlands in «vorderasiatischen Fragen» konstatiert, andererseits Deutschlands wirtschaftspolitische und militärstrategische Interessen am Bagdadbahnbau augenzwinkernd toleriert. Monatelang wurde über die Formulierung von Einzelfragen gestritten. Lange wurde die Bestätigung von Zusagen und Vereinbarungen in schriftlicher Form grundsätzlich abgelehnt. Erst nach einem dreiviertel Jahr wurde ein Dokument unterzeichnet. Die unbedingte Gültigkeit von Monarchenworten wurde wieder einmal verkündet. Die Potsdamer Abmachungen der Außenminister beider Mächte blieben Papier.

Ein manche Geschehnisse aufschlußreich beleuchtendes diplomatisches Geschichtswerk wertete das Außenministertreffen, den Pirschgang der beiden Herrscher und die auf diplomatischem Wege fortgesetzten Verhandlungen, die am 19. August 1911 zu einem deutsch-russischen Abkommen über die Interessenabgrenzung in Persien beim Weiterbau der Bagdadbahn führten, mit den Worten: «Das Abkommen war vorteilhaft für Deutschland, da Rußland darauf verzichtete, dem Bau der Bagdadbahn entgegenzuwirken, und da es dem deutschen Export nach Persien auf der Linie Sadidsche—Haneken—Teheran die Wege eröffnete. Trotzdem hatte Kiderlen sein Hauptziel nicht erreicht. Es wollte und wollte ihm nicht gelingen, Rußland von der Entente loszureißen.»

Die Geschichte nahm ihren Lauf so, wie wir ihn kennen. Auch Dammsmühle trat in den ersten Weltkrieg ein: natürlich seinem Charakter gemäß.

Stabsquartier eines Kesseltreibers

Die Vermutung, daß Schloß Dammsmühle einstmals als abgeschirmter Begegnungsort zweier Monarchen diente, wird noch dadurch unterstützt, daß dieses märkische Kleinod im letzten Jahrzehnt der wilhelminischen Herrschaft einer der wichtigsten Militärpersonen im Gefüge der innenpolitisch wirkenden Spitzenhierarchie, dem Oberkommandierenden in den Marken, Generaloberst Gustav von Kessel, als zeitweiliger Aufenthaltsort diente. Diese Funktion hatte der General, immer mit dem gleichen Dienstgrad, von 1909 bis 1918 inne. In der bereits herangezogenen Schrift «Zwischen Schorfheide und Spree» heißt es lapidar dazu: «Im Kriege weilte der Oberkommandierende in den Marken v. Kessel vorübergehend in Dammsmühle.» Das ist wenig Text und doch weit mehr; denn diese Zeilen erschienen im Jahre 1940. Den Autoren war gewiß unbekannt, welche Rolle Dammsmühle 1940 zukommen sollte und welche Assoziationen der Name des einstigen märkischen Oberkommandierenden in Verbindung mit Schloß Dammsmühle im Jahre 1940 hervorbringen könnte. Ein kurzer Blick auf die Wirksamkeit v. Kessels, der 1918 starb, mag dies belegen und ein Licht auf diesen zeitweiligen Nutzer von Dammsmühle werfen; und damit zwangsläufig auch auf die recht separierte Lage und Bedeutung dieses Besitztums selbst. «Mit der Kriegserklärung ging die gesamte Staatsgewalt in Deutschland von den Zivilbehörden auf die Militärbehörden über», reflektierte James W. Gerard, von 1913 bis 1917 US-Botschafter in Deutschland, nach seiner Rückkehr in die Heimat, und zitierte die in Berlin von einem Leutnant unter Trommelwirbel verlesene kaiserliche Bekanntmachung: «Auf allerhöchsten Befehl wird der Kriegszustand in Berlin verkündet.» Er bemerkte: «Diese Bekanntmachung hatte General v. Kessel als Oberkommandierender der Mark Brandenburg unterzeichnet und angezeigt, die gesamte Gewalt sei an ihn übergegangen; die bürgerlichen Beamten hätten ihr Amt weiter zu führen, sie hätten aber den Befehlen und Verordnungen des Oberkommandierenden zu gehorchen.»

Zu den Aufgaben des Oberkommandos gehörte u. a. die ständige Überwachung aller gegen den Krieg, für die Herbeiführung des Friedens wirkenden Kräfte Deutschlands, besonders jeglicher entsprechender Aktivitäten in den Reihen der Sozialdemokratie und anderer demokratischer Kräfte. Große Beachtung wurde dem öffentlichen Auftreten von Personen der respektiven Parteien und Organisationen aller Richtungen geschenkt — im Sinne der altrömischen Maxime «Zuckerbrot und Peitsche».

Beglückt nahm von Kessel einen Bericht des Berliner Polizeipräsidenten über den Verlauf sozialdemokratischer Zahlabende am 9. September 1914 entgegen, aus dem hervorging, daß Kriegsbegeisterte schwarz-weiß-rote Fahnen flaggten, diese Farben auch im Knopfloch trugen und sich offensichtlich in der Überzahl befanden.

Eine der ersten Maßnahmen dieses Mannes war das Verbot auf unbestimmte Zeit des Zentralorgans der SPD, der Zeitung «Vorwärts», am 27. September 1914. Zwar hatte dessen politisch heterogene Mannschaft den deutschen Anteil an der Kriegsbrandstiftung nicht zu kritisieren gewagt, aber ein, zwei gewisse Wendungen, Untertöne … Nachdem die Chefredaktion des Organs vor von Kessel schriftlich zu Kreuze gekrochen war, nahm dieser sein Verbot bereits am 30. September, verbunden mit einer ebenso diffamierenden wie entwürdigenden Auflage, zurück.

Angesichts des abrupten Endes der Anfangserfolge, des dahinsiechenden Kriegsglücks und des sich abzeichnenden langwierigen Stellungskrieges an der Westfront verfolgten v. Kessels Schreibtischkrieger alle publizistischen Aktivitäten mit Argusaugen. Am 6. November 1915 verhängten sie unter ihrem Firmenschild «Oberkommando» über den «Vorwärts» die Vorzensur, da er mit einem Artikel «Gegen die Teuerung» den Burgfrieden verletzt habe; mit dem Hinauswurf der an dieser Friedensstörung beteiligten Mitarbeiter war ein halbes Jahr später dieser Vorfall «erledigt».

Die Breite der vom Oberkommando in den Marken ausgeübten Zensurtätigkeit läßt sich daran ermessen, daß selbst ein rein fachlich angelegter Beitrag von Major a. D. v. Schreibenshofen «Die Geschosse der Artillerie» in der periodisch erscheinenden, streng nationalistisch-kaisertreu «bis auf die Knochen» ausgerichteten Massenpublikation «Deutsche Kriegs-Chronik des großen Völkerkampfes» unter der Titelzeile den Vermerk trug: «Zur Veröffentlichung zugelassen vom Oberkommando der Marken».

Als der Mitherausgeber des «Berliner Lokalanzeigers», Zimmermann, in seinem Blatt einen den deutschen Militärbehörden nicht genehmen eigenen Artikel über amerikanische Munitionstransporte veröffentlichte, wurde er nach kurzer Kontroverse bald darauf repressiv zum Kriegsdienst eingezogen. Das war noch vor dem Kriegseintritt der USA auf Seiten der Ententemächte gegen Deutschland und entsprach vollauf dem in der «Kreuzzeitung» vom 28. September 1916 verkündeten Postulat: «Der preußische Staat steht für uns zu hoch für demokratische Experimente. Für ihn bedeut es Selbstvernichtung, wenn er jenen Grundsatz verleugnen wolle: Autorität, nicht Majorität!»

Obrigkeitlich als anstößig empfundene Aufsätze veröffentlichte selbstredend auch Maximilian Harden in seiner Wochenschrift «Die Zukunft», eines der wenigen linksbürgerlichen Blätter im wilhelminischen Deutschland. Einer von ihnen, unter dem Titel «Wenn ich Wilson wäre», veranlaßte die Polizei zur Einziehung der gesamten Auflage. In Berlin bestand die einhellige Meinung, daß die Konfiskation auf General von Kessel zurückging, der bekanntermaßen auch gelegentliche, aber immer vielbesuchte Vorträge Hardens stets polizeilich überwachen ließ. In der letzten Ausgabe seiner Zeitschrift, sie trägt das Datum 30. September 1922, resümierte Harden unter der Überschrift «Nach dreißig Jahren», wie er vom ersten bis zum letzten Kriegsmonat «von der Militärdiktatur mit dem grimmigsten Haß verfolgt ...» wurde. Bereits «im Herbst 1914 wurde mir vom Oberkommando ‹eröffnet›, Exzellenz Kessel (dessen persönlichen Haß ich durch seine leise Errettung aus zweifach ihn tödlich bedrohender Familienschmach erworben hatte) könnte nicht länger dulden, daß ich als einziger ‹genauso schreibe wie in Friedenszeiten›. Auch mich hat monatelang das dichte Gesträhn amtlicher Lüge, der ruchlos niederträchtigsten, die je erdacht ward, umgarnt.»

Als Harden nach der Marneschlacht zeitweilige politische Unbestimmtheiten überwunden hatte und wieder nüchterner und kritischer geworden war, mußte er sich von den Militärzensoren Hauptmann von Vietsch und Dr. Beer im Auftrage des Oberkommandierenden in den Marken verwarnen lassen, seine ungeschminkte Schreibweise etwa beizubehalten. Doch der streitbare Publizist ließ sich nicht behindern, auch nicht durch Festungshaft. Ab Spätherbst 1915 schrieb er wieder offen von der Friedenssehnsucht der Völker. Deutlich gab er zu verstehen, daß er von Deutschlands Hauptschuld am Kriege überzeugt sei und nicht länger an einen militärischen Sieg glaube.

Postwendend wurde seine Zeitschrift vom Oberkommando am 22. Dezember 1915 verboten, er selbst als Kriegsgegner eingestuft. Als dieses Verdikt im Januar 1916 wieder aufgehoben worden war, schrieb er im Sinne seiner Ansichten weiter, was zu einem neuen Verbot, der Konfiskation und — folgerichtig! — auch zur Popularisierung der «Zukunft» führte. Mit einer glänzenden publizistischen Attacke setzte sich Harden unverzüglich gegen die Beschlagnahme zur Wehr.

Als dieser Mann seinen mutigen Einzelkrieg führte, hatten die bedingungslosesten deutschen Kriegsgegner im April 1915 bereits die Nr. 1 der Zeitschrift «Die Internationale» herausgegeben. Sie sollte zugleich die letzte Ausgabe sein, weil v. Kessel sie, nachdem der international geachtete Sozialist und Wissenschaftler Franz Mehring ihre Zensur durch das Militär strikt abgelehnt hatte, sofort verbot und zu konfiszieren suchte.

Im Januar 1918 verlangte von Kessel vom Polizeipräsidenten von Berlin, dieser habe die Leitung der zu hunderttausenden gegen die Fortsetzung des Krieges streikenden Berliner Arbeiter von seinen Androhungen in Kenntnis zu setzen. Tatsächlich suchten Kriminalbeamte die Streikleitung auf, lasen ihr v. Kessels Bekanntmachung mit dem Verbot des Ausstandes und den entsprechenden Strafparagraphen vor und erzwangen von dieser, schriftlich zu bestätigen, daß ihr Kessels Drohungen verkündet worden seien.

Am 29. J a n u a r — also am selben Tage, an dem unsere drei Genossen in den Ausschuß eingetreten waren — wurde den Mitgliedern des Aktionsausschusses ein Schreiben zur Unterschrift vorgelegt, das vom Oberkommando in den Marken an den Polizeipräsidenten gerichtet war. Dieses Schreiben hatte folgenden Wortlaut:

Nach Nr. 29 des „Vorwärts" vom 29. Januar ist zur Leitung des gegenwärtigen Ausstandes eine Streikleitung aus Delegierten der Streikenden und Vertretern der beiden sozialdemokratischen Parteien eingesetzt worden. Ich verbiete hiermit im Interesse der öffentlichen Sicherheit auf Grund des § 9b des Gesetzes über den Belagerungszustand jede weitere Zusammenkunft und jede weitere Betätigung dieser Streikleitung.

Euer Hochwohlgeboren wollen dieses unverzüglich den Mitgliedern der Streikleitung eröffnen unter Hinweis auf die Strafen des Belagerungsgesetzes. Zugleich spreche ich dasselbe Verbot hiermit gegen jede neue Vereinigung aus, die sich etwa zu weiterer Leitung des Ausstandes bilden sollte.   gez. Kessel.

*   *   *

In diesen Januar- und Februartagen 1918 tat v. Kessel zudem einen verzweifelten Griff in die Kiste alter Gesetzestexte, um zu retten, was nicht mehr zu retten war. Aus Furcht vor dem Friedenswillen und antimilitaristischen Kampf der Volksmassen, vor dem Generalstreik und vor der Revolution, erließ das Generalkommando am Morgen des 29. Januar 1918 ein Versammlungsverbot, verhängte über eine Anzahl Berliner Betriebe das Kriegsrecht und erklärte ab 2. Februar 1918 unter Berufung auf ein Gesetz vom 4. Juni 1851 (!) zusätzlich den «Verschärften Belagerungszustand» über Berlin und Umgebung. Am 31. Januar 1918 ging v. Kessel sogar soweit, den Artikel 7 der preußischen Verfassung vom 31. Januar 1850 (!)

außer Kraft zu setzen. Dieser Artikel lautete: «Niemand darf seinem gesetzlichen Richter entzogen werden. Ausnahmegerichte und außerordentliche Kommissionen sind unstatthaft.» Der General hingegen verfügte und machte zugleich statthaft: «1. Für das Gebiet der Städte Berlin-Wilmersdorf, Neukölln, Berlin-Lichtenberrg, Spandau und die Landkreise Teltow und Niederbarnim hebe ich bis auf weiteres Artikel 7 der preußischen Verfassungsurkunde hiermit auf. 2. Für die genannten Gebiete setzte ich hierdurch das außerordentliche Kriegsgericht ein ... 3. Die außerordentlichen Kriegsgerichte beginnen ihre Tätigkeit am 2. Februar 1918.»

Ein treffendes Urteil über die gewissermaßen aus dem Kürassierstiefel heraus betriebene Zensorenpolitik v. Kessels hatte bereits die nationalliberale «Tägliche Rundschau» vom 31. Mai 1916 gefällt — ironisch und zugleich bemerkenswert hart: «Es hat viele Zensuren und noch mehr Zensoren gegeben. Es hat nie und nirgens eine Zensur gegeben, die bei der Mitwelt oder gar bei der Nachwelt Achtung genossen hätte. Die freundlichste Empfindung aber, die je ein Zensor für sich und sein Wirken auszulösen vermochte — wir betonen: die freundlichste! — war allenfalls ein gelinde entschuldigendes Mitleid. Es wird der Zensur dieser Zeit im Urteil der Geschichte nicht besser ergehen.»

Dieser General und Teile seines Stabes dürften während des Krieges das Gesicht von Dammsmühle maßgeblich bestimmt haben. Zunächst ist festzuhalten, daß Dammsmühle nach dem Ableben Adolf Wollanks gemäß den Bestimmungen der Familienstiftung an diese zurückgefallen sein mußte, d. h. konkret an die Nachkommen Adolf Wollanks d. Ä., soweit diese noch am Leben waren. Die Tatsache, daß die Kaiserin in Begleitung von Willi Wollank und seiner Gattin am 28. März 1916 das in der Wollankschen Villa am Weinbergsweg eingerichtete Militärlazarett aufsuchte, läßt folgende Überlegungen als durchaus wahrscheinlich zu.

Eben dieser Willi Wollank ist Haupterbe des Familienvermögens. Die 1912 anerkannte Seitenlinie stellt jetzt also die «Hauptlinie» dar.

Vom Standpunkt des höfischen Protokolls (oder unverblümter formuliert: angesichts zurückliegender, angenehmer Kontakte beliebiger Art zur wohlsituierten und gutbeleumdeten Familie Wollank im weitesten Sinne) haben keine Einwände gegen den kaiserlichen Besuch auf dem bürgerlichen Besitztum bestanden. Es haben Empfehlungen zur Durchführung dieses Besuches existiert, der in Berlin natürlich bequem und gleichzeitig publikumswirksam zu bewerkstelligen war (vermutlich von Bethmann-

Hoher Besuch

Hollweg und seinem Anhang; von Vertrauten Kiderlen-Wächters, die auch nach dessen Tod 1912 in den verschiedensten Institutionen bis hin zum Großen Hauptquartier, im Generalkommando in den Marken, in Polizeibehörden usw. agiert haben mögen; von Generaloberst v. Kessel selbst angesichts seiner Dienststellung und seines Dammsmühle erwiesenen Interesses).

Die Wollanksche Villa am Weinbergsweg war kein «gewöhnliches» Militärlazarett, sondern eine sanatoriumsähnliche Genesungsstätte für hochrangige Offiziere von annähernd der Exklusivität, die die einstigen Stammgäste auf Dammsmühle auszeichnete. Dammsmühle war unter Berücksichtigung der Vergangenheit wie auch dessen, daß es in sich abgeschlossen,

128

leicht zu überwachen war, ein durchaus geeigneter Aufenthaltsort für den Generaloberst und seine Offiziere des Stabes. Zumal es sich dazu mit Schloß, Kegelbahn, Park, See, schwimmendem orientalischem Pavillon sowie einer pioniermäßig rasch zu gewährleistenden modernen Verbindung zur Berliner Zentrale besonders empfahl. Daß Dammsmühle, offenkundig nach Adolf Wollanks Tod und dem damit abreißenden Besucherverkehr, überhaupt in den Wirkungsbereich v. Kessels kam, läßt nochmals darauf schließen, daß sich die Wollanks über lange Zeit respektvoller Beachtung auch kaiserlicher Spitzenbehörden und Dienststellen sowie prominenter Einzelpersönlichkeiten erfreuten. Für Dammsmühle dürfte schließlich auch gesprochen haben, daß es dem vom Generalkommando stets mit Argwohn beobachteten Territorium des sozialdemokratischen Wahlvereins Teltow—Beeskow—Storkow—Charlottenburg entgegengesetzt lag.

Letztere Annahme steht nicht im luftleeren Raum: Am 25. Oktober 1916 forderten Mitglieder der Sozialdemokratischen Partei des Kreises Teltow—Beeskow auf einer Verbandsgeneralversammlung für Groß-Berlin in einem Antrag, daß die amtierende Redaktion des «Vorwärts» ihre «Arbeit einstellt, solange ein Mitglied des Parteivorstandes nicht nur die Zensurbestimmungen überwacht, sondern auch den Inhalt des Blattes bestimmt». Damit wandten sich die Mitglieder gegen den vom Vorstand auf Verlangen des Generalkommandos in den Marken als Zensor mit diktatorischer Gewalt eingesetzten Redakteur Däumig und damit wiederum gegen das Treiben des Generalobersten v. Kessel selbst.

Das Sargtelefon stand griffbereit

Ältere Schlösser, Klöster, Wehranlagen und andere historische Bauwerke — ob wohlerhalten oder nur noch als Ruinen existierend — wurden und werden von Ortsansässigen zuweilen mit angeblich in ihnen versteckten Schätzen verbunden. Theodor Fontane berichtet z. B. von einer Burgwarte, einer Art Zwischenstation für die Burgen Trebbin und Saarmund, auf dem Kapellenberg, die sich einstmals im Besitz der Familie von Thömen in Blankensee, südlich von Saarmund gelegen, befand: «An diesen Kapellenberg knüpfen sich zahlreiche Sagen, die, wie verschieden in ihrer Einkleidung, doch sämtlich auf das alte, namentlich in unserer Mark beliebte Thema hinauslaufen, daß daselbst ein Schatz vergraben sei». In einer späteren Ausgabe seiner «Wanderungen» fügte Fontane dem hier zitierten Satz noch hinzu: «Und wie glaublich oder unglaublich es sich im übrigen mit diesem Spuk auch verhalten möge, soviel ist gewiß, daß der Schatz selber in den Köpfen der Blankenseer eine Rolle spielt.»

Solche Geschichten spukten auch in den Köpfen einiger Bürger von Schönwalde und anderer umliegender Ortschaften. Das aufwendige und auffallende, den Rahmen des Gewohnten sprengende Treiben von Adolf Wollank hatte dem Aufkommen vielfältiger Gerüchte über verborgene Schätze aus seinem Besitz manche Nahrung gegeben. Wohin sollte sein Reichtum nach dem plötzlichen Ableben auch gelangt sein? Boten nicht Schloß und Park, die Anlagen und die geheimnisvollen Baumwurzeln, selbst der Grund des Teiches eine Fülle von Versteckmöglichkeiten? Legenden rankten und wucherten bizarr, Vermutungen wurden zur unbestreitbaren Gewißheit.

Als während der Nazizeit, wir greifen hier dem Geschichtsverlauf vor, Schloß Dammsmühle zu einem Außenlager des Konzentrationslagers Sachsenhausen geworden war, erhielt auch die Lagerführung von solchen Überlieferungen fast unverzüglich Kenntnis. So kam es, daß die KZ-Häftlinge neben ihren regulären Arbeiten auch nach Wollanks Schatz forschen mußten. Ihnen konnte diese recht freizügige Tätigkeit nur recht sein; dazu hätte es nicht der Antreiberei durch die Wachmannschaften bedurft, und auch nicht ihrer stereotypen Versprechung, die zu durchschauen wahrhaftig nicht schwer war: «Wenn der Schatz gefunden wird, erhaltet ihr die Freiheit!»

Die Häftlinge suchten und fanden im Schloß tatsächlich einen versteckten Wandtresor. Im Verlaufe der Spüraktionen wurde auch die Gruft von Adolf Wollank geöffnet und sein Zinksarg gewaltsam aufgebrochen. Natürlich fand sich von den erhofften Wertgegenständen keine Spur. Eine der kursierenden Legenden wurde hingegen bestätigt: Seit Wollanks Tod hatte sich in der Gegend von Dammsmühle hartnäckig die Fama behauptet, der Verblichene hätte sich ein Telefon in seinen Sarg legen lassen, um auch nach seinem Hinscheiden mit seinen einstigen Geliebten vom Jenseits her verkehren zu können. Ein solches Telefon wurde von den Häftlingen tatsächlich gefunden. Allerdings bestand es nicht aus Silber oder Gold, wie Phantasten behauptet hatten, sondern es war ein Gerät aus der Reihe der bis 1915 üblichen Typen. Es blieb nicht erhalten. Möglich, daß irgendein höherer SS-Führer das Fundstück als Souvenir, der echte «Germane» wird natürlich «Andenken» gesagt haben, an sich nahm. Bargeld oder wertvolle

Gegenstände fanden sich nicht. Auch die Suche auf dem Grund des Schloßteiches, den ein Häftlingskommando hatte ablassen müssen, war ergebnislos verlaufen.

Ohne die Legende am Leben erhalten zu wollen, sind natürlich künftige Zufallsfunde nicht ausgeschlossen: schließlich ist die ganze Erde ein archäologisches Trümmerfeld!

Magere Jahre für den Chronisten

Die Besitzerfolge auf Dammsmühle nach dem Tode des Leutnants Adolf Wollank widerspiegelt in mancher Hinsicht die wirtschaftlichen Zickzack — Bewegungen Nachkriegsdeutschlands bis hinein in die 1929 ausbrechende Weltwirtschaftskrise. Nach Wollank fiel das Schloß (wir folgen den wörtlichen Eintragungen in die Grundbücher) an «Rittergutsbesitzer Otto von Wollank zu Groß-Glienicke (Osthavelland)». Nur vier Tage, vom 11. bis 15. Februar 1916, sollte dieser Name letztmals im Grundbuch für eine ganze Familiendynastie stehen, dann fand sich für die Zeit vom 6. bis zum 14. Mai 1916 ein «Major Wilhelm von Jena in Berlin-Wilmersdorf» als nächster Besitzer eingetragen. Die Vermutung bietet sich an, daß es sich bei diesem Herrn um einen Träger desselben Namens handelt, dessen Bekanntschaft Adolf Wollank möglicherweise während seiner aktiven Dienstzeit — also noch vor der Jahrhundertwende — oder danach bei gesellschaftlichen Anlässen machen konnte. Es sei hier auf einen Hauptmann und einen Leutnant von Jena verwiesen, die 1901 beide beim Infanterie-Regiment Nr. 24 in Neu-Ruppin standen; mit gewisser Distanz ließe sich ferner ein bereits 1901 mit der «Landwehr-Dienstauszeichnung 1. Klasse» dekorierter Hauptmann der Reserve vom 1. Garde-Regiment zu Fuß (Berlin) in Betracht ziehen; weiterhin ein gleicherart ausgezeichneter Leutnant vom 3. Brandenburgischen Jäger-Bataillon; schließlich sollte ein seit Januar 1895 beim Garde-Regiment zu Fuß, Berlin, stehender Hauptmann von Jena nicht unerwähnt bleiben, der sich aber mit seiner militärischen Karriere überaus viel Zeit gelassen haben müßte, da er 1916 erst die Majorsepauletten trug. Fast erscheint es geboten, auf einen der Herren vom Infanterie-Regiment Nr. 24 zu setzen: schon wegen seines Standortes Neu-Ruppin mit seiner geografischen und gesellschaftlichen Nähe zu Dammsmühle (und umgekehrt).

Dem Herrn von Jena folgte vom 19. bis 26. September 1919 der «Kaufmann Hermann Zirkel in Zehlendorf». Von jetzt an schienen für etliche Jahre vor allem Milben und Spinnen das Grundbuch benutzt zu haben. Auf den Tag genau sieben Jahre nach der letzten Eintragung scheint ein Staubtuch das Buch zur Eintragung einer «Bodengesellschaft Hohenschönhausen mit beschränkter Haftung in Berlin» vorbereitet zu haben. Neben diesem Firmennamen finden wir noch den schönen amtsdeutschen Vermerk: «Auf Grund des Zuschlagsbeschlusses vom 26. September 1927 eingetragen am 23. Januar 1929».

Als den nächsten Eigentümer verzeichnet das Grundbuch: «Große — Leege — Straße Wohnhausbau — Gesellschaft mit beschränkter Haftung in Berlin-Johannisthal»; dazu die erläuternden Sätze: «Die Firma der Eigentümerin ist wie umstehend geändert. Auf Antrag vom 13./14. November 1929 eingetragen am 23. November 1929.» Unter dem 12. April 1930 findet sich schließlich die Information, daß am 29. November 1929 dem «Direktor Harry Goodwin Hart in Weybridge (Surrey), England» das Anwesen Dammsmühle als Eigentum übertragen wurde.

Es ist offensichtlich, daß die nächsten Angehörigen von Adolf Wollank unter den Umständen des Kriegsendes, der politischen Wirren der Wirtschaftskrise und sich aus ihr ergebender ökonomischer und anderer Belastungen das Anwesen Dammsmühle rasch von sich abstießen; auch Herr von Jena mag unter ähnlichen Gesichtspunkten gehandelt haben.

Vom Kaufmann Zirkel ist überliefert, daß er zur Tilgung von Schulden gewisse Teile des Objekts, so die zur Eigenwasserversorgung noch auf Wollanks Betreiben errichtete Windmühle, verkaufte. Die sich relativ stabilisierende Situation bis zum Ausbruch der Weltwirtschaftskrise im Herbst 1929 mag dazu beigetragen haben, daß er Dammsmühle fast neun Jahre zu halten vermochte. Zudem mögen sich Zirkel und nachfolgende Nutzer des Anwesens durch bis zum Beginn des zweiten Weltkrieges erhobene Besuchergebühren für die Besichtigung eines Teiles der Schloßräume, des schwimmenden Pavillons und der Parkanlagen gewisse Nebeneinkünfte verschafft haben.

Als die «Bodengesellschaft Hohenschönhausen» in den Besitz von Dammsmühle kam, schien ewiger Sonnenschein am Wirtschaftshimmel zu herrschen; der Antrag der ihr folgenden «Große — Leege — Wohnhausbau — Gesellschaft» fiel jedoch bereits in die mit vehementer Gewalt hereingebrochene Weltwirtschaftskrise. Sie mußte die Gesellschaft mit vernichtender, weil überraschender Kraft getroffen haben. Noch Ende August hatte z. B. das Berliner Institut für Konjunkturforschung behauptet, «daß fast alle Länder sich fern von Krisis oder Depression in einer konjunkturell günstigen Lage, in einem Aufschwung oder einer Hochkonjunktur befinden».

Einen Monat nach dem großen Bankenkrach, der an der New Yorker Börse zu Kursverlusten von mindestens 25 Milliarden Dollar führte, erhielt Dammsmühle einen neuen Herren. Es war der 29. November 1929, an dem der Engländer Hart diesen schönen Landbesitz sein eigen nennen durfte. Ob es der vielberufene Zufall so gewollt oder er den richtigen kaufmännischen «Riecher» gehabt hatte: mit Dammsmühle hatte er sein Kapital vorerst sicher und wertbeständig angelegt.

Vorerst! Und wie sicher?

«Ich führe Euch herrlichen Zeiten entgegen!», hatte Hitler den Deutschen versprochen. Mußte das nicht auch für Dammsmühle und Umgebung gelten? Werfen wir einen kurzen Blick zurück auf den Ort Schönwalde während der ersten Jahre der neuen Herrlichkeit. Die exakte Einwohnerzahl betrug zum Stichtag 31. März 1938 1 556. Einige Ortsansässige waren wie üblich zu verschiedenen Dienstleistungen auf Dammsmühle tätig. Ihr zu diesem Zeitpunkt amtierender Bürgermeister hieß Möhring.

Nach der durch die Zwangsverordnung vom 4. Februar 1933 erfolgten Auflösung der gewählten Vertretungskörperschaften der Gemeinden waren entsprechend dem «preußischen Gemeindeverfassungsgesetz» vom 15. Dezember 1933 mit Genehmigung des Gauleiters der NSDAP sog. «Gemeindeälteste» für 12 Jahre, d. h. praktisch auf unbegrenzte Zeit, «berufen» worden. Der Paragraph 32 der am 1. April 1935 in Kraft gesetzten «Deutschen Gemeindeordnung vom 30. Januar 1935» sicherte die durchgängige Faschisierung auch der Schönwalder Gemeindeverwaltung. Paragraph 6 der «Gemeindeordnung» dekretierte eindeutig, daß Bürgermeister und Beigeordnete «durch das Vertrauen von Partei und Staat in ihr Amt berufen» werden. Paragraph 32 fixierte: «Der Bürgermeister führt die Verwaltung in voller und ausschließlicher Verantwortung, soweit das Paragraph 33 nicht ausdrücklich anders bestimmt (Führerprinzip!)»

Die unumschränkte Macht der Nazipartei legten die Paragraphen 33 und 51 formaljuristisch mit Bestimmungen fest wie das faktische Alleinrecht des «Beauftragten der NSDAP» bei der Berufung und Abberufung des Bürgermeisters, der Beigeordneten und Gemeinderäte, der Bestätigung aller Grundsatzentscheidungen des Bürgermeisters sowie von Ehrenbezeichnungen.

Am 7. April 1935 wurde das «Gesetz zur Wiederherstellung des Berufsbeamtentums» erlassen, das die juristische Handhabe bot, aus dem Beamtenkörper die nichtarischen Beamten sowie diejenigen Beamten zu entfernen, die ungeachtet ihrer fachlichen Fähigkeiten nicht geeignet erschienen, den Forderungen der neuen Macht mit der notwendigen Loyalität nachzukommen. Dieses Inquisitionsedikt wurde durch weitere Gesetze vom 30. Juni und 20. Juli 1935 noch präzisiert und verschärft. Seines Postens enthoben und bis zum Tode verfolgt wurde jeder Beamte jüdischer Abstammung sowie jeder, der einmal mit linken Parteien, Kräften und Gruppierungen sympathisiert hatte oder ein aufrechter Anhänger des republikanischen Systems war.

Aus dem zur Zeit der faschistischen Okkupation Österreichs und kurz vor dem Überfall auf Polen verfaßten offiziellen, sehr selbstsicher gehaltenen Verwaltungsbericht «Fünf Jahre Aufbauarbeit ...» läßt sich herauslesen, daß Schönwalde für politisch stabil und tolerant bis zustimmend zum Nazistaat stehend betrachtet wurde. Der letzte ausländische Besitzer von Dammsmühle, seine Gäste und Besucher dürften durch Observation durch Personen in den Reihen ihres eigenen Personals bereits unter ausreichender permanenter Kontrolle gestanden haben und – zumindest im Gemeindebereich – als politisch ungefährlich eingestuft gewesen sein. Die Bewegung der Bevölkerung von Schönwalde und der umliegenden Orte, aber auch auswärtiger Besucherverkehr war durch offene und gedeckte Kontrollen der überschaubaren Infrastruktur (Straßen, Wege, Bahnlinien) weitgehend zu gewährleisten. Ein Blick auf die Streckenführung der Niederbarnimer Eisenbahn, im Volksmund auch «Heidekrautbahn» genannt, läßt das erkennen.

Über die Rolle von Dammsmühle und seines Eigentümers Hart in jenen Tagen findet sich kaum etwas überliefert. Der Besitz scheint dem Touristenverkehr zumindest teilweise zugänglich gewesen zu sein. Ein Historiker vermerkte: «Im Park am Schloß wurden in den 30er Jahren mehrfach Konzerte veranstaltet.» Hart verfügte über diese märkische Perle faktisch bis zum Ausbruch des zweiten Weltkrieges am 1. September 1939. Am 3. September waren Frankreich und Großbritannien in den Krieg eingetreten. Der Engländer H. G. Hart, durch seine vielfachen Verbindungen als

Unternehmer zu einflußreichen Kreisen in Politik und Wirtschaft Groß-
britanniens, Deutschlands, sicher auch der Schweiz über bevorstehende
Entwicklungen informiert, hatte Deutschland gemeinsam mit seiner Sekre-
tärin, einer Bürgerin aus der Gemeinde Summt, schon vor Kriegsausbruch
in Richtung Schweiz verlassen. Noch war der Weg nach England frei.
H. G. Hart blieb aber in der Schweiz und nahm sofort Sitz in Lausanne,
Villa Lincoln, 15. Avenue Mon Loisir.

Das Grundbuch setzte einen vorläufigen Schlußpunkt mit den Vermerken: «Gemäß Verordnung über die Behandlung feindlichen Vermögens
vom 15. I. 40 = R. G. Bl. I. S. 191 = ist eine Verwaltung angeordnet — vgl.
O(rdner) N. 214», und: «Das auf dem nach der Allgemeinen Verfügung
des Reichsjustizministers vom 27. Februar 1936 (Deutsche Justiz S. 356)
umgeschriebenen Blatt Schönwalde-Forst Band I Blatt 8 eingetragene Eigentum bei der Umschreibung des Blattes hier eingetragen am 27. Februar
1940.»

Zu Mister Harry Goodwin Hart ist zu vermerken, daß er am 5. Februar
1943 in Coirein in der Schweiz verstarb.

Hier kämpfte der «Tiger von Eschnapur»

Längstens bis zur Übernahme des Grundstücks durch die SS im Juni 1941
blieb es deutschen Filmgesellschaften vorbehalten, Schloß Dammsmühle
und insbesondere auch den Pavillon als Drehort und Kulisse in Anspruch
zu nehmen. 1929 drehte hier die Ariel Film GmbH den Film «Sein bester
Freund» mit Harry Piel in der Hauptrolle; 1937 sollte er an einem anderen Drehort neu verfilmt werden. Die Firma FDF (Fabrik Deutscher Filme
G.m.b.H.) nahm hier 1940 z. B. einige Szenen zu dem Film «Ihr Privatse-
kretär» auf. In diesem nach einem Drehbuch von Gebhard Becker mit den
Filmgrößen Gustav Fröhlich, Fita Benkhof, Paul Henckels und Theo Lingen gedrehten Streifen taucht Dammsmühle mehrmals auf: so das Tor zu
dem Anwesen, das Haus als Komplex; einmal erscheint der Turm des
Schlosses im Hintergrund, und auch der Brunnenrand sowie eine die Tor-
einfahrt zierende Putte geben sich die Ehre.

Auch der bereits 1937 von Richard Eichberg nach dem Drehbuch Thea
von Harbous gedrehte Erfolgsfilm «Der Tiger von Eschnapur», nicht zu
verwechseln mit dem teilweise in Indien gedrehten Streifen «Das indische
Grabmal», hatte sich des schwimmenden Pavillons und des Schlosses be-

135

dient. Mit verhältnismäßig wenigen zusätzlichen Versatzstücken vermochten die Techniker der UFA Zuschauerlieblingen wie Harry Piel einen prächtigen Rahmen zu schaffen. Schloß, schwimmender Pavillon, Gewässer und Parkanlagen wurden geschickt ins Bild gesetzt. Vom Schloß her führte die Kamera mit eindrucksvollen Schwenks an das geheimnisvoll anmutende Gelände heran. Vor den nachempfundenen «orientalischen» Fenstern des Tempels konnte Theo Lingen mit der nur ihm eigenen Gestik und Mimik brillieren und bei Aufnahmen im Schloß die gebotenen Umstände nutzen, einige seiner Glanzrollen zu gestalten. Der Schloßteich fand sich mehrfach geschickt ins Bild gesetzt und auch die nach Schönwalde führende «Heidekrautbahn» fand sich noch in eine Szene einbezogen.

Den Spitzenleuten von der «Reichsfilmkammer», deren oberster Chef im Range eines Präsidenten der Reichspropagandaminister Goebbels war, kamen so eindrucksvolle und dabei wohl preiswerte Kulissen wie die «Indische Moschee» sicher sehr gelegen; denn nach den Reinfällen mit solchen propagandistischen Machwerken wie «Hitlerjunge Quex» und «SA-

Mann Brandt» aus den ersten Jahren nach 1933 waren sie zu einer schwerer durchschaubaren neuen Masche übergegangen. Nun setzten sie nach sorgfältiger Analyse der Sehgewohnheiten des Publikums weitgehend, wenn auch nicht einseitig, auf den Unterhaltungsfilm. Der Zuschauer sollte stundenweise vom Tagesgeschehen abgelenkt und gleichzeitig in eine Welt der Phantasie und Illusionen versetzt werden. Ferner sollten teilweise aufwendig und künstlerisch passabel bis anspruchsvoll gestaltete Streifen, die sich solcher Namen wie Friedrich II., Schill, Bismarck, Wilhelm Bauer, Diesel, Carl Peters u. a. bedienten, den Nationalismus historisch untermauern, gemeinsam mit weiteren Filmen emotionale Kriegsbereitschaft erzeugen und schließlich – in verzweifelter Situation – Optimismus, verbunden mit letzter Opferbereitschaft, kreieren: «Es geht alles vorüber ...»

Nach seinem Erscheinen im deutschen Spielfilm senkte sich ein scheinbar undurchdringlicher Vorhang über Dammsmühle. Mit dem 10. Juli 1941 ging das Grundstück als ein Außenlager des Konzentrationslagers Sachsenhausen an die SS über. Das aus Sämischleder, Kommerz, Politik,

Kumpanei und Liebelei «gewalkte» Schloß sollte zunächst auf lange Zeit den Blicken der Öffentlichkeit weitgehend entschwinden.

Der alte Zaun fiel mit der Mauer

Über die Geschichte des Hauses am See im Zeitraum von 1941 bis in die jüngste Vergangenheit ist nicht nur Nachweisbares zu vermerken, sondern es geistern auch Gerüchte und werden Vermutungen geäußert, die mitunter die Ohren flinker Schreiber erreichen. Umfassende und vorurteilsfreie, gewissenhafte Forschung ist wie immer geboten. Es scheint fruchtbar, hier einem Wort des historisch beschlagenen Generalfeldmarschalls Graf Alfred von Schlieffen zu folgen. Er konstatierte die elementare Wahrheit, daß der Forscher bei der Suche nach Erkenntnis durch «eine Masse wenig schmackhafter Zutaten ... sich durcharbeiten» müsse. In seiner sich dem Römischen nähernden Sprache postulierte er dann: «Aber dahinter gelangt

man doch zu den Tatsachen, oft herzerwärmenden Tatsachen, und auf
dem Grunde findet sich die Erkenntnis, wie alles gekommen ist, wie es
kommen mußte und wie es wieder kommen wird.»

Als nach dem Spätherbst 1989 die durch Berlin verlaufende Grenz-
mauer in die gefräßigen Mäuler der Bagger fiel und dröhnende Bulldozer
ihr Werk verrichteten, war auch ein symbolisches Ende des um das Anwesen von Dammsmühle gezogenen Zauns vorgezeichnet. Generationen haben ihn in verschiedener Gestalt gesehen, an ihm gewerkelt, neue Pfähle
gesetzt, seine Felder ausgebessert und gewechselt, ihn heimlich überstiegen. Vielfach stimmt die Geschichte dieses Zauns mit möglichen Themen-
komplexen bei der weiteren Erforschung von Dammsmühle überein.

Der nachdenkliche Chronist wird notieren, daß der um das Haus am
See gezogene Zaun im Verlaufe von etwa zwei Jahrhunderten unterschied-
liches zu bewahren pflegte: zu bewahren, nicht zu «umfrieden». Und nicht
nur urwüchsige Flora, heimische Fauna, Gelände und Stallungen, sondern
auch und vor allem Menschen unterschiedlichster Interessen, Lebensfor-

men, Kultur und Bildung. Für Menschen wie Damm und die Seinen war er wohl vorrangig Markierung und Wehr für Besitz, für die hohen Besucher und Gäste des Hauses wie Friedrich Wilhelm II. und Persönlichkeiten des königlichen Hofstaats, Wilhelmine und später auch Friedrich Wilhelm IV. war er wohl mehr Requisit zur Abschirmung von der Außenwelt. Der Zaun mochte sich vorwiegend wohl selbst schützen, es sei der König brachte zudem einige Soldaten mit, notgedrungen noch einen «Geheimen» dazu. Sicher wurde das Haus am See schon zu Damms Lebzeiten «exklusiv». Wie frappierend ist aber der Unterschied, wird dieses Domizil als Börse für Commerz, Politik und Frivoles betrachtet oder als Sitz eines Stabsquartiers im ersten Weltkrieg, Standort einer KZ-Nebenstelle während des zweiten Weltkrieges, Einrichtung für diverse Verwendungen in den Jahren nach der Niederlage des nationalsozialistischen Regimes. Exklusiv war Dammsmühle bereits unter dem Preußenadler, aber dennoch wohl eher provinziell-bescheiden. Noch bescheidener mag es hier zugegangen sein, als der «Niedergang» des Hauses zur Gaststätte einsetzte und neben den feiertäglichen Farben Schwarz-Weiß auch die bunten Fahnen diverser Vereine geflattert haben mögen. Ihnen folgte die Reichskriegsflagge und schließlich wird (vielleicht!) ein schlichtes Schwarz-Rot-Gold den Schloßturm geschmückt haben. Der Zaun würde auch sicher noch manches über die Rolle von Dammsmühle im System der faschistischen Willkürmaschinerie und seines geheimen Nachrichtendienstes, über das korrupte und auch perverse Leben seiner braunen und schwarzen Paladine sowie historisch aufschlußreiche Interna zu berichten wissen. Damals wehte das Zeichen des Hakenkreuzes über Dammsmühle, neben ihm grinste auf schwarzem Tuch ein weißer Totenkopf. Die jetzt hier herrschten, bekannten sich überheblich als Tilger der Schmach von Versailles und als Väter eines tausendjährigen Reiches.

Aber auch «herzerwärmende Tatsachen» bleiben dem Forscher nicht verborgen, der nach dem sucht, was der Zaun eigentlich einschließen sollte: wenn er Leben, Leiden und auch Kampf der kleinen, von Kriminellen durchsetzten Schar von Häftlingen verfolgt, die in Dammsmühle täglich fronen mußten; die gegen Kriegsende Wollanks schwimmenden Pavillon zu demontieren hatten, um die wertvollen Hölzer für geschäftstüchtige Obere zu erhalten; die ungewollte Mitwisser der zügellosen Orgien des Wachpersonals wurden; die die Befreiung aus dem «Sonderobjekt» durch die Soldaten der sowjetischen und der polnischen Streitkräfte erlebten.

Nicht minder aufschlußreich dürfte die weitere Geschichte des Schlosses von 1945 bis zum Jahre 1957 sein. Zu dieser Zeit stand das Anwesen unter der Befehls- und Kommandogewalt der Sowjetischen Militäradministration beziehungsweise diplomatischer Behörden der UdSSR. Unsichtbar wehte hier das rote Banner mit Hammer und Sichel. Seinen Insignien folgten die Zeichen von Zirkel, Hammer und Ährenkranz. Während in den anschließenden Jahren tobende Kinder eines hier untergebrachten Ferienlagers dem Zaun nicht immer Respekt erwiesen haben dürften, erhielt er seinen Charakter zurückerstattet, als Dammsmühle zu einem Territorium des Ministeriums für Staatssicherheit wurde. Wohl nur das Domizil eines Staatschefs konnte jetzt noch besser gesichert sein. Was sich am und im Gebäude und auf dem Gelände vollzog, kontrastiert zu dem Bild, daß sich dem Besucher heute bietet, wenn er bei Dammsmühle Erholung oder auch historisches Nacherleben sucht.

Prolog zum Neubeginn

Da stand ein Zaun. Über Generationen hinweg. Wir konnten den Bericht eines Zeitzeugen lesen, der ihn kühn, darin fast Old Shatterhand, dem berühmtesten aller weißen Männer gleichend, überwunden haben wollte. Dieser oft beklagte Zaun hatte allerdings auch einen Vorzug; bewahrte er doch etwas, wofür in unseren Tagen Termini wie «ökologische Nische» geprägt wurden. Wer heute die Möglichkeit hat, die Umgebung von Dammsmühle zu durchwandern und sie auch von seiner bescheidenen Wasserseite her zu erkunden, wird eines der schönsten Naturschutzgebiete der Mark erleben. Kein künstlich auf Natur getrimmtes Territorium, möglichst mit kitschigen Wegweisern versehen und durch Kioske, Trampelpfade und üble Zivilisationskostproben verunstaltet. Nein, hier lädt ein noch echter Wald, ein erfreulich großes Stück noch bewahrter Natur den Besucher zu Schauen und Erholen ein.

Heute soll das Haus am See wieder publikumsoffen wie einst als Mühle und Gasthaus sein. Das Wissen um die Unumkehrbarkeit grundlegender Entscheidungen möchte zu dem Ausblick führen, daß Schloß Dammsmühle in seinem bisherigen Rang als Perle in der märkischen Heimat weiterhin bestätigt wird.

Es bleibt zu erwarten, daß das Haus am See, das verwunschene Schloß, das baugeschichtliche Unikum auf Mühlenfundamenten, auch weiterhin künstlerischen Intentionen ebenso offensteht wie historischer und kommerzieller Erschließung. Die Errichtung weiterer Bauten im Umfeld des Schlosses mag geboten sein: daß sie sich in die historische Landschaft organisch einfügen, ihr entsprechen und kulturvolle Nutzung erfahren, liegt in der Hand von Menschen, die sich auch und gerade der Zukunft verpflichtet fühlen. Das Zusammenfinden individueller und gemeinschaftlicher Bedürfnisse im Raum von Dammsmühle würde mit Sicherheit produktiv gestaltend auf weitere Territorien einwirken.

Dies scheint sicher: Das Haus am See, Schloß Dammsmühle, kann Spiegelbild eines neuen Beginnens sein. Und es wird ein Spiegelbild sein. Wie dieses Bild ausfällt, hängt von seinen Schöpfern ab. Das historische Gemäuer möge noch lange seine schlichten Konturen auf das stille Gewässer werfen, dem es sein eigentliches Werden verdankt.

Literaturverzeichnis

(Auswahl)

Archenholtz, J. W. von, Geschichte des siebenjährigen Krieges in Deutschland von 1756 bis
1763, Erster und Zweyter Theil, bey Haude
und Spener

Behrend, Otto, Wollanks Weinberg, in: «Mitteilungen des Vereins für die Geschichte Berlins», 36. Jg. 1919, Nr. 10/11

Bleich, Dr. Erich, Der Hof des Königs Friedrich
Wilhelm II. und des Königs Friedrich Wilhelm III., Vossische Buchhandlung, Berlin
1914

Boy, Paul, Dammsmühle, in: «Die Mark. Illustrierte Wochenschrift für Touristik und Hei-
matkunde», 4. Jg., Nr. 25 (1907/08)

Caraman, General von, Preußens Militär-Verfassung. Aus dem Französischen mit Berichti-
gungen und Zusätzen, Druck und Verlag von
Bernh. Friedrich Voigt, Ilmenau 1832

Dalichow, Fritz, Ein verwunschenes Schloß im
Kreise Niederbarnim, Druck und Verlag von
Wilhelm Möller GmbH, Oranienburg bei
Berlin

Devrient, Eduard, Geschichte der deutschen
Schauspielkunst, Eigenbrödler-Verlag Berlin/
Zürich 1929

Fidicin, E., Geschichte des Kreises Nieder-
Barnim und der in demselben gelegenen
Städte, Rittergüter, Dörfer etc., Verlag J. Gut-
tentag, Berlin 1857

Fischer, Kurt, Schloß Dammsmühle, in: Zwischen Schorfheide und Spree

Foerster, Paula, Der märkische Wanderkamerad,
Bd. 4, Hugo Bermühler Verlag, Berlin o. J.

Fontane, Theodor, alles zur Mark Brandenburg

Gerard, James W., Meine vier Jahre in Deutschland, Verlag Payot & Co., Lausanne 1919

Gooch, G. P., Friedrich der Große. Herrscher —
Schriftsteller — Mensch, Wilhelm Heyne
Verlag, München 1986

Hach, Arno, Wo berühmte Berliner ihren
Schoppen tranken, in: «Märkische Volkszeitung» vom 17. Oktober 1937

Haase-Faulenorth, Bertold Adolf, Gräfin Lichtenau. Ein Schicksal zwischen den Zeiten,
Verlag Bernard & Graefe, Berlin 1934

Harden, Maximilian, Kaiserpanorama. Literarische und politische Publizistik, Buchverlag
Der Morgen, Berlin 1983

Hausherr, Hans, Wirtschaftsgeschichte der Neuzeit vom Ende des 14. bis zur Höhe des
19. Jahrhunderts, Hermann Böhlaus Nachfolger, Weimar 1954

Helden-, Staats- und Lebens-Geschichte Des
Allerdurchlauchtigsten, und Großmächtigsten
HERRN Friedrich des Andern, Dritter Theil,
Frankfurth und Leipzig 1758

Helmigk, Hans Joachim, Märkische Herrenhäuser aus alter Zeit, Verlag Ernst Wasmuth
A. G. Berlin o. J. (Vorwort März 1929)

Hertzberg, Ewald Friedrich Graf von, Abhand-
lung über das dritte Jahr der Regierung König
Friedrich Wilhelm II., o. O. o. J. (1790)

Jerschel, Heinrich/Seeger, Joachim, Die Kunstdenkmäler des Kreises Niederbarnim, Deutscher Kunstverlag, Berlin 1939

Kant, Immanuel, Grundlegung zur Metaphysik
der Sitten, Felix Meiner Verlag Leipzig 1947

Kirchenbuch für das Königlich Preußische
Kriegsheer, Verlag Georg Reimer, Berlin o. J.

Kleiner Führer durch Fürstenwalde und die
nähere Umgebung, Verlag «Fürstenwalder
Zeitung», o. J.

Koser, Reinhold, Die preußischen Finanzen im
siebenjährigen Kriege, in: Forschungen zur
Brandenburgischen und Preußischen
Geschichte, 13. Band, Leipzig 1900

Koser, Reinhold, Zur preußischen und deut-
schen Geschichte. Aufsätze und Vorträge,
J. G. Cottasche Buchhandlung, Stuttgart und
Berlin 1921

Kulischer, Josef, Allgemeine Wirtschaftsge-
schichte des Mittelalters und der Neuzeit,
Zweiter Band, Die Neuzeit, Rütten & Loening
Berlin 1954

Lehmann, Max, Historische Aufsätze und
Reden, Leipzig 1911

Luckwaldt, Dr. Friedrich, Politische Geschichte
des Weltkrieges. Sein Ursprung und sein Verlauf, Bd. II, Verlag Walter de Gruyter & Co.
Berlin und Leipzig 1922

Maurenbrecher, Max, Die Hohenzollern-
Legende. Kulturbilder aus der preußischen
Geschichte vom 12. bis zum 20. Jahrhundert,
Zweiter Band, Verlag Vorwärts Berlin o. J.

Mostar, Herrmann, Weltgeschichte höchst privat,
Henry Goverts Verlag, Stuttgart 1968

Mottek, Hans, Wirtschaftsgeschichte Deutsch-
lands. Ein Grundriß. Band I. Von den
Anfängen bis zur Zeit der Französischen
Revolution, Berlin 1957

Müther, Dr.-Ing. Hans, Baukunst in Brandenburg bis zum beginnenden 19. Jahrhundert,
Sachsenverlag Dresden 1953

Poten, B., Die Anforderungen an die Offiziere

des Beurlaubtenstandes, in: «Vom Fels zum
Meer. Spemann's Illustrierte Zeitschrift für
das Deutsche Haus», Zweiter Band, April bis
September 1889

Rachel, Hugo/Wallisch, Paul, Berliner Großkauf-
leute und Kapitalisten. Zweiter Band, Walter
de Gruyter & Co., Berlin 1967

Ranke, Leopold von, Sämtliche Werke, Bd. 29:
Zwölf Bücher Preussischer Geschichte,
Fünfter Band, Verlag Duncker & Humblot,
Leipzig 1879

Rehberg, Max, Führer durch Oranienburg und
Umgebung, Verlag Wilhelm Möller, Oranienburg 1916

Reiners, Ludwig, In Europa gehen die Lichter
aus. Der Untergang des Wilhelminischen Reiches, Verlag C. H. Beck, München 1957

Rumpelstilzchen (d. i. Adolf Stein) 1929/30.
Piept es?, Brunnen-Verlag Karl Winkler
Berlin 1930

Runkel, Ferdinand, Geschichte der Freimaurerei
in Deutschland, Zweiter Band, Verlag Reimar
Hobbing, Berlin 1932

Schlieffen, Generalfeldmarschall Graf Alfred v.,
Cannae. Mit einer Auswahl von Aufsätzen
und Reden des Feldmarschalls, E. S. Mittler &
Sohn, Berlin 1925

Schnizler, Sonja, Die Mätresse Wilhelmine,
Spottschriften wider die schöne Gräfin Lichtenau, Eulenspiegel Verlag Berlin 1989

Schreckenbach, Paul, Der Zusammenbruch
Preußens im Jahre 1806, Jena 1906

Streckfuß, Adolf, 500 Jahre Berliner Geschichte.
Erster Band, Verlag Albert Goldschmidt,
Berlin 1886

Treitschke, Heinrich von, Deutsche Geschichte
im Neunzehnten Jahrhundert, Teil I, III,
F. W. Hendel Verlag, Leipzig 1927

Vauban, Sebastian de, Der Angriff und die Ver-
theidigung der Festungen, Erster und Zweyter
Theil, Berlin 1751

Wernicke, Fr., Über Pelzwerk, in: «Illustrierter
Volksfreund. Sonntags-Beiblatt zur Berliner
Morgen-Zeitung» Nr. 49 v. 8. 12. 1901

Wiedfeldt, Otto, Statistische Studien zur Ent-
wicklungsgeschichte der Berliner Industrie
von 1720 bis 1890, Verlag von Duncker &
Humblot, Leipzig 1898

Wolff, Prof. F., Die Glocken der Provinz Brandenburg und ihre Gießer. Der Zirkel. Archi-
tekturverlag G.m.b.H., Berlin 1920

Zobeltitz, Fedor v., Chronik der Gesellschaft
unter dem letzten Kaiserreich, Zweiter Band
1902–1914, Alster-Verlag, Hamburg 1922

200 Jahre Schönwalde 1753–1953 (Broschüre
ohne Verf.- u. Verlagsangabe)

Zwischen Schorfheide und Spree. Heimatbuch
des Kreises Nieder-Barnim. Herausgegeben
von Landrat Dr. M. Weiß und Max Rehberg,
Berlin 1940

Periodika

«Deutsche Justiz» vom 27. 2. 1936

Deutsche Kriegs-Chronik des großen Völkerkampfes. Verlag + Druck: Buchdruckerei
Julius Waldkirch & Co. G.m.b.H., Ludwigshafen am Rhein, Nr. 68/1915

«Leipziger Volkszeitung» Nr. 27 vom 1. Februar
1918

«Vierteljahreshefte für Konjunkturforschung»,
Bln. 1929, Heft 2, Teil B.

«Vorwärts» vom 31. 10. 1916, 1. 11. 1916,
1. 2. 1918

Zweites Deutsches Fernsehen (ZDF). Vierteiler:
«Die Schöne Wilhelmine» (September 1984).
Nach dem gleichnamigen Roman von Ernst
von Salomon.

Bildquellennachweis

Allgemeine deutsche Real-Encyclopädie (Brockhaus), Leipzig 1820, Bd. 8 (S. 38, 39)

Deutsche Kriegs-Chronik des großen Völkerkampfes, Ludwigshafen am Rhein, Nr. 5/22 –
1914 (S. 128)

Ermeler-Haus, Berlin (S. 50, 51)

Grundbuch Schönwalde Forst/Kreis Niederbarnim (S. 45, 88, 89)

Horst Hup (S. 136, 137, 138)

Institut für Denkmalpflege Berlin, Meßbildar-
chiv (S. 55)

Brigitte Kerstan (S. 63, 102)

Prof. Dr. Bernhard Kugler, Kaiser Wilhelm und
seine Zeit, Verlagsanstalt für Kunst und Wissenschaft, München 1888 (S. 83)

Märkisches Museum, Berlin (S. 86, 104, 105,
106, 107)

Adolph Menzel, Die Armee Friedrichs des Großen, 1851 (S. 41, 42, 43, 44)

Rangliste der Königlich Preußischen Armee für
1901, Berlin (S. 96, 97)

Paul Schreckenbach, Der Zusammenbruch Preußens im Jahre 1806, Jena 1906 (S. 12, 70, 74)

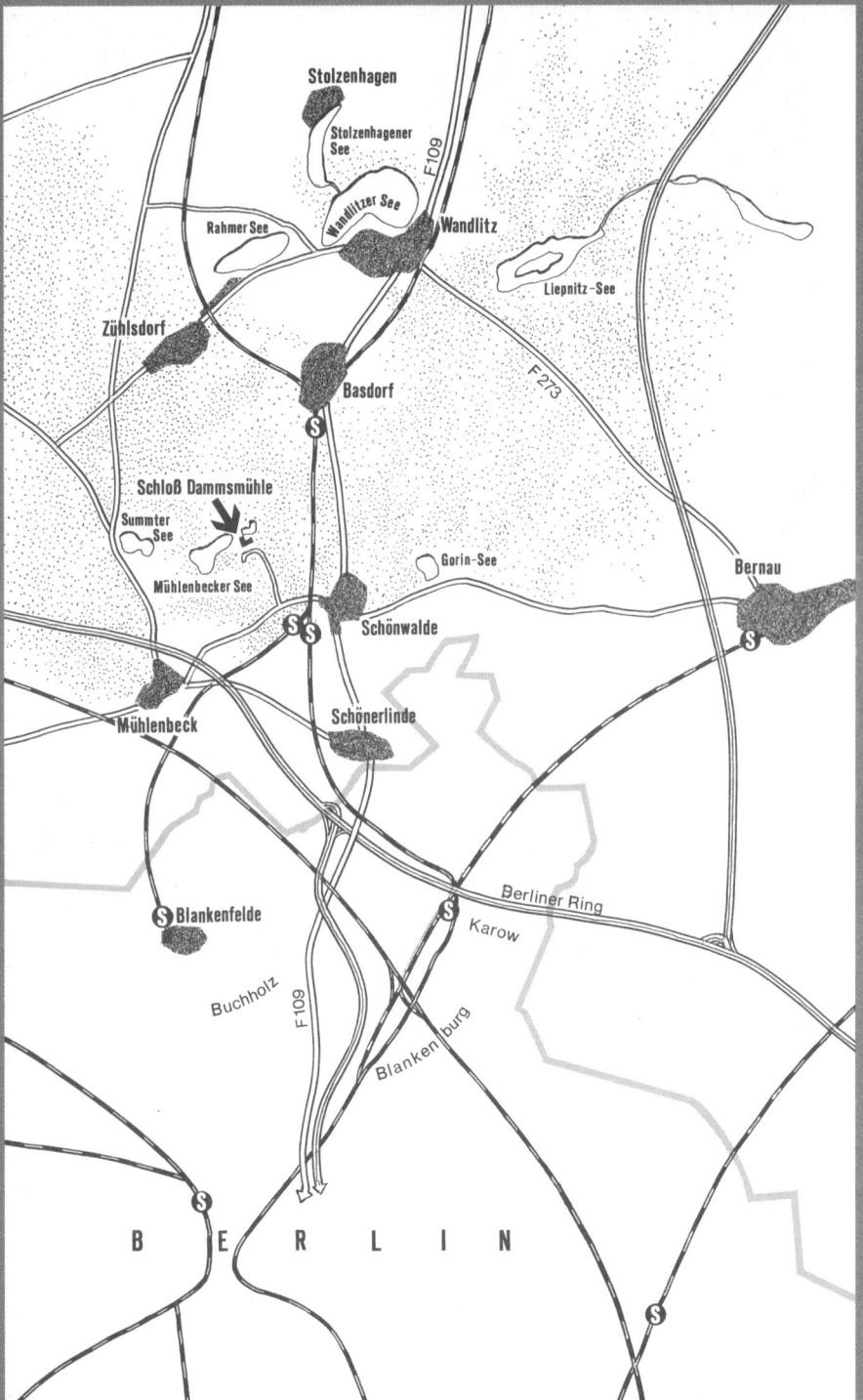